Landolf Scherzer

Der Letzte

Landolf Scherzer

DER LETZTE

Aufbau-Verlag

ISBN 3-351-02498-3

2. Auflage 2000

Einbandgestaltung Preuße & Hülpüsch Grafik Design
Druck und Binden GGP Media GmbH, Pößneck
Printed in Germany

www.aufbau-verlag.de

Mich friert. Ich laufe vom Erfurter Bahnhof sehr schnell bis zum Parlamentsgebäude an der Arnstädter Straße. Schmutzgraue Reste vom Dezemberschnee auf den Bürgersteigen. Nach einer Viertelstunde Fußmarsch stehe ich vor einem vieltürigen, neu verputzten, gelb gestrichenen Häuserblock mit einem in Stein gehauenen und braun ausgemalten Spruch:

»Über jeder Leistung
steht der schaffende Mensch.
Über jedem schaffenden Menschen
steht die Gemeinschaft.«

Sehr klug, denke ich und schreibe ihn ab. Eine ältere Frau mit einer blauen Dederon-Kittelschürze über ihrem dicken selbstgestrickten braunen Pullover, die den Mülleimer ausschüttet, fragt: »Was schreiben Sie da? Wer sind Sie? Woher kommen Sie?«

Als ich ihr sage, daß ich mich im Landtag umschauen und die heutige öffentliche Parlamentsdebatte anhören will und mir der Türspruch als Motto für die neue demokratische Parlamentsarbeit gefällt, verbittet sie sich, daß ich sie verscheißere. »Der Spruch stammt aus der DDR. Und unser Haus gehört nicht zum Landtag, sondern zur über vierzig Jahre alten Erfurter Arbeiterwohnungsbaugenossenschaft ›Einheit‹.«

Nur um die Ecke finde ich den langen cremeweiß gestrichenen Landtagsbau mit dem repräsentativen Portal, fünf dicke Pfeiler mit dorischem Kapitell, dahinter schwere Eingangstüren. Davor stehen auf gußeisernen Sockeln zwei mit Lorbeerkränzen gekrönte Fahnenmasten.

Der Pförtner am Empfangstresen im Vorraum ruft beim Besucherdienst an, fragt, ob noch Platz auf der Besuchertribüne ist, belehrt mich vorsorglich, daß oben auf der Besucherempore jede Meinungsäußerung untersagt sei – auch klatschen dürften nur die Abgeordneten unten –, und teilt mir schließlich bedauernd mit, daß heute alle Plätze besetzt oder schon reserviert seien.

Ich könnte allerdings für die nächste Sitzung vorbestellen. Das will ich nicht. Auch weil ich an die alten HO-Gaststätten-Schilder »Sie werden plaziert« denken muß.

Der Pförtner rät mir, als er sieht, daß ich wie ein Schneider friere, die Ausstellung im Landtagsflur anzuschauen oder in der Kantine einen Kaffee zu trinken. »Der kleine kostet nur 90 Pfennig.«

Ich bedanke mich, aber ich möchte keinen Kaffee. Dann bestaune ich noch die goldglänzenden Treppengeländer, die stuckverzierten Decken, schreibe mir den ebenfalls vergoldeten Spruch in der Vorhalle auf:

»Es sei dem Lande Thüringen beschieden,
daß niemals mehr im wechselnden Geschehen
ihm diese Sterne untergehen –
das Recht, die Freiheit und der Frieden«,

nehme die ausgelegten Broschüren über Geschichte und Gegenwart des Thüringer Landtages mit und trotte wieder hinaus in die Kälte.

Bei meinem zweiten Versuch der Annäherung an den Landtag tausche ich meine Rolle als frierender, sich aufwärmen wollender Tribünenbesucher mit der eines Journalisten, der als Parlamentsberichterstatter akkreditiert werden will.

Zwei schöne junge Frauen erledigen unbürokratisch die Anmeldeformalitäten, richten mir ein Landtagspressefach ein, raten, Mitglied der Landespressekonferenz, der Vereinigung der Parlamentsberichterstatter, zu werden. Dann würde ich auch sämtliche Protokolle der Landtagssitzungen erhalten, außerdem mit einer Chipkarte wie die Abgeordneten kostenlos (»nur dienstlich«) telefonieren und das Auto auf dem Parkplatz des Landtages abstellen können.

Als ich erzähle, daß ich bis zur Wahl im September das Parlament und die Parteien beobachten und beschreiben und die neue Demokratie begreifen will, zweifeln die beiden, daß die Zeit zum Begreifen ausreicht.

»Sie sind sicher DER LETZTE, der sich kurz vor dem Ende der Legislaturperiode noch als Berichterstatter anmeldet. Bestimmt ist es schon zu spät, um gründlich hinter parlamentarische Arbeit und Politikertricks zu schauen.«

Zuerst solle ich mich jedoch bei ihrem Chef – »wie fast alle Chefs der Landtagsverwaltung ein schwarzer Wessi« – vorstellen.

Der Landtagspressechef, Regierungsdirektor Thomas Schulz, um die vierzig, glatt gescheiteltes Haar, flinke, aber unsichere Augen, steht hurtig von seinem Stuhl auf und kommt mir trotz zweier Fußprothesen sehr schnell entgegen. Überhöfliche Begrüßung. »Herr Scherzer, wir haben hier im Hohen Haus nichts, aber auch gar nichts zu verbergen. Der Thüringer Landtag ist ein gläserner Landtag. Sie können, ohne es bei mir anmelden zu müssen, ungefragt über die Arbeit aller Abgeordneten schreiben, und die Abgeordneten dürfen Ihnen erzählen, was sie wollen.«

Das freut mich. Mein bisheriges »Wissen« über den Thüringer Landtag beschränkt sich auf Angelesenes:

Der höchste Souverän in der parlamentarischen Demokratie ist das Volk ... Verfassungsklage der PDS gegen die automatische jährliche Diätenerhöhung für Thüringer Abgeordnete (zur Zeit 7300 DM und 1900 DM Aufwandsentschädigung) ... Die Abgeordneten sind nur ihrem Gewissen verantwortlich ... Die als Stasi-IM verdächtigte PDS-Abgeordnete Almuth Beck will ihr Landtagsmandat nicht abgeben ... Der CDU-Abgeordnete Fiedler prügelt sich im Erfurter Kleopatra-Puff ...

Regierungsdirektor Schulz sagt, daß er das Verhalten von Abgeordneten nicht kommentiert. Ihr Privatleben nicht und auch nicht, wie oft jemand bei den Landtagssitzungen in der Kantine Kaffee oder Bier trinken würde. Und er wiederholt, daß ich im Gegensatz zu früher heute alles schreiben darf.

Ich sage, daß ich zuerst den Verwaltungsleiter vom Landtag und den Architekten, der seit 1990 den ehemaligen Rat des Bezirkes umbauen läßt, sowie den Hausmeister und die Handwerker interviewen werde.

Er nickt und verspricht, sofort ein Gespräch mit dem Verwaltungsleiter Eberhard Ott und dem Architekten Gottfried Langelotz vorzubereiten. »Alle Interviews im Hause, gleich ob mit dem Schlosser oder dem Direktor, müssen Sie bei mir anmelden. Mit Herrn Ott und Herrn Langelotz machen Sie wegen der Kleiderordnung am besten ein Doppelinterview. Denn wenn Sie zuerst mit seinem Untergebenen, dem Architekten Langelotz, sprechen, könnte sich der Leiter der Inneren Verwaltung übergangen fühlen. Und das Interview selbstverständlich in meinem Beisein.« Aber vorlegen müßte ich das Geschriebene nur, wenn ich wörtliche Rede verwenden würde.

Ich gehe und suche im Keller ohne Genehmigung die Handwerker. Finde die Materiallager, die Heizungsräume, aber keine Werkstätten. Schließlich kommt mir ein sehr großer Mann mit umgehängter Werkzeugtasche entgegen: der Schlosser, der, wie er sagt, nach den Personaleinsparungen auch der Gärtner des Landtages ist.

Ich frage ihn, in welchem der Kellerräume sich früher die Gestapo-Zellen befanden. Das weiß er nicht. Sagt er. »Ich darf über meine Arbeit und den Landtag keine Auskunft geben.«

Das heutige Landtagsgebäude (in der DDR regierte darin der Rat des Bezirkes) wurde von 1936 bis 1939 als Behördenhaus für insgesamt 1 514 500 Reichsmark errichtet. Das waren zwar 553 500 Reichsmark mehr, als der preußische Staat für das neue Regierungs- und Polizeigebäude in seiner Enklave im Land Thüringen ausgeben wollte, aber Preußen ließ sich seine »Manifestation preußischen Staats- und Bauwesens« in Thüringen etwas kosten (der preußische Ministerpräsident Göring 1933 in Erfurt: »Wir werden keinen Fußbreit preußischen Bodens abtreten!«).

Am 10. Oktober 1936 feierlicher Spatenstich. Fahnendelegationen und ranghohe NSDAP-Würdenträger, 8000 Volksgenossen von Arbeitsdienst, NSDAP, Polizei, SA, SS, Kyffhäuserbund, Feuerwehr und anderen Vereinen amüsieren sich nach völkischen Reden bei Marsch- und Schlagermusik, Ritterspielen, Sportübungen, Feuerwerk, Theaterspiel der Städtischen Bühnen und Ochsen am Spieß.

Bei der Schlüsselübergabe am 6. Mai 1939 fällt die Feier bescheidener aus – man spart schon für den Krieg.

Entstanden ist ein im Stil des preußischen Klassizismus gebauter viergeschossiger kubischer Block mit 108 (ich habe sie gezählt) werksteineingefaßten (schmucklosen) akkurat in Reih und Glied angeordneten Fenstern in der Vorderfront. Das scheinbar endlose Gleichmaß der Fensteranordnung soll preußische Ordnung, Disziplin und das Einfügen in die Gemeinschaft ausdrücken. Eben ein Behördenhaus.

Im Keller Diensträume der Geheimen Staatspolizei.

Und Gefängniszellen für die Verhöre …

Ich bin reich geworden. Bislang habe ich weder ein Depot noch einen Geldtresor besessen. Nun aber gehört mir im Landtag eines der über 300 neben der Poststelle angebrachten Schließfächer, das man im Gegensatz zu einem Banktresor nicht von außen mit eigenen Wertsachen füttern muß, sondern das täglich von innen reichlich gefüllt wird. In Breite und Länge geht ein Schnellhefter hinein, übereinandergestapelt 20 Zentimeter Papier. Nach 10 Tagen passe kein Blatt mehr hinein, da müßte ich es unbedingt leeren, sagt mir ein großer, stämmiger Mann in der Poststelle, der so gar nicht wie ein Postbeamter aussieht, sondern mit seinen Haar- und Bartstoppeln einem grauen Wolf ähnelt. Ich frage, wie lange er vor der Anstellung im Landtag bei der Deutschen Post gearbeitet hat.

»Überhaupt nicht«, sagt er. »Ich bin ein Quereinsteiger.« Von Beruf sei er Werkzeugmacher, später Meister für Maschinenbau und Instandhaltung. Er fragt erstaunt: »Interessiert Sie das?«

Ich nicke.

»Also zuerst war ich bei Jena-Pharm. In dieser Zeit, 68 und 69, haben wir dort die Anti-Baby-Pille produziert. Die Verpackungsmaschine, ein BRD-Patent, wurde nachgebaut und verändert. Unsere lief danach besser als die aus dem Westen.«

Von Jena-Pharm zum Erfurter Dienstleistungskombinat. »War 17 Jahre als Werkstattleiter und Hauptmechaniker für alles verantwortlich – von der Autoreparatur bis zur Waschmaschine. Meine Frau arbeitete dort als Meisterin in der Textilreinigung, und nach der Wende – einen von uns beiden hätten sie garantiert entlassen – bin ich gegangen. Zu Bosch nach Stuttgart und dann in den Erfurter Obi-Baumarkt als Einkäufer. Damals dachte ich mir: Holger, das mit den Baumärkten ist nichts für die Ewigkeit, und deshalb habe ich mich 1991 im Landtag für den Inneren Dienst beworben, aber gleich dazugeschrieben: ›Auch offen gegenüber anderen Stellen.‹ Landtag ist ja was Bleibendes. Die Supermärkte kommen und gehen, aber die Bürokratie bleibt bestehen … Ich hatte Glück, die mußten hier die alten Postleute vom Rat des Bezirkes entlassen, waren ja alles Geheimnisträger in so einer SED-Poststelle … Ich bin außerdem ehrenamtlicher Sicherheitsbeauftragter und Brandschutzbevollmächtigter. Ist das gleiche wie früher, nur anstelle TGL muß man nun DIN schreiben …«

Er gibt mir den Schlüssel für mein Schließfach. Ich öffne es andächtig. Es ist bis oben mit Papier gefüllt.

»Neufassung des § 36 Abs. 1 des Baugesetzbuches … Wertmäßig die meisten Einfuhren nach Thüringen: Autos aus Spanien … Investitionserleichterungs- und Wohnbaulandgesetz … Abgeordneter Dittes (PDS) verlangt vom Innenministerium detaillierte Auskunft über Bewaffnung der Thüringer Polizei … Wertmäßig die meisten Ausfuhren aus Thüringen: Autos nach Italien … Außenbereichsvorhaben im Sinne des § 35 Abs. 2 und 4 BauGB … Einladung zum CDU-Sicherheitsforum nach Bonn … Landtagspräsident Dr. Pietzsch besucht das Fußballspiel 1. FC Carl-Zeiss-Jena gegen FC Berlin …«

Fast hätte ich übersehen, daß neben den Schließfächern wie an Müllcontainern ein dicker Einwurfschlitz mit der Aufschrift »Papier« angebracht ist. Aber ich verstaue alles gewissenhaft in meiner Tasche und denke: Je mehr Informationen, um so besser werde ich auch als der Zuletztgekommene die Landespolitik verstehen. Vorsorglich habe ich allen Thüringer Ministerien und Parteien geschrieben, damit man mir per Fax sämtliche Termine und Neuigkeiten schickt.

Die beste Nachrichtenbörse, hatten mir Insider gesagt, ist die Landtagskantine. Sie erinnert mich trotz des Grünpflanzenschmucks, der modernen Kugellampen und Kunstblumen-Usambaraveilchen auf den Sprelacarttischen an einen Rat-des-Bezirkes-Speisesaal. Allerdings stehen Fernseher im Raum. Sie laufen nur während der Landtagssitzung. So können die Abgeordneten die demokratische Willensbildung auch bei Kaffee und Kuchen und Bier und Bockwurst in der Kantine verfolgen. Eine Bockwurst, die man sich aus einem gläsernen Warmhaltegefäß an der Essentheke angeln kann, kostet 2,10 DM mit Brötchen. Ein großer Pott Kaffee 1,70 DM, ein Köstritzer Schwarzbier 2,00 DM. Das Hauptessen, drei Wahlspeisen werden angeboten, 6 oder 7 DM.

Die Kasse steht mitten im Raum. Ein Mann in weißem Kittel und Schlips kassiert. Ich frage ihn, ob er der Chef ist.

»Die Chefin steht in der Küche.«

Sie ist genau wie er bei der hessischen Firma »Aramak« angestellt, die den Zuschlag für die Gastronomie im Thüringer Landtag erhalten hat. Nein, vom ehemaligen Küchenpersonal sei niemand in das neue Team übernommen worden. Er selbst ist erst ein reichliches Jahr hier, war zuvor diplomierter Abteilungsleiter für Finanzen bei der allmächtigen Thüringer Elektrizitätsgesellschaft (TEAG). Trotz Beteuerung »Wir brauchen ihre Erfahrungen!« Entlassung mit 55. Arbeitslos. Schulden wegen seines Hausbaus. »Dazu plötzlich ein Tumor, eine Geschwulst. Ich dachte: ›Das wars.‹ Aber nun wenigstens hier noch an der Kasse …«

Ich bezahle eine Bockwurst und borge mir zum Lesen die »Süddeutsche« aus dem Zeitungsregal.

»Die können Sie aber nicht mitnehmen, die müssen Sie kaufen«, schreit die Chefin aus ihrem Küchentrakt. »Auch im Landtag muß man bezahlen.«

Ich setze mich still an den Tisch der Parlamentsberichterstatter, die gleichzeitig essen, reden, telefonieren, mich, den Neuen, DEN LETZTEN, in ihrer Runde, taxieren, in Papierstapeln blättern, die Vorübergehenden beobachten und Kaffee trinken. Wahrscheinlich kennen sich alle. Holt einer einen Kaffee, fragt er, ob die anderen auch einen möchten. Das gemeinsame Kaffeeritual wiederholt sich in kreislaufbelastender Geschwindigkeit. Informationen werden wahrscheinlich weniger freigiebig verteilt. Denn ab und an steht einer aus der Runde auf und setzt sich mit einer Dame oder einem Herrn (wohl Minister, Staatssekretäre oder informationsschwangere Abgeordnete) an einen Nebentisch. Die übrigen tun so, als ob es sie überhaupt nicht interessiert, was die beiden am Nachbartisch reden, aber mit einem Ohr lauschen sie doch.

Einer lauscht bestimmt nicht oder verstellt sich sehr geschickt. Ein Typ mit Bartstoppeln sitzt lässig auf dem Stuhl, und ich denke: So haben wahrscheinlich die 68er ausgesehen. Aber dafür ist er zu jung. Er gähnt und beschwert sich über die Riten der Politik. Jürgen Kochinke, »Osterländer Volkszeitung«, 1991 aus dem Westen gekommen.

Er bietet mir an, einen Versuch zu machen. »Siehste den mit dem Seehund-Schnauzer, zu DDR-Zeiten noch Dorfschullehrer, später CDU-Innenminister, der Willibald Böck. Befrage ihn zum Müll, und er wird dir wie alle von der CDU antworten: ›Thüringen braucht große Müllverbrennungsanlagen …‹

Und dann befragste am Nachbartisch den Dicken, Hemdsärmligen, Freundlichen, ja, auch mit Seehund-Schnauzer und zu DDR-Zeiten kleiner Schlosser, den, der die Bockwurst schlingt, den Geschäftsführer der SPD-Fraktion Heiko Gentzel. Er wird dir wie jeder von der SPD sagen: ›Keine Müllverbrennung, die schadet Thüringen, man muß die vorhandenen Deponien nutzen …‹ Ihr in der SED nanntet das Parteidisziplin …«

Die Kantinenchefin schimpft sehr laut. Schon wieder sind Salzstreuer und Pfeffermühlen von den Tischen geklaut worden.

Ich hole Kaffee für alle. Steffen Winter, Berichterstatter der »Thüringischen Landeszeitung«, sagt, als ich ihm die Tasse hinstelle: »Ich habe mir die Stasi-Akten der PDS-Abgeordneten Almuth Beck besorgt. Wenn du willst, kannst du reinschauen.«

Am Fenstertisch sitzt inzwischen ein guter Bekannter, den ich lange nicht gesehen habe: Burkhard Stenzel, Literaturwissenschaftler, der bei der Stiftung Weimarer Klassik gearbeitet und ein vielbeachtetes Buch über Graf Keßler geschrieben hat. Danach wurde er persönlicher Mitarbeiter des SPD-Fraktionsvorsitzenden Frieder Lippmann. Er mampft ein Putenschnitzel, dessen Panade mindestens doppelt so dick ist wie das Fleisch, und schiebt es, als ich mich zu ihm setze, halb aufgegessen zur Seite.

Ich sage: »Wie geht es dir?« Und er fragt, was ich hier mache. Als ich ihm verrate, daß ich über den Thüringer Landtag und den Wahlkampf schreiben will, stutzt er ein wenig. Dann sagt er: »Schön! Da muß ich dir mal von der infamen Pressekampagne erzählen, die die CDU wegen der geklauten Computer gegen unseren Dewes inszeniert hat. Nichts Geheimnisvolles war da drauf. Nichts … Und weißt du auch, daß die SPD gegen den Willen der CDU den sinnlosen, Millionen kostenden Neubau des Landtages verhindert hat? … Und diese geplanten teuren Müllverbrennungsanlagen! Keine Müllverbrennung, die schadet Thüringen, man muß die vorhandenen Deponien nutzen …«

Ich unterbreche seinen Redeschwall und sage freundlich, daß ich eigentlich nur wissen wollte, wie es ihm geht.

Er schweigt. Bringt seinen halbleeren Teller zum Abstellregal und sagt, als er zurückkommt: »Hattest du mich nicht nach der SPD gefragt?«

»Nein«, sage ich.

»Wirklich nicht?«

»Nein«, sage ich, »wirklich nicht.«

Der füllige Heiko Gentzel trippelt mit kleinen, schnellen Schritten durch den Saal. Er rudert dabei, wohl um das Gleichgewicht zu halten, mit den Armen wie ein Pinguin, der das Laufen lernt. Setzt sich schnaufend zu uns, und als Stenzel mich vorgestellt hat, sagt der SPD-Fraktionsgeschäftsführer, während er seine schwarze Weste glattzieht: »Ich bin der Heiko. Soll ich dir einen Kaffee mitbringen?«

Danach reden wir über Parteidisziplin. Heiko Gentzel erläutert, daß es keine Parteidisziplin wie in der SED gibt. »Doch auch eine demokratische Partei ist kein Hühnerhof. Außerdem bin ich zum Beispiel kein popliger Reparaturschlosser mehr, sondern ein Landtagsabgeordneter. Man verdient auch anständig Kohle, kann sich endlich ein paar Wünsche erfüllen. Fängt beispielsweise an, ein Haus zu bauen. Meine Frau wollte, daß ich ein Haus baue. Aber ich habe keins gebaut. Vielleicht ist die Ehe auch deswegen auseinandergegangen. War als Abgeordneter jeden Abend unterwegs und habe nicht mal ein Haus gebaut. Na ja … Andere Abgeordnete haben gebaut und vereinbarten mit der Sicherheit ihrer Diäten hohe Rückzahlraten. Aber nach den ersten vier von den fünf Jahren, für die sie gewählt worden sind, kriegen sie plötzlich das große Grübeln und schließlich Schweißausbrüche: Was wird, wenn ich nicht wieder gewählt werde, aber die Raten weiter pünktlich zahlen muß? Da fängt man an zu strampeln, damit man gut dasteht im Wahlkreis. Aber die Leute wählen einen ja meist nicht direkt, sondern eine Partei. Und die Partei bestimmt, wen sie als Abgeordneten wieder haben will! Setzt sie dich ganz vorn auf ihre Kandidatenliste, bist du abgesichert, da kommst du automatisch wieder rein ins Parlament, kannst die hohen Hausraten weiter bezahlen. Auch eine Art Parteidisziplin. Die Wähler müssen dich in so einem Fall nicht mögen – Hauptsache die Partei mag dich.«

Das Geschirr muß jeder in der Landtagskantine selbst abräumen. Nicht alle Abgeordneten tun das, und so nimmt, wenn gerade keiner an der Kasse steht, der ehemalige Finanzchef der TEAG ein Tablett und trägt die dreckigen Teller in die Küche. (Ich habe am ersten Tag das Abräum-Zeremoniell an den einzelnen Parteitischen beobachtet. Das Ergebnis bestätigte sich in den folgenden Monaten. Am trotzigsten oder revolutionärsten wehren sich die Genossen der SPD. Sie lassen das Geschirr zuhauf stehen. Dicht gefolgt vom CDU-Tisch. Am diszipliniertesten, sich gegenseitig ermahnend, sind die Abgeordneten der PDS. Alte Schule oder Respekt vor der Arbeiterklasse in der Küche?)

Als ich meinen Teller zurückbringe, treffe ich den zweiten Bekannten im Landtag. Er trägt einen maßgeschneiderten Zweiteiler und einen grellbunten Schlips. So lief Heinz schon umher, als er noch der Genosse Betriebsleiter in Ilmenau war und mir stolz das Betriebsferienlager, für das er Extragelder vom FDGB erhalten hatte, präsentierte.

Ich frage ihn, ob er Landtagsabgeordneter geworden sei.

»Um Himmels willen.« Er warte hier nur auf einen Beamten vom Wirtschaftsministerium.

»Du hast wohl deinen Betrieb gekauft?«

»Nein, den nicht, aber einen kleineren.«

»Und wie läuft's, Genosse Kapitalist?«

Er geht nicht auf meinen Spott ein, erzählt ausschweifend, daß er jetzt schwarze Zahlen schreibt, alle Fördermöglichkeiten gut genutzt hat und zur Zeit nur vom Arbeitsamt bezahlte Leute einstellt.

Man müsse heute alle Fördertöpfe kennen und dazu einen guten Draht zum Wirtschaftsministerium haben. »Die verteilen dort nach Recht und Gesetz, aber wenn du das Geld erst mal hast ...« Ein Betriebsleiter in Meuselbach hätte ihm erzählt, wie effektiv sie die Fördergelder verwendet haben. »Sie rationalisierten, kauften neue effektivere Maschinen und konnten dadurch Arbeiter entlassen. Danach machte der Betrieb Gewinn.« Aber das müsse ich nicht schreiben. Normalerweise erfahre niemand in der Öffentlichkeit, welcher Unternehmerfreund vom CDU-Wirtschaftsministerium wie viele Millionen Steuergelder für welche Zwecke erhalten habe. »Das fällt unter persönlichen Datenschutz, auch ein Vorteil unserer neuen Demokratie. Niemand erfährt es.«

»Auch die Abgeordneten nicht, denen die Ministerien rechenschaftspflichtig sind?«

»Nein, auch die Abgeordneten nicht.«

Das bezweifle ich.

Genau wie seine »Insider«-Behauptung, daß einige SPD-Abgeordnete, die wegen der Regierungs-Koalitionsvereinbarung gezwungen sind, immer mit der CDU zu stimmen, bei manchen Entscheidungen vor der Wahl den Saal verlassen und auf die Toilette gehen würden.

Jeden Dienstag nach der Kabinettssitzung informiert Regierungssprecher Hans Kaiser die Journalisten der Landespressekonferenz über die Arbeit des Kabinetts. An der hinteren Wand des Tagungsraumes der Landespressekonferenz prangt auf blauem Grund, umkränzt von acht silbergrauen Sternen, der golden gekrönte, aufrecht gehende Thüringer Staatswappenlöwe, der seinem hessischen »Kollegen« zum Verwechseln gleicht. Die lange Zunge leckt gierig, steil stellt er den mit zwei Widerhaken versehenen Schwanz in die Höhe, und an den Tatzen glänzen sechzehn besonders scharfe goldene Krallen.

Hans Kaiser sitzt genau unter dem Wappentier. Er »verkaufte« die Regierungspolitik von Bernhard Vogel schon, als der noch Ministerpräsident in Rheinland-Pfalz war, begleitete den Abgewählten dann in die Niederungen der Adenauer-Stiftung und folgte ihm bei der erneuten Gipfelbesteigung nach Thüringen, wo er seinen Chef und dessen Politik durch besonders »ausgewählte Informationen« so gut vor Neugier und Journalistenschelte bewahren konnte, daß ihm 1998 die höchste Negativ-Auszeichnung der Landespressekonferenz, der »Goldene Maulkorb«, verliehen wurde.

Freundliche Begrüßung. Und für mich der Bericht über die Regierungsarbeit zum erstenmal aus erster Hand.

»In Sonderheit hat der Ministerpräsident auf die wachsende Bedeutung der Langzeitarbeitslosigkeit hingewiesen ... Saisonal bedingt ... Ohne die Jahre unter SED-Herrschaft würde Thüringen heute in Deutschland einen der Plätze von 1 bis 6 belegen ... Für die Bundesgartenausstellung in Gera wird sich die Wismut in Gänze einbringen ... Der Ministerpräsident hat nachdrücklich einen Bericht über die Vorbereitung in der Kulturstadt Weimar angefordert, der wird in Bälde auf den Weg gebracht ... In Sonderheit wird die Landesregierung in Gänze mit Nachdruck und in Bälde noch vor der Landtagswahl auf den Weg bringen und gemeinsam händeln, um einen positiven Abschluß zu saldieren ...«

Am Schluß informiert er, daß im Kabinett noch einmal über den Wahltermin zum Thüringer Landtag gesprochen worden ist. (Die SPD hatte mit der Drohung, das Koalitionsbündnis zu kündigen, auf einem Wahltermin im Frühling 1999 – um die Sogwirkung des SPD-Bundestagssieges auszunutzen – bestanden, aber schließlich klein beigegeben und dem Termin der CDU für den 12. September 1999 zugestimmt.)

»Nun hat Herr Minister Schuchardt zu bedenken gegeben, daß europaweit der 12. September als ›Tag des offenen Denkmals‹ begangen wird. Und die Thüringer Ehrenamtlichen, die am 12. September rund eine halbe Million Interessierte durch Museen, Kirchen und andere Denkmäler führen werden, sind meist die gleichen Leute, die sich auch ehrenamtlich als Wahlhelfer zur Verfügung stellen.«

Deshalb Verschiebung! Nein, nicht der Wahl, sondern des Denkmaltages.

Nach diesem letzten Wahltermin-Gefecht der SPD sind Denkmäler in Thüringen schon eine Woche eher als im übrigen Europa zu besichtigen.

Als der Regierungssprecher sich freundlich, wie er gekommen ist, von den Journalisten verabschiedet, bitte ich ihn um die nächsten wichtigen öffentlichen Termine von Ministerpräsident Vogel und frage, ob ich den Ministerpräsidenten begleiten darf. Das sei selbstverständlich möglich, sagt Hans Kaiser, das werde er sofort in die Wege leiten und noch in dieser Woche würde ich die Termine in meinem Pressefach finden.

Drumherum (1)

Je undurchsichtiger für mich das Innenleben im Hohen Haus ist, um so häufiger flüchte ich mich in das Leben drumherum. Gaststätte »Zum Schnitzelheinz«. Feierabendheim. Wetterstation. Augenklinik mit in den Putz eingearbeiteten Bildern sozialistischer Menschen. Eisstadion mit VIP-Eingang. AWG-Wohnblock mit dem »Über allem Geschaffenen steht die Gemeinschaft ...«-Spruch. AEG-Gebäude. Gerichtsvollzieher. Mercedes-Leasing. Und Trabant-Ersatzteilladen.

In dem kleinen Geschäft wühlen zwei gut angezogene Männer in den Kästen. Der erste will die Stoßstange von seinem Wartburg, »einem 311er Oldie«, verchromen lassen. Kein Problem, sagt die Frau, zwischen vierzig und fünfzig, die ihr rötliches Haar zu einem Pferdeschwanz gebunden hat.

Das Problem des zweiten, dessen Mercedes vor der Tür steht, bereitet dagegen selbst in diesem Laden, in dem mir zu DDR-Zeiten die Augen übergegangen wären (wegen eines fehlenden Teiles mußte ich noch 1988 meinen Trabant drei Monate stehenlassen), enorme Schwierigkeiten. Er sucht Bremsbacken mit Anhängevorrichtung für die Handbremse. Die muß die Rothaarige in Ungarn, wo noch Trabantteile produziert werden, bestellen.

Aber er hat seinen Trabant dem Schwager geborgt, der damit nach Belgien geknattert ist und dort mit defekten Bremsbacken steht. Morgen will er deshalb nach Belgien fahren.

Sie rät ihm, auf dem Schrottplatz zu suchen, obwohl der Schrottplatz ihr gefährlichster Konkurrent ist.

Die technische Einfachheit des Trabi hatte ihrem Lebensgefährten, einem früheren Unternehmensberater bei Thyssen, sofort imponiert. Der grau melierte, an die siebzig Jahre alte Wessi wieselt, während ich mit seiner, wie er sie nennt, »Königin der Nacht«, rede, im Laden umher. »Als ich dem Trabant unter die Haube geguckt habe, sah ich: Der ist solide gebaut, leicht zu reparieren und bringt eine anständige Leistung.«

1997 überredete er seine Lebensgefährtin, diesen Laden für Zweitakter-Ersatzteile zu eröffnen. Erfahrung hatte Bettina Ujlakan. Sie war fast zwanzig Jahre in der Einkaufsliefergenossenschaft für Kfz-Teile in Erfurt beschäftigt gewesen. »Dort, wo man für einen Nachschalldämpfer sogar Fliesen und ungarische Salami eintauschen konnte. Wer in der DDR mit Ersatzteilen handelte, besaß fast mehr Macht als der SED-Parteisekretär. Und ich behaupte immer noch: Wenn man alle Ersatzteile, die in der DDR in den Kellern lagen, zusammengebaut hätte, wären in der Republik doppelt so viele Trabants gefahren.«

Ihr Lebensgefährte hatte sie mit in den Westen nehmen wollen. »Aber ich bin hier zu Hause. Allerdings ...«, sie redet langsam, als könnte ich es falsch verstehen, »allerdings bin ich inzwischen furchtbar enttäuscht vom ehemaligen DDR-Volk. Die jammern und klagen und klagen und jammern. Aber sie sind reich genug, um ihr halbes Leben wegzuschmeißen: die zusammengehamsterten Autoersatzteile, die Polstermöbel, fast noch neu, auf die sie viele Jahre geduldig warten mußten, die stabilen und unverwüstlichen Federkernmatrazen ... Alles in die Müllcontainer.«

Der mit dem Mercedes vor der Tür hat noch Nieten für die Bremsbeläge gefunden, die er im Keller liegen hat. Er kann also morgen mit dem Mercedes nach Belgien fahren, um seinen Trabant zu reparieren. Er sagt fast entschuldigend, daß er Vertreter für Ansichtskarten sei. »Da muß ich bei den Geschäften im Mercedes vorfahren.« Aber Mercedes, das sei nur Dienst. »Wenn ich richtig Auto fahren will, ich betone, richtig Auto fahren, nicht nur irgendwohin rasen, dann setze ich mich in meinen Trabant. Das ist Autofahren pur.«

»Ein reparierter und vom TÜV abgenommener fünfzehn Jahre alter Trabant kostet heute«, sagt die Frau mit dem Pferdeschwanz, »schon über 1000 DM. Über 1000 Westmark.«

Schlagzeilen Januar 1999

Thüringens CDU-Landesfraktionschef Köckert äußert Verständnis für die Ankündigung des bayrischen Staatskanzleichefs Huber, angesichts der Zusammenarbeit von SPD und PDS die Aufbau-Ost-Hilfen einzustellen.

Das Asylbewerberheim in Mendhausen, in dem 100 Ausländer untergebracht sind, soll wegen rückläufiger Asylantenzahl geschlossen werden. Bei der Bundestagswahl hatten 25 Prozent der Wahlberechtigten in Mendhausen für die Neonazis gestimmt.

Thüringens SPD-Chef Richard Dewes hält sich alle Optionen für eine Regierung nach der Landtagswahl offen, auch eine Koalition mit der PDS.

Die Gemeinde Hellingen (Kreis Hildburghausen) will, um die Abrißkosten zu sparen, ihr Lenin-Denkmal (steinernes Triptychon mit der Lenin-Aufforderung »Lernen, lernen, nochmals lernen!«) verschenken.

Die PDS möchte sich bei der Landtagswahl von 16,7 Prozent im Jahr 1994 auf 20 + x Prozent steigern.

Ministerpräsident Vogel bezeichnet Thüringen in einem Interview als »Bayern der neuen Länder«.

Der ehemalige Meininger Landrat Puderbach ist wegen Korruption zu drei Monaten und drei Wochen Haft auf Bewährung und zur Zahlung von 10000 DM Geldbuße verurteilt worden. Bis zum Jahr 2000 wird der beurlaubte Puderbach allerdings weiterhin monatlich 5000 DM Gehalt vom Land kassieren.

Die Thüringer Kirche vermarktet ihre Kirchtürme als Sendemasten an Mobilfunkfirmen.

Frau Dagmar Schipanski, von MP Vogel überraschend als Kandidatin der CDU zur Wahl des Bundespräsidenten vorgestellt, äußert in der ARD, daß die doppelte Staatsbürgerschaft als kurzfristiger Schritt zur Integration möglich sei. Tags darauf widerruft sie, und CSU-Landesgruppenchef Michael Glos erklärt, Frau Schipanski verstehe sicherlich sehr viel von Festkörperphysik und werde wohl auch bald in der Lage sein, die Feinheiten der Integrationsbemühungen der CDU nachzuvollziehen.

Die 23jährige Jenenser Studentin Antje Jörgens, Mitglied der Kommunistischen Plattform, will für den Thüringer PDS-Landesvorstand und den Landtag kandidieren.

5200 Thüringer Haushalte müssen mit weniger als 1000 DM monatlich auskommen.

54 Prozent der Thüringer Flüsse gelten als mit Schadstoffen unbelastet bzw. wenig belastet. 1991 waren es nur 15 Prozent.

Als erster in Thüringen unterschreibt Ministerpräsident Vogel die Liste gegen die doppelte Staatsbürgerschaft. Es könne nicht sein, so Vogel, daß man im Sommer Deutscher und im Winter Türke wäre.

SPD-Minister Schuchardt warnt seine Partei vor einer Zusammenarbeit mit der PDS. »Sie ist weder koalitions- noch regierungsfähig.«

Die Journalisten in der Landtagskantine streiten sich, ob die Ilmenauer Professorin »Schimpanski« oder »Schimanski« oder »Schipanski« heißt. Einer weiß, daß sie nach der Wende Rektorin an der TU Ilmenau war. Ein anderer vermutet, daß sie offiziell zwar als parteilos gilt, aber heimliches CDU-Mitglied ist, denn ihr Mann sei Stellvertretender CDU-Landrat des Ilmkreises. Konkretes über ihren vorherigen Job als Präsidentin des Deutschen Wissenschaftsrates weiß niemand. Ein Erfurter Journalist erzählt, daß er, als man ihm mitgeteilt hatte, daß Frau Schipanski sich zur Zeit im Kaisersaal aufhalte, für ein Exklusivinterview nachts noch zum Kaisersaal geradelt ist. Es war eine Fehlinformation. Im Kaisersaal probten lediglich die Erfurter Narren ihre Karnevalsveranstaltung.

Aber alle sind sich einig: Die bedauernswerte CDU-Quotenfrau hat wegen der Mehrheitsverhältnisse nicht die Spur einer Chance gegen den SPD-Kandidaten Johannes Rau.

Und einer der »alten Hasen im Geschäft«, der Parlamentsberichterstatter der »Thüringer Allgemeinen« Eberhardt Pfeiffer (er ähnelt ein wenig dem sympathischen Meister Nadelöhr aus dem DDR-Kinderfernsehen), sagt grienend: »Schlitzohr Vogel wird sich außer dem Frauen- und Ossibonus für die CDU schon was dabei gedacht haben. Und bedauern muß man die Frau nicht. Auch Niederlagen können adeln und werden später belohnt.«

An diesem Tag, an dem alle über die CDU-Kandidatin für die Wahl zum Bundespräsidenten reden, begegne ich auf dem Gang des Landtages dem ehemaligen Bundespräsidenten Richard von Weizsäcker. Das heißt, nicht dem Original, aber seinem leibhaftigen Double. Groß und rank, sehr gerade gehend, weiß gelocktes Haar. Ich schaue ihn erstaunt an, er lacht und nickt: »Langelotz, Gottfried Langelotz, Architekt in diesem Haus.«

Er weiß schon, daß er mir nur gemeinsam mit Verwaltungsleiter Ott, der zur Zeit krank ist, und Pressechef Schulz das gewünschte Interview geben darf. Aber sein Arbeitszimmer könne er mir zeigen, sagt er, und gegen einen kleinen Rundgang – ohne Interview, nur gucken – hätte der Schulz bestimmt nichts einzuwenden.

An der Wand seines Arbeitszimmers hängt der Entwurf seiner Diplomarbeit. Ein Palast aus Aluminium, Glas und Beton, in den siebziger Jahren von den Japanern in Berlin gebaut. Bis heute noch nicht abgerissen.

»Von mir 1962 entworfen. Um die Fenster zu malen, habe ich mir damals besonders gute weiße Farbe vom Cousin aus dem Westen schicken lassen. Und die silberne Aluminiumfassade klebte ich aus dem Silberpapier der Duett-Zigarettenschachteln.«

Wenn Gottfried Langelotz redet, kann ihn kaum jemand stoppen. Erotische Witze und Kindheitserinnerungen. Und die Politik. Er ist Mitglied der CDU und Stadtrat in Erfurt. »Allerdings keiner von den getreuen Gefolgsleuten. Ich sage, was ich als Architekt denke, und nicht, was die CDU-Fraktion will, daß ich es denke. Denn was wir heute für Erfurt beschließen oder ablehnen, hat noch in hundert Jahren Bestand. Ob es dann allerdings noch eine SPD oder eine CDU gibt, bezweifle ich.«

Wir gehen durch das Haus. Den Umbau des Rates des Bezirkes habe er von Anfang an mit geleitet. Zuerst seien die gut bezahlten Berater aus Hessen gekommen, und die hätten verlangt, daß die Wände nicht wie bei den Nazis im Behördenhaus braun und die Fußböden schwarz-weiß-rot gestrichen werden sollten, sondern alles in Orange. »Orange in einem thüringischen, klassizistischen Bau! Da habe ich gegen die Hessen das ruhige Grün durchgesetzt. Sieht gut aus, nicht?«

Ich nicke. Und das Gold von Geländern, Türklinken und Stühlen, das passe dazu. »Habe ich damals alles ziemlich billig bekommen, die Türklinken beispielsweise von 190 DM auf 70 DM runtergehandelt. Und die Stühle, ein bißchen im Bauhausstil, für 800 DM bekommen. Das war ein Schnäppchen.« Er sei bereits als Kind zur Sparsamkeit erzogen worden. »Egal, ob es mein Geld ist oder das vom Staat.«

Vater Langelotz war Landesobermeister der Erfurter Fleischerei-Innung, hatte einige Geschäfte und Angestellte. »Aber zu Hause war nie Fettlebe. Wir haben nur die beim Kochen geplatzten Würste gegessen. Noch als Student mußte ich Bratwürste füllen und haargenau nachwiegen. Jede Wurst 100 Gramm. Und wehe, wenn 10 Würste mal 1 Kilo und 50 Gramm wogen.«

Er zieht sein Jackett aus und zeigt mir das Firmenetikett. »Den Anzug hat uns der Westcousin vor über fünfundzwanzig Jahren geschickt. Aber mein Bruder, der die Familienfleischerei schon übernommen hatte, wollte keine abgetragenen Anzüge aus dem Westen. Da habe ich sie genommen. Und trage sie immer noch.« Seinem Enkel zeigt er heute, wie man krumme Nägel wieder geradeklopft und aufbewahrt.

Als ich im zweiten Stockwerk an der Wand einen klassizistischen Sockel sehe, auf dem niemand thront, sage ich lachend: »Hier waren Sie wohl zu sparsam.«

Er schüttelt den Kopf. »Da stand bis 1945 ein Kopf drauf. Aber wir haben uns 1990 nicht einigen können, wen wir draufstellen. Herr Ott wollte den Goethe, der Landtagsdirektor den Bach, ich eine klassische Amphore. Also blieb der Sockel leer.«

Ich frage den Landtagsarchitekten, ob wir noch hinunter in den Keller gehen könnten. »Mich interessiert, wofür heute die Räume der ehemaligen Gestapo-Zellen genutzt werden.«

»Nein, danach fragen Sie besser Herrn Ott. Das hier ist kein Interview, kein offizielles Gespräch, nur ein Rundgang.«

Ich wechsle das Thema, frage nach dem Fußbodenbelag im langen Flur des Landtagspräsidenten. Mir ist aufgefallen, daß die schöne Regelmäßigkeit der Fußböden, an den Rändern ockerfarben und in der Mitte grün belegt, dort durchbrochen worden ist. Der Flur des Präsidenten ist an den Rändern grün und in der Mitte ockerfarben.

»Das habe ich bewußt gemacht, damit es sich unterscheidet. Schließlich sitzen der Präsident und seine Mitarbeiter hier. Ehre, wem Ehre gebührt.«

Der erste Thüringer Minister, den ich in Aktion erlebe, ist der für Justiz- und Europaangelegenheiten, Otto Kretschmer (SPD). Klein, korpulent, freundliche Augen, ein bißchen väterlich. Der Minister berichtet den Journalisten über eine ministerielle Arbeitsgemeinschaft, die einen Leitfaden zur Verhinderung von Korruption in den Ministerien zusammengestellt habe, unter anderem enthalte das Material die Empfehlung, Beamte, die öffentliche Ausschreibungen vergeben, nach einer bestimmten Zeit auszuwechseln. Außerdem soll ein Antikorruptions-Beauftragter, ein Ombudsmann, ernannt werden, bei dem jeder Bürger anonym Korruptionsfälle anzeigen könne. Der Ombudsmann werde stellvertretend für die ungenannt bleibenden Bürger Korruptionsfälle an die Staatsanwaltschaft weiterleiten. »Natürlich auch Fälle, in die Regierung oder Staatsbeamte verwickelt seien.«

Ich frage den Minister, wann der Ombudsmann seine Arbeit aufnehmen wird.

»Sehr, sehr bald!« Arbeitszimmer und Telefon wären vorhanden. Aber leider sperre sich ausgerechnet der Finanzminister Trautvetter, der momentan keinen Pfennig für eine Anstellung dieses Antikorruptionsbeauftragten bewillige.

»Aber ich werde nicht lockerlassen, der Ombudsmann muß vor den Landtagswahlen bestätigt werden«, sagt der Minister. Die Bürger hätten ein Recht, vor den Wahlen über eventuelle Korruptionsaffären in der Thüringer Wirtschaft, bei Ministerien oder in den Parteien informiert zu werden.

Immer, wenn ich am Block der Arbeiterwohnungsbaugenossenschaft vorbeilaufe, klingele ich bei irgendeinem Namensschild, habe aber erst Ende Januar am Tag der Landtagssitzung bei »Czech« Glück. Eine ältere Frau mit starker Brille öffnet. Sie wohnt seit über vierzig Jahren hier, ihr Mann war der Bauleiter, als sie 1955 gemeinsam begannen, die Fundamente für diesen Block auszuschachten.

Aber den Spruch hätte nicht er ausgesucht. Sie findet ihn immer noch gültig, liest ihn manchmal sogar laut, so als müßte sie sich überzeugen, daß er noch dort steht. Es sei ein Wunder, daß ihn noch niemand beseitigt habe, heute in dieser Gesellschaft, in der Worte wie »Gemeinschaft« und »Arbeit« unanständig klingen. »Arbeit als der Sinn des Lebens und nützlich sein für die Gemeinschaft gilt vielleicht noch für einige Idealisten. Man sollte besser nicht sagen: Ich gehe arbeiten, sondern: Ich gehe Geld verdienen. Und möglichst, ohne zu arbeiten.«

Sie rät mir, wegen des Spruchs am Nachbareingang zu klingeln. »Dort wohnt der Herr Dorn, der Architekt des Blocks.«

Ich klingele, niemand öffnet.

Die Pförtner im Landtag tragen heute Schlips. Einer schiebt vor der Tür zum großen Sitzungssaal Wache, denn den dürfen während der Tagung des Hohen Hauses nur die Abgeordneten, Minister und Staatssekretäre betreten. Für alle anderen, auch die Journalisten, gibt es den Weg über Hof, Hintereingang und Hintertreppe hinauf zur Besuchertribüne.

Ich setze mich in die erste, für die Presse reservierte Reihe. Hinter mir bugsiert der Besucherdienst Schulklassen auf die Tribüne, ermahnt zu Disziplin und Ruhe. Unten im Saal stehen und schwatzen die Abgeordneten. Nur der Landtagspräsident sitzt, die Fahnen der Bundesrepublik Deutschland, des Freistaates Thüringen und der Europäischen Union im Rücken, bereits an seinem erhöhten Tisch. Vor sich eine goldglänzende Glocke und neben sich zwei goldene Gefäße, die wie Beerdigungsurnen aussehen. Vor dem Podest des Landtagspräsidenten stehen die Tische und Stühle für die Minister und ihre Hintermänner, die Staatssekretäre.

Um 9 Uhr beginnen sich die Damen und Herren Abgeordneten zu setzen. Von oben gesehen, rechts die 29 Abgeordneten der SPD in Vierertisch-Reihen, in der Mitte die 42 Abgeordneten der CDU in Sechsertisch-Reihen und links außen nur an Zweiertischen, wie in einer Schulklasse, die 17 PDS-Abgeordneten. Sie fallen auch dadurch auf, daß einige von ihnen weder Schlips noch Anzug tragen.

Um 9.04 Uhr greift der Landtagspräsident zur Glocke.

»Meine Damen und Herren, ich darf die 91. Plenarsitzung des Thüringer Landtages eröffnen … ich will wirklich nicht stören, auch Herrn Minister Dewes« (der steht noch und unterhält sich) »nicht …«

Heiko Gentzel ruft dazwischen: »Den können Sie nicht stören.«

Der Landtagspräsident entschuldigt sich: »Es tut mir leid, das ist sonst nicht meine Art, die Landesregierung zu kritisieren.« Danach verliest er zwei Anträge auf zusätzliche Tagesordnungspunkte. Die PDS möchte die »Einbürgerung als Menschenrecht« diskutieren und die SPD den »Vertrag über die abschließende Finanzierung der ökologischen Altlasten im Freistaat Thüringen«.

Mit dem Antrag der PDS geht es sehr schnell. Landtagspräsident Dr. Pietzsch: »Ich gebe hier zur Kenntnis, daß ich diesen Antrag für nicht in die Kompetenz des Landtages fallend halte.«

Unterstützung von der CDU: »Wir lehnen es aus kompetenzrechtlichen Gründen ab, diesen Antrag hier zu behandeln.« Die CDU klatscht.

Die SPD schweigt.

Abstimmung. Alle CDU-Abgeordneten lehnen den Antrag ab. Bei der SPD enthalten sich vier der Stimme. Der bärtige PDS-Abgeordnete Dittes ruft noch »Skandal«, aber da verkündet der Landtagspräsident schon:

»Wir kommen dann zur Abstimmung über den nächsten …«, unterbricht, weil sich die PDS-Abgeordnete Tamara Thierbach heftig zu Wort meldet, »bitte, Frau Abgeordnete, zum Abstimmungsverhalten? Bitte.«

»Ich möchte zu meinem Abstimmungsverhalten erklären, daß ich der Meinung bin, daß es dem Landtag guttut, Bürgerinnen und Bürger des Landes Thüringen aufzurufen, für ein tolerantes Miteinander und gegen Fremdenfeindlichkeit einzutreten.« Die CDU-Abgeordneten murren. Die PDS-Leute klopfen auf den Tisch.

Der Präsident: »Danke. Ich komme dann zum Antrag ...«

Dittes ruft noch einmal dazwischen: »Das ist skandalös, was hier abgeht.«

»Zum Antrag der SPD-Fraktion und zwar ›Vertrag über die abschließende Finanzierung ...‹ auf die Tagesordnung zu nehmen ... Danke sehr. Das ist die Mehrheit ... Damit ist dies auf die Tagesordnung genommen.«

Nachdem die »Einbürgerungsgefahr« gebannt ist, verläßt der Ministerpräsident sichtlich zufrieden den Saal. Und die meisten Abgeordneten beginnen, sich mit Zeitschriften und Zeitungen unter oder auf den Tischen weiterzubilden. Auch »Neues Deutschland« und »FAZ« sind dabei. Aber die bunten Hefte von »Super-Illu« bis »Praline« und die »Bild«-Zeitung dominieren.

Nur zweimal werden die Abgeordneten ernsthaft gestört. Einmal planmäßig, als sie zwischen »Flugreise von Elefantenbabys nach Thüringen« und »Mord an einem Schulkind« bei der Abstimmung über das »Jugendhilfeausführungsgesetz« aufstehen. Gesetze müssen (wohl wegen der Ehrfurcht vor dem Gesetz) durch Aufstehen angenommen oder abgelehnt werden.

Das zweite Aufstehen allerdings ist außerplanmäßig, denn das »Architektenrentengesetz« wird nach kurzer Aussprache in erster Lesung sofort in die zweite, nun diskussionslose Lesung überwiesen und anschließend angenommen.

Nach der Zeitungsschau lichten sich die Reihen der Abgeordneten im Saal. 88 müßten unten sitzen, aber gegen 10 Uhr zähle ich nur noch 29, und von den Ministern sitzt Otto Kretschmer mutterseelenallein hinter einem einen viertel Meter hohen Aktenstapel (hoffentlich ist die Vorlage für den Antikorruptionsbeauftragten dabei) und arbeitet fleißig. Wenn die Abgeordneten den Saal verlassen, gehen sie sehr schnell und geschäftig wie zu einem wichtigen Termin. Meist tragen sie dicke Papierstapel unter dem Arm. Später kommen sie sehr schnell und geschäftig, die Papiere nun nicht mehr unter dem rechten, sondern unter dem linken Arm, zurück.

Zur vom Präsidenten ausgerufenen Mittagspause haben die meisten Abgeordneten schon gegessen. Am Salatbuffet gibt es deshalb nur noch Kraut- und Blattsalat. Innenminister Richard Dewes holt sich Schichtkraut.

Ich sage ihm: »Das sieht aus wie Koalitionskraut.«

»Ja«, meint er, »wenig Fleisch und viel, viel Kraut.« Aber er verrät mir nicht, wer in der Koalition das Fleisch und wer das Kraut ist.

Vogel holt sich zwei Bockwürste, hat an der Kasse allerdings nicht genügend Kleingeld und borgt sich zwei Mark von einem hinter ihm stehenden SPD-Abgeordneten.

Nach dem Essen bin ich schläfrig und bewundere die Abgeordneten, von denen nur ein PDS-Genosse und ein Unionsfreund kurz einnicken. Die übrigen halten sich mit ihrem drehbaren Stuhl in munterer Bewegung. Am beliebtesten, gleich ob vorn einer von der eigenen oder von einer anderen Partei redet, sind die Drehungen um 180 Grad zum Hintermann. Die Thüringer Schicksalsfragen, vermute ich, werden nicht vorn am Rednerpult, sondern bei Gesprächen mit dem Nachbarn gelöst. Und ich staune, wie die Abgeordneten mitten in ihrer Unterhaltung, ohne hören zu können, was vorn gesprochen wird, immer gleichzeitig ihren Beifall auf die Tische klopfen. Reden weiter mit dem Hintermann, hören nicht, was vorne gesagt wird, aber trommeln. Trommeln wie afrikanische Buschtrommler, doch die übermittelten wirklich Nachrichten. Und oben auf der Besucher- und Pressetribüne steht ein Kameramann, wahrscheinlich der einzige, der immer nach vorn gukken muß, und flucht, wenn einer auf der Tribüne vorbeiläuft, denn dann wackelt sein Kameraaufbau, und der Redner tanzt auf den Bildschirmen.

Das lustige Gleichmaß von Gehen, Drehen und Reden wird noch einmal bei der von der PDS geforderten Debatte über den Krieg im Irak gestört. Denn nach der Debatte (CDU-Abgeordneter Sonntag empört an die PDS: »Sie sind nicht der richtige Anwalt für dieses Thema, schämen Sie sich.«) verlangt die PDS namentliche Abstimmung über ihren Antrag »Thüringer Forderung zur bundespolitischen Bewertung des Krieges gegen den Irak«, und mit dieser Ankündigung verwandelt sich das Hohe Haus in einen Ameisenhaufen. Alle, die gerade noch draußen waren, rennen und hasten nun zur Saaltür herein, denn wer zur namentlichen Abstimmung nicht erscheint, verliert (so hat es beispielsweise die CDU-Fraktion beschlossen) 100 DM seines Abgeordnetensalärs.

Ausgezählt werden 14 Stimmen für den Antrag der PDS, 55 dagegen und fünf Enthaltungen. Einer, der sich beim Urnengang enthalten hat, mit seinem weißen Vollbart ähnelt er einem Philosophen, ist der kulturpolitische Sprecher der SPD-Fraktion, Harald Seidel. Sofort nach der Abstimmung erklärt er, es klingt wie eine Entschuldigung: »Ich habe mich bei diesem Antrag der Stimme enthalten, da ich in dieser Frage die Haltung der französischen Regierung teile …« (Nach der Sitzung – sie ist trotz eines Streites zum Sozialbericht, ob es in Thüringen Armut (PDS) oder nur eine Scheinarmut (CDU) gibt, mit einem Tag Planvorsprung um 18.15 Uhr beendet worden – frage ich Harald Seidel, ob es üblich ist, daß ein Abgeordneter bei namentlicher Abstimmung anschließend dem Hohen Haus seine Entscheidung erläutert. Nein. Aber er hätte deutlich machen müssen, daß er als Mitglied der SPD-Fraktion durch seine Stimmenthaltung nicht die PDS unterstützt.)

Die Sitzung leitet inzwischen der Vizepräsident, ein kleiner, schnauzbärtiger, ein bißchen traurig – so sieht es von oben aus – dreinblickender Mann …

Vor drei Jahren hatte ich beim Walter-Werner-Lyrikwettbewerb in Meiningen einem Nachwuchsdichter mit forschem Schnauzbart, unbändig nach allen Seiten abstehenden kurzen Haaren und Nickelbrille einen der sieben 100-DM-Preise für die besten Gedichte überreicht.

Belangloser Ort

Hiersein und sitzen und
warten geduldig abschnurren
lassen die Zeit

Nur noch Zement
festgetreten und Schotter
grauer auf meiner Netzhaut
ein sichtbarer Riß

Rotfleckige Äpfel verfaulen
im Gras
farblose Fetzen flattern
im Wind.

Als ich am nächsten Morgen sehr zeitig nach Erfurt fuhr, stieg der Lyrikpreisträger in Erfurt aus dem letzten Wagen des Meininger Zuges. Ich tippte wegen der Jeans und dem Parka auf Student, klopfte ihm auf die Schulter und fragte spottend: »Hast die 100 Märker hoffentlich nicht auf einmal versoffen?«

Er guckte sehr verstört.

»Studierst du in Erfurt?«

»Nein.«

»Was machst du dann?«

Er schaute mich sehr lange an, bevor er sagte: »Na ja, das, was ich mache, ist eigentlich kein richtiger Beruf …«

Doch so ein asozialer Dichter, dachte ich, sprach es aber nicht aus, sondern provozierte: »Wohl BND?«

Da blieb er stehen. »Nein, ich bin SPD-Landtagsabgeordneter. Von Beruf Lehrer und im Thüringer Landtag Vorsitzender des Bildungsausschusses.«

Nach dieser Bemerkung stotterte ich. Und entschuldigte mich.

Bevor er in die Straßenbahn einstieg, sagte er: »Kannst aber trotzdem weiter du zu mir sagen.«

Nun habe ich Hemmungen, den Vizepräsidenten Hans-Jürgen Döring (immer noch mit Schnauzer und immer noch mit unbändig nach allen Seiten abstehenden kurzen Haaren) mit »du« anzureden. Er trägt unter dem Anzug jetzt eine Weste.

Schließlich frage ich ihn, ob er noch Gedichte schreibt.

Er nickt und nimmt die Mappe, die vorn auf dem Präsidententisch lag und aus der er Verordnungen und Landtagsdrucksachen zitiert hatte, blättert darin und gibt mir ein Blatt mit sieben Zeilen.

Zustand

Hin und wieder
steife Glieder
schlechte Wetter
leere Blätter
beständig besoffen
hoffen und hoffen.

Drumherum (2)

Dem Landtag gegenüber steht ein fahrbarer Meßwagen mit den aluminiumglänzenden Geräten einer Wetterstation. In dem Meßwagen sitzt ein junger Wettermacher im dicksten Tabaknebel. Auf seinem Computer liegt ein halbes Dutzend Pfeifen. Er untersucht im Auftrag des Münchner Institutes für Epidemiologie die gefährlichen Schwebstoffpartikelchen in der Erfurter Luft.

Als Paul Misching 1991 zum erstenmal nach Erfurt gekommen ist, war er begeistert von der Schadstoffkonzentration. »Sie war damals so hoch, wie wir sie (weil wir unsere Versuche zu spät begonnen hatten) in der alten Bundesrepublik leider nie messen konnten. Und hier plötzlich fliegende ›Braunkohleklumpen‹. Da bist du glücklich wie ein Biologe, der noch einen lebendigen Flugsaurier findet.« Inzwischen ist Erfurt fast rußfrei. Dafür wimmeln an die 18000 winzig kleine Partikelchen in einem Kubikzentimeter Luft.

»Und diese kleinen Teilchen gab es früher noch nicht?«

Die hätte es gegeben, aber sie konnten damals nicht frei umherschweben, denn sie haben die Eigenschaft, sich immer an die großen Teile zu binden.

Der Münchner, inzwischen ist er mit einer Frau aus dem thüringischen Hettstedt verheiratet, versucht mir die physikalischen Vorgänge politisch zu erklären. Große Schadstoffteile, also Führer, haben die Eigenschaft, kleine Schadstoffteile, also Volk, an sich zu binden. Wenn die Führer aber, also die Braunkohle»klumpen«, verschwinden, wie hier nach der Wende geschehen, suchen die kleinen Teilchen verzweifelt einen neuen Führer, dem sie sich anschließen können. Und wenn sie keinen finden, schweben sie ungebunden und unkontrolliert führerlos umher und sind ungebunden gefährlicher als die großen. »Setzen sie sich in der Lunge ab, können kranke, schon sehr geschwächte Menschen davon sterben«, sagt er, zündet sich eine neue Pfeife an und hofft auf konkrete Ergebnisse seiner Studie über die Gefährlichkeit der frei umherschwebenden, führerlosen, kleinen Schadstoffe.

Als ich nach der Landtagssitzung von der Besuchertribüne herunterkomme, steht Heiko Gentzel schon in der Landtagskantine und leert eine Flasche Bier auf ex. Er stöhnt genußvoll und ist froh, »daß dieser Scheißantrag der PDS auf ›Einbürgerung als Menschenrecht‹ nicht auf die Tagesordnung gesetzt worden ist. Hätten die Kommunisten ihn nicht so weltumspannend allgemein, sondern konkret auf Thüringen bezogen formuliert, also gegen die Unterschriftenkampagne der CDU, dann wäre uns SPD-Genossen der Arsch auf Grundeis gegangen. Wir dürfen nun mal wegen der Koalition nicht mit der PDS gegen die CDU stimmen.«

Ich frage ihn: »Geht dir als Schlosser solches Gekungel nicht gegen den Strich?«

»Quatsch, Arbeiter sein bedeutet doch nicht: blöd sein. Wir haben in unserer Reparaturbrigade im Eisenacher Wartburg-Werk zuvor auch ausgekungelt, wer dran ist mit sozialistischer Hilfe, um im Fleischkombinat die Gabelstapler zu reparieren. Da sprang nämlich immer ein ordentlicher Schinken oder eine Salami raus. Und was rauskommen muß dabei. Alles andere ist moralischer Schwachsinn.«

SPD-Fraktionsgeschäftsführer Gentzel ist das Gegenstück zum SPD-Landtagsvizepräsidenten Döring. »Der Hans-Jürgen hatte als Lehrer vom DDR-System die Schnauze voll, sozusagen ein DDR-Trauma. Nach der Wende Euphorie. Aber dann, als er auch mit der neuen Gesellschaft seine Probleme hatte, fing er wieder an zu grübeln. Ich sage mir immer: Heiko, grübele nur, wenn es eine Lösung gibt, wenn es auch was bringt.«

Als Heiko Gentzel im Landtag begann, neue Gesetze für Thüringen mitzuformulieren, war er dreißig Jahre alt und hatte zuvor nur Gabelstapler, Traktoren, Bagger, Feuerwehrpumpen, W50 und Mistlader repariert.

Bis 1976 wohnte er mit seinen Eltern (Vater arbeitete bei der Wasserwirtschaft), zwei älteren Schwestern und zwei jüngeren Brüdern auf dem Erfurter Anger. Als gleichzeitig in allen Bezirksstädten Einkaufs- und Flanierstraßen geschaffen wurden, mußte auch der Erfurter Anger »freigezogen« werden. Vater Gentzel spürte, daß aus dieser Situation was zu holen war, lehnte alle angebotenen Ersatzwohnungen ab und verlangte – seinerzeit eine Utopie – eine 5-Raum-Wohnung für die Familie und außerdem eine Einzimmerwohnung für die älteste Tochter. Die Familie zog auch dann nicht aus, als drumherum die Fenster schon gardinenlos und alle Mülltonnen eingesammelt waren.

»Und während eine Staatsdelegation die Baustelle besichtigte, kippte der Vater unseren Müll in die Baugräben. Eine Woche später hatten wir beide Wohnungen.«

Heiko, der 1960 geboren ist, hat seine Kindheit nicht in der großen Wohnung verlebt. »Eine Kindheit, die, wenn ich es aus heutiger Sicht betrachte, sehr ärmlich war, aber deshalb vielleicht auch reicher. Nie vergesse ich, wie Vater zu Silvester einen großen Topf mit Öl füllte und darin Pfannkuchen buk. Ich habe den Geschmack dieser Pfannkuchen heute noch auf der Zunge … Im Frühling legten wir regelmäßig unsere durchgesessene rote Plüschcouch verkehrt herum auf den Tisch. Vater brachte neue Holzverstrebungen an, und wir Kinder befestigten die Sprungfedern mit Bindfäden.«

Er hält inne, schüttelt den Kopf. »Heute schläft unsereiner bei den Bundestreffen der SPD-Fraktionsgeschäftsführer in Hotels, da trauste dich kaum aufs Scheißhaus, so vornehm sind die. So vornehm kann man gar nicht scheißen. Und ich hänge in diesen Hotels immer zwei, drei Anzüge raus, die lasse ich mir reinigen und bügeln, da habe ich wieder was Frisches in meiner Eisenacher Bude.«

Gelernt hat er Landmaschinenschlosser. Eine ordentliche

Ausbildung. Schlosser mußten getreu dem DDR-Wirtschaftsmotto »Aus alt mach neu« schmieden, drehen und schweißen können. »Für die Gabelstapler aus Bulgarien gossen wir aus Gummi sogar Dichtungen.«

Danach Armeedienst bei der Volksmarine. Während der Armeezeit lernte er seine Frau kennen, die nahm ihn mit nach Eisenach, wo er als Reparaturschlosser im Wartburg-Werk arbeiten konnte.

»Dort habe ich das damals lebensnotwendige Pfuschen gelernt.« Pfuschen war nichts anderes, als im Laden nicht zu kaufende Raritäten für den Fremd- und Eigenbedarf herzustellen: Kaminbestecke, verzierte Schlüsselbretter aus Metall, Bratwurstroste, Hollywoodschaukeln, Rasenmäher, Fernsehantennen …

Heiko sagt, daß er, wenn die Wende nicht gekommen wäre, wahrscheinlich immer noch Gabelstapler reparieren und pfuschen und eigentlich dabei nicht schlecht fahren würde.

Nach Feierabend Doppelkopf und Skat und Bier. Kneipentouren. Rockmusik. Urlaub in den FDGB- und Betriebsferienheimen. Und alle drei Wochen das Stammtischtreffen der »Eisenacher Klippenspringer«.

»Aufgenommen in den Klub der ›Klippenspringer‹ wurde nur, wer die Mutprobe an der am Rennsteig gelegenen Ebertswiese bestand. Von einem 12 Meter hohen Felsen in den Bergsee springen! Zuerst waren wir fünf, zum Schluß zwölf Männer. Am Stammtisch haben wir Klippenspringer meist über Politik gequatscht. Uns beispielsweise lange vor 1989 ausgesponnen, was wäre, wenn Deutschland wieder ein einig Vaterland wäre und Mercedes unseren Wartburg herstellte.«

Ansonsten hatte Heiko Gentzel nicht viel mit Politik am Hut. Nach einem von ihm gestalteten Pink-Floyd-FDJ-Nachmittag war er sofort in die zentrale FDJ-Leitung kooptiert worden, trat aber schnellstens wieder aus, als er FDJ-Aktionen wie das »Auflesen aller von den Monteuren am Fließband fallen gelassener Schrauben« oder das »Drehen von Kupfervasen für den Solibasar« (eine Vase aus einem Kupferblock, der rund 1000 Mark kostete) beschließen sollte.

»Andererseits war ich – und das kannst du ruhig aufschreiben – in der Kampfgruppe bei den Sprechfunkern. Irgendwo mußte man drin sein, und da war Kampfgruppe allemal besser als Zivilverteidigung. Sechs Übungen im Jahr und Kohle zusätzlich, und wer am Sonnabend in das feindliche Leben raus mußte, konnte am Montag blaumachen, um die Uniform zu säubern!«

Zu Hause hatten die Gentzels einen Stapel Zeitungen abonniert. Das »Neue Deutschland«, die »Junge Welt«, die »Thüringer Neuesten Nachrichten«, das »Bauernecho«, die »NBI«, die »Für Dich«, das »Magazin«, »Frösi« und »Atze«. Zeitungen waren billig. Und dazu nur Westfernsehen! »Ich kann mich nicht erinnern, daß wir irgendwann Ostfernsehen geguckt haben, höchstens wenn die Mutter unbedingt den ›Kessel Buntes‹ sehen wollte. Die ›Tagesschau‹ und am Sonntag ›Höfers Frühschoppen‹. Das war unser zweiter politischer Bildungsweg.«

Nach der Wende erkundete Gentzel, ausgerüstet mit seinem politischen Fernsehwissen und dem »Reparaturschlossergespür, ob ein Karren laufen kann oder nicht«, die neuen Parteien und Organisationen. Dabei geriet er am Nikolaustag in die Gründungsversammlung der Eisenacher SPD. »Ich sagte mir, Heiko, als Arbeiter gehörst du zu den Sozis! Und weil die auf ihrer Liste für die offizielle Anmeldung der Partei bei den Behörden mindestens zwölf Unterschriften brauchten, aber sich fast alle die Sache noch einmal überlegen wollten, habe ich unterschrieben. Und danach war das, als ob du unter einem kaputten LKW liegst. Da kannste nicht mehr sagen: Angefangen habe ich, jetzt sollen die anderen mal weitermachen. Da mußt du ranklotzen, bis das Ding wieder läuft.«

Die Eisenacher SPD stellte Heiko Gentzel als ihren Kandidaten für die Landtagswahl auf. Ein knappes Jahr später hatte er im Landtag »sein« erstes Gesetz ausgearbeitet, das Thüringer Kindergartengesetz. »Doch nach nur zwei Minuten hatte die CDU/FDP-Mehrheit das Ergebnis unserer wochenlangen Arbeit im Landtag abgelehnt und statt dessen ihr eigenes Gesetz bestätigen lassen. Da dachte ich: Scheiße, hier geht alles anders lang, hier ist nicht entscheidend, ob du wie ein Schwein geschuftet hast und eine ordentliche Arbeit ablieferst. Hier mußt du wie ein orientalischer Basarhändler feilschen lernen. Verkaufen und notfalls auch bescheißen wie ein Marktschreier und predigen und agitieren wie ein Pfarrer.«

Drei Jahre später gewann Heiko Gentzel die Wahl zum Geschäftsführer der SPD-Fraktion gegen den Pfarrer Andreas Enkelmann.

»Als ich zum erstenmal im Geschäftsführerbüro saß, habe ich zu der Mitarbeiterin gesagt: ›Geh mal raus‹, das Radio auf volle Pulle gedreht und, die Beine auf dem Tisch, eine Viertelstunde an die Decke gestiert. Damals habe ich mir vorgenommen: Heiko, du grübelst jetzt nicht mehr darüber, daß du gerade noch Gabelstapler repariert hast und jetzt über die Einstellung von Wissenschaftlern entscheiden mußt, sondern stellst ein und entscheidest!«

Vor zwei Jahren, sozusagen als Geschenk zum 37. Geburtstag seines Sohnes, ist auch Vater Gentzel in die SPD eingetreten.

Seit der Eröffnung der Erfurter Fotoausstellung »Typisch DDR? Personen und Gegenstände« profitiere ich ungewollt und ohne sie persönlich zu kennen von Prof. Dagmar Schipanski. Zum 50. Geburtstag der DDR haben sich 50 Persönlichkeiten, die in Thüringen arbeiten oder wohnen, aus einem Koffer mit 50 DDR-Alltagsgegenständen einen für sie typischen herausgesucht. Die 50 Fotos und Texte sind alphabetisch angeordnet, und deshalb hängt Scherzer (bulgarischer Rotwein Cabernet) neben Schipanski (DDR-Reisepaß). Weil die meisten Kameraleute und Pressefotografen die Wand mit der Bundespräsident-Kandidatin ablichten, komme auch ich notgedrungen mit ins Bild. Der alphabetische Nachbar, SPD-Minister Schuchardt, hängt um die Ecke. Er hat sich in schönem Gleichklang mit seinem CDU-Ministerkollegen Sklenar (niemand wußte zuvor, wer sich was aussucht) für das Materielle, den Kfz-Bestellschein (Wartburg), entschieden. Nicht zufrieden mit ihrer Alltagsgemeinsamkeit ist wahrscheinlich die frühere Pastorin im Kirchspiel Ottmannshausen, die CDU-Ministerin für Bundesangelegenheiten Christine Lieberknecht. Sie befindet sich in trauter Eintracht mit dem Stellvertretenden Kulturminister und heutigen PDS-Landtagsabgeordneten Klaus Höpcke und der Stellvertretenden Parteivorsitzenden der PDS Gabi Zimmer. Alle drei haben Plenzdorfs »Die neuen Leiden des jungen W.« ausgewählt.

In ihrer Eröffnungsrede sagt die Ministerin: »Wir müssen uns bewußt sein, daß wir alle, so unterschiedlich wir heute auch sind, gemeinsame Wurzeln im Alltag der DDR haben.«

Danach stellt man sich in der Schlange nach Bockwurst aus einem großen Kochtopf und »Vipa« und »Nordhäuser Doppelkorn« aus Plastebechern an. Das ZDF filmt eifrig und bringt den Beitrag dann doch nicht in der »heute«-Sendung. Begründung: Alltag in der DDR und ein paar Thüringer Minister sind keine bundesweit interessierenden Themen. Wenn allerdings Frau Schipanski gekommen wäre …

Keiner der Journalisten sagt mehr »Frau Schimanski«.

Während der Pressekonferenz der drei Präsidenten der Thüringer Industrie- und Handelskammer im Landtag habe ich orthographische Schwierigkeiten mit »Niels Lund Chrestensen«. Dabei war »Chrestensen« schon zu DDR-Zeiten ein bekannter traditionsreicher Erfurter Sämereienhersteller. Ich bevorzugte bei Pflücksalat seinen »Amerikanischen Braunen« und säte auch seine Schlottenzwiebeln, die zwar keine Zwiebeln, dafür aber fast das ganze Jahr grüne Schlotten wachsen ließen. Ich hatte die Firma Chrestensen damals als einen beispielhaften, fortschrittlichen, sozialistischen Betrieb (Kollektivinteresse vor Privatinteresse!) gepriesen, denn der Bruder des heutigen Geschäftsführers hatte als Abgeordneter in seiner Volkskammerrede die Verstaatlichung der kleinen Privatbetriebe (auch seines eigenen!) als Beispiel für andere Unternehmer herausgestellt und vehement verteidigt.

Den zweiten Präsidenten, Martin Röder, kannte ich, als er noch Exportchef des VEB Gelenkwellenwerkes Stadtilm war. Nach der Wende wunderte ich mich, daß er ohne einen Westpartner die Millionen zum Kauf dieses Betriebes auftreiben konnte.

Die Industrie- und Handelskammer hat die Journalisten eingeladen, um die »Wahlprüfsteine« der Thüringer Wirtschaft für die Parteien vorzustellen. Man will, sagt Chrestensen, vor der Wahl Klartext reden.

Klartext: »Die sozialistischen Umverteilungsprinzipien der PDS sind mit unseren Interessen als Unternehmer unvereinbar.« –

»Weshalb Umschulungen für Arbeitnehmer, die schon um die fünfzig sind? Die leben mit dem alten Wissensstand der DDR, die kann man immer wieder umschulen, die erreichen das heutige Niveau nicht mehr, die muß man abschreiben.« –

»Die uneffektiven Betriebe aus der DDR, beispielsweise die Modedruckerei Gera, sind Scheintote. Eine Herz-Lungen-Maschine hätte man längst abgestellt, aber wir pumpen weiter Geld hinein.« –

Und schließlich noch einmal Chrestensen: »Unsere Forderungen lauten: Die ursprünglich als kurz- bis mittelfristige Auffanglösung gedachten Arbeits- und Beschäftigungsgesellschaften sind in den kommenden zwei Jahren zu liquidieren.«

Zu liquidieren!

Mich schaudert vor diesem Wort.

Am Ende der Veranstaltung entläßt Chrestensen die Journalisten mit dem optimistischen Satz: »Wenn es der Wirtschaft gutgeht, geht es der ganzen Gesellschaft gut.« Ich setze anstelle des Wortes Wirtschaft unbewußt das Wort Unternehmer ein. Und dann heißt der Satz: »Wenn es dem Unternehmer gutgeht, geht es der ganzen Gesellschaft gut.« Aber das vermag ich noch nicht zu glauben.

Als »Parteispion« hat die PDS ihren Landtagsabgeordneten Peter Dietl zur »Wahlprüfstein«-Veranstaltung delegiert. Er sitzt wortlos, schreibt nichts auf, zupft nur an seinem Schnauzbart oder wühlt in seinen gewellten, ansonsten immer ordentlich gescheitelten Haaren. Er ist 58 und »Altlast«: von 1986 bis 1990 Mitglied des Rates des Kreises in Sondershausen. Inzwischen ist er, so erzählt er mir am Ende der IHK-Pressekonferenz, »Unternehmer«, nämlich Getränkehändler, geworden.

»Was hätte ich im Sommer 1990 anderes werden können?«

Den Ingenieur für Verfahrenstechnik, der nach dem Studium vierundzwanzig Jahre lang in der Kaliindustrie und im Schachtbau gearbeitet hatte, davon zwei Jahre in Algerien, brauchte niemand. Peter Dietl hatte, als der alte Ratsvorsitzende abtreten mußte, noch am 23. November 1990 die Verantwortung für den Kurs übernommen »und das Schiff die letzten Monate durch die schlimmsten Stürme gesteuert«. Es war die Zeit, als man mit solch einem Posten nicht mehr die Macht übernahm, sondern nur noch die Ohnmacht des Staates und der Partei.

Danach leitete er noch ein halbes Jahr den Kreis Sondershausen.

Und nun Unternehmer. Und Abgeordneter der PDS.

Er sagt, die »Liquidierungsrede« des Niels Lund Chrestensen könnte ich schon als CDU-Wahlkampf abbuchen. »Die Wahlprüfsteine, auf die er von allen Parteien Antworten verlangt, sind keine Prüfsteine. Er hat sich als IHK-Chef doch schon für die CDU entschieden. Ich weiß, daß wichtige Thüringer Unternehmer, allen voran Herr Chrestensen und der Filialchef der Dresdner Bank, in den nächsten Wochen einen Verein zur Unterstützung der CDU für die Wiederwahl von Vogel gründen. Die Wirtschaft muß sich mit der Politik und den Parteien arrangieren. Und die Politik und die Parteien müssen sich mit der Wirtschaft einlassen. Einer meiner besten Freunde, er hat einen kleinen Betrieb in Nordhausen, kommt eines Tages zu mir und sagt: ›Peter, ihr seid als Partei blöd. Weshalb besorgt ihr mir nicht, wie das üblich ist, ein paar Fördergelder vom Wirtschaftsministerium und einen Termin beim Minister? Dafür reiche ich euch mal 5000 – unter 20000 müßt ihr sie nicht öffentlich machen – rüber, und ihr könnt Peter-Dietl-Wahlplakate drucken lassen oder eure Senioren zum Kaffee einladen.‹ Dem mußte ich sagen, daß wir nicht zu blöd sind, aber als PDS eben keinen Einfluß haben auf die Vergabe von Fördergeldern und Ministerterminen. Und wer keinen Einfluß hat, der kommt nicht in Versuchung, der kann sich mit Moral schmücken.«

Architekt Langelotz trifft mich mit Peter Dietl auf dem Weg zur Kantine und fragt, ob er mir einige seiner Zeichnungen zeigen darf. Sein Hobby sind Karikaturen. Während er im Aktenschrank nach der Mappe mit den Zeichnungen sucht, studiere ich auf seinem Schreibtisch ein Exemplar der Unterschriftenlisten gegen die doppelte Staatsbürgerschaft. Es ist zu drei Vierteln gefüllt.

Einige seiner Karikaturen sind schon ausgezeichnet worden. Beispielsweise die mit den zwei Hasen im tiefen, tiefen Thüringer Wald. Ein Kamel läuft vorbei. Sagt der eine Hase zum anderen: »Du, das ist bestimmt ein Ausländer.«

»Weshalb ein Ausländer?«

»Es guckt so traurig.«

In der Kantine sitzen nur noch Heiko Gentzel, Steffen Winter und Jürgen Kochinke an einem Tisch. Die beiden Journalisten, die in Erfurt zusammen wohnen, beschuldigen sich wie so oft gegenseitig, daß der eine die Badewanne nicht geschrubbt und der andere die Küche nicht aufgeräumt hat. Aber ansonsten sind sie heute ungewöhnlich still. Sie haben immer noch keinen Eigenbericht, und ihre Redaktionen bestehen auf dem täglichen Exklusivbericht.

Sie rühren im Kaffee. Auch Heiko Gentzel weiß keine Neuigkeit.

Jürgen Kochinke: »Im Thüringer Landesvorstand der PDS haben sie jetzt eine von der ›Kommunistischen Plattform‹.«

Heiko Gentzel: »Von dieser Sarah-Wagenknecht-Truppe?«

Steffen Winter: »Ja, die ist aber nicht so hübsch wie die Wagenknecht.«

Jürgen Kochinke: »Mensch, Heiko, wenn ihr nach der Wahl mit der PDS wollt und dann die Antje Jörgens von der ›Kommunistischen Plattform‹ ...«

Heiko Gentzel: »Ich habe diese Wagenknecht neulich im Fernsehen gesehen, also ich sag euch ...«

Steffen Winter: »Ich würde sie jedenfalls nicht von der Bettkante schubsen.«

Jürgen Kochinke: »Geiler Kleinbürger!«

Heiko Gentzel: »Die könnte ihr Geld als Model oder Schönheitskönigin verdienen ...«

Jürgen Kochinke: »Mal ernsthaft, Heiko, was hast du denn als Politiker gegen die von der ›Kommunistischen Plattform‹?«

»Die wollen einen anderen Staat als ich.«

Jürgen Kochinke: »Sag das noch mal.«

»Die wollen einen anderen Staat als ich.«

Die beiden Journalisten reden noch ein bißchen über eine mögliche oder unmögliche Zusammenarbeit zwischen SPD und PDS in Thüringen, schwärmen, daß die Sarah Wagenknecht was geheimnisvoll Erotisches hat, spekulieren über die Landtagskandidaten der PDS und haben eine Stunde später ihren Exklusivbericht.

Die Titelzeile bei Steffen Winter in der »TLZ«: »SPD auf Distanz zu Sozialisten«. Unterzeile: »Gentzel: Weitere Erneuerung bei Thüringer PDS nötig«. Und in der »Osterländer Volkszeitung«: »SPD: Es wird schwer mit der PDS«.

Am nächsten Tag werden es wahrscheinlich die Agenturen übernehmen.

Vom Bahnhof aus gehe ich an einem regnerischen Februarmorgen nicht meinen alltäglichen Weg zum Landtag, sondern den genau entgegengesetzten zum Domplatz. An einem CDU-Stand sammeln dort zwei Männer – auf den ersten Blick ähneln sie Marktverkäufern für ein neues Putzmittel – Unterschriften gegen die doppelte Staatsbürgerschaft. Der Jüngere in einer dicken Trachtenjacke (Trachtenkleidung scheint eine Art Berufsbekleidung der CDU zu sein) läuft sich warm, holt auch mich mit einem »Sie können erst mal gucken, müssen nicht gleich unterschreiben« heran.

Am Stand keine Glatzen oder »Ausländeraufklatscher«, sondern ältere, in der DDR aufgewachsene Männer und Frauen, an die ein schon Grauhaariger, der die Listen bewacht, CDU-Kugelschreiber verteilt.

Eine Frau, die sich ihren dicken blauen Schal um Kopf und Hals geschlungen und zwei große Einkaufstaschen abgestellt hat, schimpft, daß sie sich auch nicht zwei Heimatländer aussuchen kann, eins, in dem sie billig lebt, und ein anderes, in dem sie eine hohe Rente kassiert. »Ein Leben lang habe ich mir als Montiererin im Erfurter Funkwerk jeden Pfennig sauer verdienen müssen. Nachdem es dichtgemacht wurde, Umschulung zur Blumenbinderin. Oder wie das heute heißt, Floristin. Aber dann keine Arbeit als Floristin. Und Umschulung zur Lagerverwalterin. Bevor ich damit anfangen konnte, schlossen sie das Lager, stellten sich auf die sogenannte rollende Lagerhaltung um, das heißt, sie kutschierten alles Material tagelang auf den Autobahnen umher.« Fünf Jahre braucht sie noch zur Rente, jetzt gibt es vielleicht eine ABM-Stelle oder sogar eine Umschulung zur Landschaftspflegerin. Eigentlich ist sie nicht für die CDU, weil sie früher in der SED gewesen ist und später PDS, aber in diesem Fall …

Ich frage den grauhaarigen Mann, ob ich hier richtig bin, um gegen die Ausländer zu unterschreiben. Er gibt mir einen CDU-Stift zum Unterschreiben und einen zum Mitnehmen.

Ich warte, bis ich allein mit den zwei Unterschriftensammlern bin, die wie vom Tonband abgespult wiederholen, daß die CDU gegen die doppelte Staatsbürgerschaft, aber natürlich auch für die Integration der Ausländer sei.

Mein Bruder (den ich mir erfinde) sei arbeitslos, erzähle ich ihnen, weil ein Türke neben seiner Bockwurstbude einen Dönerimbiß aufmachte.

»Deshalb möchte ich unterschreiben, daß alle Türken wieder raus sollen aus Deutschland.«

Die beiden nicken freundlich.

»Oder aber«, sage ich, den Stift schon in der Hand, »wenn es nicht möglich ist, daß wir alle Türken wieder rausschmeißen, muß sich die CDU dafür einsetzen, daß die Türken für ihre Döner- und die Italiener für ihre Pizzabuden mehr Standgebühren bezahlen als die Deutschen für ihre Bockwurst- und Bratwurststände.«

Die beiden werden ungeduldig, weil ich nur rede und nicht unterschreibe. Aber sie sagen nichts. Und ich erkläre weiter, daß inzwischen auch an den Ostschulen die deutschen Mädel und Jungen von den Ausländerkindern versaut werden, die die Drogen und die Kriminalität bringen. Es wäre gut, wenn die Ausländerkinder nicht zusammen mit den deutschen Kindern zur Schule gehen würden, sage ich, während ich die Liste nehme, und daß ich das hier aufschreiben möchte, damit die Regierung des Volkes Meinung erfährt.

Der Grauhaarige entgegnet, das sei zwar wichtig und richtig, aber sie bräuchten jetzt nur meinen Namen, die Adresse und die Unterschrift …

An diesem Tag gehe ich nicht in den Landtag, sondern nehme den ersten Zug nach Hause. Vorher stehe ich lange vor dem türkischen Obst- und Dönergeschäft in der Erfurter Bahnhofshalle, will den das Dönermesser schwingenden Türken nach der doppelten Staatsbürgerschaft fragen, aber ich habe Hemmungen.

Der schwarzhaarige Mann, vielleicht vierzig Jahre alt, sieht mein Zögern an der Tür und sagt: »Kannst ja erst mal riechen, mußt nicht gleich kaufen.«

Ich lege 5 Mark auf den Tisch und sage: »Bitte extra scharf.«

Zu Hause arbeitet inzwischen das Faxgerät. Fast täglich frißt es eine neue Papierrolle und spuckt dafür 8 bis 10 Meter Informationen der Thüringer Ministerien und Parteien aus. Zuerst habe ich mich darüber gefreut, denn Information ist Wissen, und Wissen ist Macht, hatte ich gelernt. Doch bald überflog ich die meterweise Selbstdarstellung nur noch und warf sie endlich ungelesen in den Papierkorb.

Nun suche ich wie der Zauberlehrling verzweifelt nach einem Knopf, mit dem ich das Faxgerät abstellen kann, finde keinen und nehme schließlich die Papierrolle heraus.

Was nicht in den Faxen steht: Der ehemalige Pfarrer Christian Köckert, Fraktionsvorsitzender der CDU im Thüringer Landtag, sagt in einem Interview: »Angenommen, größere islamistische Fundamentalistengruppen führen als Deutsche hier ihre Lebensgewohnheiten weiter, zum Beispiel die Verschleierung ihrer Frauen, wie will man so etwas in unserer Gesellschaft integrieren … Ab wann überreizen wir die Toleranzschwelle der Bevölkerung? Da können nicht multikulturelle Globetrotter vorausrennen und auch noch verlangen, daß sich alles nach ihnen richtet.«

Und der Ausländerbeauftragte der Thüringer Landesregierung Eckehard Peters sagt auf einem CDU-Forum in Arnstadt, durch die doppelte Staatsbürgerschaft werde dem »irrationalen völkischen Fühlen« der Zuwanderer nachgegeben, denn es könne nicht verlangt werden, daß in einem Staat »jeder für die Seelennöte des anderen Verständnis hat«.

Am nächsten Morgen, die Obststiegen stehen schon vor der Tür, schnuppere ich am Bahnhof noch keinen Duft von gegrilltem Döner. Der kleine schwarzhaarige Mann polkt den im Drehgestell aufgespießten frischen Fleischkegel aus der Plastehülle. Als der Döner sich dreht, gehe ich hinein und frage ihn doch nach der Staatsbürgerschaft. Er nimmt mich mit in ein winziges Hinterzimmer. Platz für einen kleinen Tisch, zwei Hocker und eine Kaffeemaschine. Auf dem Tisch liegt eine türkische Tageszeitung mit der Unterzeile: »Die Türkei den Türken!« Er sagt, daß er noch Zeitungen mit der ihm vertrauteren Unterzeile »Proletarier aller Länder, vereinigt euch!« kennt, und serviert türkischen Kaffee.

Seine Frau kommt und sagt: »Ich brauche keinen deutschen Paß. Hat der deutsche Paß die deutschen Juden vor deutschen Verbrennungsöfen gerettet?

Müßte ich mit einem deutschen Paß weniger Angst um mein Kind haben, das in die erste Klasse geht und als Türkenkind geschlagen wurde? Von den Schlägern erkundigt sich keiner, bevor er zuschlägt: ›Haben deine Eltern eine deutsche Staatsbürgerschaft?‹ Er sieht wie ein Türke aus und riecht auch so, sagen sie ...«

Ich frage den Mann, wie ihre Kinder heißen. »Den Siebenjährigen nennen wir Taifun, großer Wind, und der Kleine heißt Tufan, noch größerer Wind. Der Name meiner Frau bedeutet Großes Glück.« Er heißt Ibrahim, das würde ich aus der Bibel kennen. Doch auch hier rufen sie ihn wie sein kurdischer Großvater vor über dreißig Jahren: »Kazim. Kazim, das heißt auf deutsch ...«, er findet das Wort nicht, zeigt mit den Fingern fallende Schneeflocken. »Nein, nicht Schnee.« Er blättert in einem Kalender. Eine Winterlandschaft. »Kazim, Dezember! So hat der Großvater mich gerufen.«

Das aufgespießte Putenfleisch, nicht weiß wie das der Hühner, aber auch nicht rosa wie das der Schweine, wird dunkler. Saft tropft auf den Teller, aber noch duftet es nicht im Bahnhof. Ibrahim setzt noch einmal Kaffee auf.

»Der kurdische Name unseres Dorfes war nicht offiziell. Offiziell ist in Kurdistan nur das Türkische. Ich hatte einen türkischen Paß und unser Dorf den türkischen Namen Tunceli. Das Dorf gibt es nicht mehr. 1993 wurde das türkische Tunceli von türkischen Soldaten niedergebrannt, weil türkische Kurden mit türkischen Ausweisen darin wohnten.«

Doch zu dieser Zeit hat er schon in Deutschland gelebt. »Ich habe über zwanzig Jahre meine Heimat, das Dorf meiner Kindheit und die Augen meiner Mutter nicht mehr gesehen. Zuerst zehn Jahre Gefängnis in Istanbul. Insgesamt 275 Tage Hungerstreik. Die habe ich gezählt. Die Schläge, die ich bekam, habe ich nicht gezählt. Dreimal haben meine Mutter und mein Vater mich noch im Gefängnis besucht. Öfter konnten sie nicht kommen, die Reise aus unserem Dorf nach Istanbul war sehr teuer. Und zwei Jahre nachdem die Türken mich ins Gefängnis gesteckt hatten, starb mein Vater. Ich durfte nicht einmal zu seiner Beerdigung, ich habe sein Grab noch nicht gesehen.«

Ibrahim war dafür eingetreten, daß die kurdischen Kinder in den kurdischen Schulen kurdisch sprechen dürfen. Außerdem arbeitete er in einer großen Metallfabrik in Istanbul, war Funktionär der verbotenen Gewerkschaft.

»Nach meiner Haft bin ich nach Deutschland geflohen. Ich konnte hier, Allah sei Dank, sogar mit Artikeln in deutschen Zeitungen, die über meinen Fall berichtet hatten, nachweisen, daß ich verhaftet und geschlagen worden war.«

Er geht den Dönerspieß kontrollieren und erklärt einer Angestellten, daß sie die Mandarinen heute für 1,99 DM verkaufen könnte, die Ananas für 2,99 DM. »Bei mir arbeiten zwei deutsche Frauen, und der Deutschen Bundesbahn zahle ich über 1000 DM Miete jeden Monat, und meine Steuern gebe ich dem deutschen Finanzamt in Erfurt.«

1995 ist Ibrahim, der zuvor in Stuttgart Fenster und Türen gebaut hatte, nach Erfurt gekommen. Viele hatten ihn gewarnt vor den neuen jungen Nazis im Osten.

Er hat sie inzwischen erlebt. »Zuerst standen sie nur in der Bahnhofshalle und schrien Fußballparolen. Aber dann holten sich einige Döner, schmissen sie draußen vor der Tür auf die Fliesen, riefen: ›Die stinken nach Türken.‹ Da bekam ich

Angst und rief die Polizei. Inzwischen schrien sie: ›Alle Ausländer sind Schweine.‹ Die Polizisten kamen und sagten, ich müßte mein Geschäft sofort schließen. Aber ich habe es nicht geschlossen. Endlich, als einige der jungen Leute schon die Hand zum Hitlergruß hoben, drängten die Polizisten sie aus dem Bahnhof.«

Er möchte in Deutschland arbeiten, sich integrieren. Aber er will auch ein Kurde bleiben. Vielleicht kann er eines Tages doch in seine kurdische Heimat zurück und dort Fenster und Türen bauen und die Kinder in der Schule die Geschichte Kurdistans lehren.

Es riecht nach verbranntem Fleisch. Aber er springt nicht fluchend auf, er geht sehr langsam aus der Tür und schaltet die Glutspiralen aus.

»Das ist nur das Äußere«, sagt er, »es dauert sehr lange, bis auch das Innere verbrennt ... Ich habe dir wenig von meinen Gefühlen erzählt, entschuldige, aber du bist ein Fremder.« 80 Prozent habe er in seinem Herzen behalten. »Oft ist neben mir in der Straßenbahn noch der einzige Platz frei, aber niemand setzt sich!«

Bevor ich gehe, will er wissen, wie viele Menschen in Thüringen schon die CDU-Liste gegen die doppelte Staatsbürgerschaft unterschrieben haben.

Ich sage: »Etwa zehntausend.«

Schlagzeilen Februar 1999

Die CDU gewinnt überraschend die Landtagswahl in Hessen und löst die SPD-Regierung ab.

Thüringen ist für die Industrie mit 14,4 Pfennigen pro Kilowattstunde der billigste Stromanbieter der neuen Bundesländer und mit 29,7 Pfennigen der teuerste für private Haushalte.

Der evangelische Landeskirchenrat setzt die zuvor von CDU-Staatssekretär Dr. Michael Krapp, CDU-Ministerin Christine Lieberknecht, CDU-Bundestagsabgeordneter Vera Lengsfeld und anderen Politikern kritisierte Reihe »52 Sonntagspredigten – Reden über Gott und die Welt« zum Weimarer Kulturstadtjahr, bei der auch Gregor Gysi eingeladen war, nach langem Streit ab.

Nach einer Studie in acht Thüringer Städten sind ehemalige hohe DDR-Funktionäre nur noch mit 16 Prozent in den Stadtparlamenten vertreten.

19900 neue Arbeitslose in Thüringen. CDU-Wirtschaftsminister Schuster: »Die Wackelei von Dewes zwischen SPD und CDU kann Investoren verunsichern. Das ist Politik auf dem Rücken der Arbeitslosen.«

Der PDS-Landtagsabgeordnete Dittes (Spitzenreiter bei mündlichen Anfragen im Landtag) erhält für seine erneute Kandidatur als Abgeordneter in seinem Wahlkreis nur 19 Prozent der Stimmen der PDS-Mitglieder.

SPD-Chef Dewes fordert Vogel auf, den Ausländerbeauftragten Peters wegen dessen Äußerungen vom »irrationalen völkischen Fühlen« bei Zuwanderern zu entlassen.

Die Thüringer Arbeiter und Angestellten haben deutschlandweit die längste Wochenarbeitszeit (40,5 Stunden) und die niedrigsten Gehälter (3649 DM, das sind 161 DM unter dem Schnitt der neuen Bundesländer). Der Thüringer Facharbeiterlohn sank 1998 von 68,1 Prozent des Westtarifs auf nunmehr 67,1 Prozent.

Eine der ältesten Autobahnbrücken Deutschlands, die über das Teufelstal am Hermsdorfer Kreuz, soll einem unabhängigen Regierungsgutachten entsprechend abgerissen und durch eine neue Brücke ersetzt werden. Die unabhängigen Regierungsgutachter sind mit Aufbauleistungen am Neubau der Teufelstalbrücke beteiligt.

Der 1997 untergetauchte ehemalige Meininger Kreisgeschäftsführer der PDS, Gerhard Schneider, der bei Glücksspielen die Mitspieler um 33 Millionen DM betrog, ist in Namibia verhaftet worden.

Der ernsthaft von Finanzminister Trautvetter und anderen Thüringer Patrioten vertretene Plan, den höchsten Berg Thüringens, den Schneekopf, durch beim Autobahnbau anfallende Erdmassen um 22 Meter auf 1 000 Meter zu erhöhen, wird endgültig abgelehnt.

Nach dem Sieg der CDU bei der hessischen Landtagswahl erscheint Ministerpräsident Vogel höchstpersönlich zur turnusmäßigen Landespressekonferenz. Ich hatte mir den 67jährigen ruhiger und bedächtiger vorgestellt, aber er geht so schnell, daß seine jungen Mitarbeiter Mühe haben, mit ihm Schritt zu halten, und seine Rede sprudelt jugendlich munter. Aber vielleicht ist das heute auch die Euphorie des Sieges.

»Ist das eine Vorahnung für den Wahlausgang in Thüringen, Herr Ministerpräsident?«

»Es ist ein gutes Omen«, sagt er und strahlt. Sein Lachen ähnelt dem von Egon Krenz. Er zeigt dabei die obere Zahnreihe.

Zu vermelden sind in der Pressekonferenz nur Erfolge: Ablösung der SPD-Regierung in Hessen erleichtert neue Verkehrswege zwischen Hessen und Thüringen ... Schon mehr als 10000 Unterschriften gegen die doppelte Staatsbürgerschaft ... Zuspruch für Frau Schipanski steigt ... Gute Vorbereitung Weimars zur Europäischen Kulturstadt 1999: Mut und Kühnheit (Der Weg ist ein Stück des Zieles.) zahlen sich aus ... Wir sind weiter auf gutem Kurs ... Ohne die Diktatur der SED würde Thüringen heute in Deutschland einen Platz einnehmen, der ihm gebührt, einen der ersten fünf ...

Eigentlich dürfte er hier vor der Landespressekonferenz nur in seiner Eigenschaft als Ministerpräsident sprechen. Er möchte den »verehrten Vertretern der Medien« allerdings auch seine Meinung als Chef der Thüringer CDU mitteilen und ihnen den Weg in die acht Minuten entfernte CDU-Landeszentrale ersparen. Also verkündet er zuerst seine Meinung als Ministerpräsident und danach als Landesvorsitzender der CDU.

Ich mühe mich, die Freude des Ministerpräsidenten über

den Wahlsieg von der Freude als CDU-Vorsitzender zu unterscheiden. Es gelingt mir nicht …

Auch anderen nicht. Michael Heym, der 32jährige Vorsitzende der CDU des Kreises Schmalkalden-Meiningen, hatte mir gesagt, daß zuviel Macht, zu viele Ämter in einer Person vereint, schädlich sind. Nicht einmal der erste Sekretär der SED-Bezirksleitung Suhl sei formal (»inhaltlich war er es ja«) gleichzeitig der »Ministerpräsident«, also Ratsvorsitzender des Bezirks Suhl, gewesen. »Ich bin dafür, in unserer neuen Demokratie Parteiamt und Regierungsamt zu trennen. Einer, der als Regierungschef für das Wohl aller arbeitet, sollte nicht gleichzeitig als Parteichef für das Wohlergehen seiner Partei und gegen das Wohlergehen anderer Parteien arbeiten müssen. Schließlich geschieht beides in einem Kopf, und wie sollte man es dort immer säuberlich voneinander trennen.«

Michael Heym hatte nach der Niederlage der CDU zur Bundestagswahl vor der gesamten Thüringer CDU-Spitze vorgeschlagen, daß Ministerpräsident Vogel nicht auch noch CDU-Landesvorsitzender sein sollte.

»Willibald Böck und andere erfahrene CDU-Politiker hatten mich vorher immer wieder bestärkt, aber als ich es dann ausgesprochen hatte, wollte es keiner außer mir gedacht haben. Und ich politisches Greenhorn war künftig sowohl für den Ministerpräsidenten Vogel als auch für den CDU-Landesvorsitzenden Vogel ein rotes Tuch.«

Bevor der Ministerpräsident geht, bitte ich noch einmal um das versprochene Interview. Regierungssprecher Kaiser nickt. »Sofort nach dem Karneval.«

Karneval wird einmal im Landtag und zweimal in der Staatskanzlei des Ministerpräsidenten gefeiert. Schließlich hat er zwölf Jahre lang als Regierungschef in Mainz residiert.

Am 11. Februar ist um 11 Uhr Weiberfasching im Landtag. Die Arbeiterklasse des Landtages, der lange Schlosser und sein Tischlerkollege, räumen die Abgeordnetentische hinaus und Bartische, Girlanden, das Buffet, Bier und Wein in den Plenarsaal. Bezahlt haben den Weiberfasching gleichberechtigt alle drei Fraktionen, aber weil nur die SPD organisiert hat, schneiden auch nur die SPD-Weiber die Schlipse ihrer männlichen Kollegen ab.

Heiko Gentzel steht schon mit halbem Schlips am Bartisch, trinkt Sekt und raucht eine dicke Zigarre. Neben ihm sein, wie er sagt, »politischer Ziehvater«, der Minister für Wissenschaft, Forschung und Kultur, Dr. Gerd Schuchardt. Er hat sich heute vorsorglich (»Ein Minister muß mit jeder Situation fertigwerden.«) drei Schlipse eingesteckt. Einen für seine Sekretärin im Ministerium. Einen für seine ansonsten eher sorgenvoll dreinschauende Landtagsabgeordnete Rosemarie Bechthum (gelernte Montiererin, später Russisch- und Deutschlehrerin und nun das soziale Gewissen der SPD-Fraktion). Der SPD-Fraktionschef Frieder Lippmann hatte heute leichtsinnigerweise einen teuren Markenschlips getragen. Gentzel schenkte ihm einen alten, den er als Reserve mitgenommen hatte. Nun läuft der SPD-Fraktionschef mit einem abgetragenen, abgeschnittenen roten Rest herum.

Von den PDS-Abgeordneten ist niemand zu sehen. Strahlend sagt Lippmann zu Schuchardt: »Zum erstenmal ein PDS-freier Plenarsaal! Von mir aus könnte hier immer Karneval sein.«

Darauf der Minister zum Fraktionschef: »Wir müssen den Richard endlich dazu bringen, daß er begreift: Ein anständiger Mann tut es nicht mit der PDS.«

Einmarsch des Erfurter Prinzenpaars. Sie eine Schönheit. Er mit vorstehenden Hasenzähnen.

»Karnevalsprinz wird man nicht mehr wegen des Aussehens«, sagt Heiko Gentzel. »Nur Geld muß man haben. Und er besitzt eine der größten Friseurketten in Thüringen.«

Auch der Kassierer in der Kantine hat heute ein Hütchen auf. Willibald Böck sitzt dort allein am Tisch. Er hustet und hat wie so oft Brötchenkrumen in seinem Bart. Als ich mich zu ihm setze, beginnt er ohne Vorrede auf den Innenminister, den »Clown«

Richard Dewes, zu schimpfen. »Der will jetzt eine halbe Million von mir zurückhaben, weil ich damals als Innenminister mein Haus, wie angeordnet, sicherheitsmäßig umbauen ließ und Miete für die Leibwächter verlangte, die bei mir geschlafen haben.« Es würde Zeit, daß »dieser Dewes sich wieder in sein Saarland zurückzieht. Aber dort hat er keine Aufstiegschancen, weil es im Saarland (Gott sei Dank) keine PDS gibt.« Es könne sein, daß Dewes das alte Thüringer Haus, in dem er wohnt, nicht sicherheitsmäßig auf Staatskosten umbauen läßt. »Vielleicht stimmt es sogar, daß dieser Moralapostel keine Wahlspenden für die SPD annimmt. Doch solche Leute sollten sich in der Heilsarmee eintragen lassen, aber sich nicht als Politiker versuchen.« Er dagegen hätte schon als DDR-Bürgermeister begriffen: »Von nichts kommt eben nichts.«

Ich frage, ob er zum Weiberfasching geht. Nein, er muß noch arbeiten.

Auch Finanzminister Trautvetter arbeitet an diesem Tag. Er macht, nur einige Autominuten vom Karnevalstreiben entfernt, am »Alten Steiger«, auf dem Gelände des ehemaligen sowjetischen Militärlazaretts, den ersten Spatenstich für neue Ministerien. Sie werden rund 75 Millionen DM kosten. Und weil sich das Land Thüringen diese Summe vorerst nicht leisten kann, werden private Geldgeber bauen, und das Land least … Bei gepumptem Geld muß man nicht so genau schauen, ob es wirklich jetzt nötig ist, zu bauen.

Die Schulden bezahlen die Kinder und Enkel.

Helau. Es ist Karnevalszeit.

Pünktlich zum Dienstschluß der Angestellten der Landtagsverwaltung ist der Weiberfasching beendet. Nur der Kassierer hat noch sein Hütchen auf.

Es folgt der Karneval in der Residenz des Ministerpräsidenten, der ehemaligen kurmainzischen Stadthalterei, denn Erfurt gehörte bis 1803 zum Kurfürstentum Mainz. Nun sitzt mit Bernhard Vogel wieder ein ehemaliger »Mainzer Herrscher«

in der Erfurter Staatskanzlei, und es ist kein Wunder, daß das Karnevalszeremoniell im »Bürgersaal« auch »Mainz bleibt Mainz« heißen könnte. Stolz präsentierte bunte Uniformen. Militärisch akkurat geschwungene Gardehüte. Große, klimpernde Ordensketten. Nur, daß der Elferrat hier mit Staatssekretären, Abteilungsleitern, Bürovorstehern – Beamten der Staatskanzlei – regiert. Ich wüßte zu gern, ob zu den Elfen auch jener fleißige, leider namenlos gebliebene Staatskanzlist gehört, der auf höhere Anweisung oder aus Selbstzensur das Titelfoto einer Regierungsbroschüre gefälscht hat. Er ließ auf dem Foto des gemeinsamen Eisenachbesuches von Clinton, Kohl und Vogel ein Plakat mit der Aufschrift »Ihr habt auch in schlechten Zeiten dicke Bäuche« entfernen und durch klatschende Zuschauer ersetzen. Als es rauskam, mußte die Broschüre – sie hatte nur 15000 DM Steuergelder gekostet – eingestampft werden. Wer der Fälscher war, blieb ein Regierungsgeheimnis.

Die elf Staatskarneval-Kanzlisten stehen in Reih und Glied und warten auf ihren Chef.

Ministerin Christine Lieberknecht ist schon erschienen. Sie trägt ein grünes Mützchen mit dem Spruch »Flotter Käfer«.

Endlich das Zeichen für die Polizeikapelle. »Einmarsch für unseren hochverehrten Herrn Ministerpräsidenten.« Für alle Karnevalsoffiziere des Elferrates auf der Tribüne das Kommando »die Augen rechts« und für die, die unten stehen, »die Augen links«. Minutenlang blicken alle gehorsam zur Tür. Die Funkenmädchen heben die Beine. Gleich, gleich! Jetzt, jetzt! ...

Dann flitzt der oberste Staatskanzlei-Karnevalist zur Tür hinaus, hetzt die Treppen zu den Diensträumen hinauf, kommt zurück und verkündet kleinlaut: »Der Ministerpräsident ist noch nicht bereit.« Man möge noch einmal zu »Gehn wir mal rüber zu Schmidt seiner Frau« schunkeln.

Wieder ein Zeichen. Defiliermarsch. Die Funkenmädchen heben nochmals die Beine. Endlich Jubel, Jubel, Jubel. Winken, winken, winken.

Zunächst ein Küßchen für den »Flotten Käfer«. Danach die erste lustige Rede über Verdopplung der doppelten Staatsbürgerschaft. Die als Afrikaner verkleideten Narren klatschen. Der Ministerpräsident tritt in die Bütt und sagt: »In Ilmenau haben wir so viele tüchtige, kluge Frauen, daß wir sie sogar auswärts anbieten können.« Helau auf Ex-Ministerin Claudia Nolte und die Bundespräsident-Kandidatin Dagmar Schipanski. Wieder sitzend, bläst der Ministerpräsident einen Luftballon auf. Einen roten. Als er endlich platzt, freut er sich wie ein Kind. Und alle an seinem Tisch klatschen begeistert …

Mein drittes Karnevalserlebnis in Erfurt: Der Ministerpräsident empfängt die Karnevalspräsidenten nebst Gefolge in seiner Staatskanzlei. Die Prinzenpaare und Präsidenten der wichtigsten Thüringer Karnevalsvereine haben sich ordentlich im Treppenhaus der Staatskanzlei aufgestellt. Das Gefolge, die Elferräte, Tanzmädchen und was noch dazu gehört, wartet draußen auf dem frostigen Hof. Beine und Nasen röten sich. Und als der Regierungschef endlich kommt und drinnen die Karnevalsregierungen begrüßt (von jeder Prinzessin bekommt er einen Wangenkuß), frieren die Gefolgschaften draußen immer noch. Der Stellvertretende Oberweißbacher Karnevalspräsident, den ich gut kenne, freut sich. Früher hatten sie ihre Karnevalsreden von der Partei und der Regierung zensieren lassen müssen. »Aber heute werden wir von Ministerpräsident Vogel, sozusagen als inoffizielle Regierungschefs aller Thüringer Karnevalspräsidenten, persönlich empfangen.«

Nur, daß sie hier stehen und frieren müssen, um ihm zu huldigen, das sei wohl doch etwas zu arg.

Drinnen aber immer wieder Helau »für unseren hochverehrten Ministerpräsidenten«. Hier gibt es keine Opposition. Hier gibt es nur Regierende, Präsidenten und die Prinzen und Prinzessinnen. Und ihren Regierungschef. Der ruft immer wieder begeistert: »Helau! Den Narren gehört die Zukunft!«

Zumindest bis zum Aschermittwoch.

Anläßlich dieses karnevalistischen Abgesangs lädt der Ministerpräsident die Thüringer Journalisten zu einem – so denke ich – »närrischen« Heringsessen in das Kellergewölbe der Staatskanzlei ein. Ich will dort, um auch einen Kulturbeitrag zur Aschermittwochsfehde zu leisten, aus einem meiner Bücher vorlesen und die Chefs der in der Thüringer Regierung koalierenden – sich aber ansonsten wegen des bevorstehenden Wahlkampfes schon vorsorglich beschimpfenden – Parteien, Dr. Vogel und Dr. Dewes, originell beschenken: mit Senf.

Daß Ostsenf sich vom Westsenf geschmacklich unterscheidet, wußte ich schon bald nach der Wende und suchte in den Regalen der Supermärkte wieder nach Senf aus Erfurt, Bautzen oder Altenburg. Daß er auch eine andere Farbe hat, erfuhr ich erst nach der Thüringer Landtagswahl, als mir der Münchner Besitzer der Altenburger Senffabrik (und Stellvertretende Vorsitzende des »Thüringen für Dr. Vogel e. V.«) Karl Jungbeck fachmännisch erklärte: »Damit der Senf eine kräftigere Farbe bekommt, mischen die Wessis Kurkuma darunter. Unserer schaut dagegen ein bißchen blaß drein. Die Wessis sagen: Ostsenf sieht aus wie Gekotztes. Und die Ossis sagen ›Kinderscheiße‹ zum Westsenf.«

Für den Aschermittwoch beim Ministerpräsidenten kaufe ich mir das Altenburger Original »Der kleine Schwarze extra scharfe Senf mit schwarzem Pfeffer« im talarschwarzen Plastebecher und »Der kleine Rote extra scharfe Senf mit rotem Paprika« im feuerwehrroten Becher. Ich überklebe die Aufschrift »Senf«, schreibe statt dessen auf den einen »Vogel« und auf den anderen »Dewes« und kreiere die neuen Senfsorten »Der kleine Schwarze extra scharfe Vogel mit schwarzem Pfeffer« und »Der kleine Rote extra scharfe Dewes mit rotem Paprika«. Packe Buch und Senf ein und fahre am Aschermittwoch mit dem Frühzug nach Erfurt. Leider kommt er wegen Neuschnee mit arger Verspätung in der Landeshauptstadt an.

Als ich die Staatskanzlei gegen 9.30 Uhr erreiche, frage ich den Pförtner, ob er ein Karnevalshütchen für mich hätte. Er hat keins, öffnet mir aber höflich die Tür zum Gewölbe. Eine Sekundenewigkeit lang ist Stille im Keller.

Ich registriere: festliches Fisch- und Wurstbuffet, schwarz befrackte Kellner, weiß gedeckte Tische. Die Vertreter der Medien, heute im Sakko und meist beschlipst, sitzen sehr gerade und schreiben sehr eifrig. Neben der Tür ein Tisch, an dem ich beim Hereinkommen das weiße Haar des Ministerpräsidenten und den gelichteten Kopf des Regierungssprechers Hans Kaiser erkenne. Nirgendwo entdecke ich eine Girlande oder einen Karnevalshut. Und alle gucken auf mich, der ich in einem dicken Pullover und einer Manchesterhose an der Tür stehe, das Vorlesebuch in der Tasche und den Politikersenf in einem Plastebeutel.

Der Ministerpräsident unterbricht seine Rede mit keinem Blick. Ich setze mich, krame geistesgegenwärtig in meinen Hosentaschen, finde auch einen Kuli, nehme mein Vorlesebuch aus der Tasche, schlage es, den Umschlag verdeckend, auf und beginne, um nicht weiter aufzufallen, in mein schon bedrucktes Buch zu kritzeln: »Thüringen ist ein Boom-Land … Herr Dewes ähnelt einem Chamäleon … Wir möchten, daß das Land von der CDU regiert wird, am liebsten würden wir natürlich mit uns allein regieren … Herr Dewes wirft, was die PDS betrifft, nur Nebelkerzen … Für die CDU steht ein für allemal fest: Keine Zusammenarbeit mit der PDS … Ohne den Sozialismus würde Thüringen heute den Platz in Deutschland einnehmen, der ihm gebührt, einen unter den ersten fünf …«

Danach entschuldigt sich Dr. Vogel. Die CDU-Fraktionssitzung hätte schon begonnen. Und geht, freundlich lächelnd.

»Nun iß doch was«, sagt mein Tischnachbar Jürgen Kochinke, als der befrackte Ober mir den Hering vorgelegt hat. »Jetzt wird es noch ein gemütlicher Aschermittwoch.«

Aber ich nehme meine beiden Senfbecher und gehe auch. Seitdem stehen der »extra scharfe Vogel« und der »extra scharfe Dewes« unberührt zu Hause im Küchenregal.

Drumherum (3)

Die Chefin vom Christianen-Feierabend- und Pflegeheim empfängt mich ohne Voranmeldung. Heidrun Schönfelder war vor der Wende Mitarbeiterin der Abteilung Gesundheitswesen beim Rat des Kreises in Mühlhausen, danach in der Krankenhausverwaltung und ist seit 1994 in diesem Heim für 80 Mitarbeiter und 170 Patienten verantwortlich. 1924 gebaut, war das Haus siebzig Jahre lang ein Stiftungsheim der Eisenbahn. »Das Gemälde der Namenspatronin Christiane von Breitenbach, der Frau des preußischen Verkehrsministers, hängt noch im Treppenhaus.«

In der DDR war es ein Feierabendheim für Eisenbahner und ältere Bürger aus Erfurt. Nach 1993, als das DRK der Eisenbahn das Haus für einige Millionen DM abgekauft hatte, endlich renoviert: eine neue Küche, Einzelzimmer, Fahrstuhl, neues Dach ... Bis 1990 zahlten die alten Leute 105 Mark Ost im Monat. Inzwischen fast dreißigmal mehr West. Die Alten, die sich jetzt anmelden, um im Christianen-Heim ihren Lebensabend zu verbringen, müssen runde 3000 DM Rente monatlich hinblättern können. Wenn sie pflegebedürftig sind, übernimmt die Pflegeversicherung 75 Prozent der Kosten.

30 der jetzigen Heimbewohner sind keine Pflegefälle, aber die meisten genießen den sogenannten Bestandsschutz – sie leben schon länger als zehn Jahre im Heim und können deshalb, wenn sie weniger als 3000 DM Rente erhalten, Sozialhilfe beantragen. Dafür müssen sie allerdings zuvor alle Ersparnisse bis auf 4500 DM abgeben und ihre »Immobilien« zum Begleichen der Heimkosten verkaufen.

Im zweiten Stock wohnt in einem geräumigen Einzelzimmer eine der Frauen, die schon vor 1989 in das Feierabendheim eingezogen sind. Inzwischen ist sie fast neunzig Jahre alt. »Aber leider bin ich noch sehr rüstig, kein Pflegefall im Sinne des Gesetzes«, sagt sie und lacht. Aber ihre Augen sehen traurig aus. »Als die Heimleiterin mir mitteilte, daß ich, um meinen Lebensabend hier weiter verbringen zu können, monatlich 2800 DM bezahlen müßte – ich mit meinen 1300 DM Rente –, war mir zumute wie an dem Tag, als die vom Betrieb kamen und sagten, daß mein guter Mann tot sei ... Ich habe keine Wohnung mehr, keinen Tisch, keinen Stuhl, kein Bett, keinen Löffel, keinen Kochtopf. All das habe ich weggegeben, als ich in das Feierabendheim ging. Es sollte doch für immer sein. Nur ein paar Bücher habe ich mitgenommen, dazu die Fotoalben und mein Strickzeug. Und nun blieb mir nur noch die Sozialhilfe. Ich habe von meinem mühsam Ersparten 13827 DM hingegeben und außerdem meine kleine Gartenlaube. Monatlich gewährt man uns von der Rente 229 DM für Kleidung, Kosmetik und für einen Kaffee oder einen Schluck Wein. Kleider kaufe ich mir keine, und der Wintermantel tut es auch noch. Nur Weihnachten und an den Geburtstagen, da reicht es nicht mehr, um alle Enkel wie früher zu beschenken. Das tut mir weh.

Neulich riet mir eine Kollegin, ich solle mit meinen fast neunzig so tun, als ob ich ein Pflegefall wäre, also nicht alleine essen, laufen oder mich nicht selber an- und ausziehen könne. Aber ich habe mein Leben lang ehrlich gearbeitet. Da ist es eine Schande, wenn man alt ist und noch selber laufen kann, aber andere für sich arbeiten läßt ...«

Eine Eilmeldung für die Medien: CDU- und SPD-Landtagsfraktion laden kurzfristig zu einer Pressekonferenz ein. Nachdem das Thüringer Verfassungsgericht dem Antrag der PDS stattgegeben und die Rentenregelung für die Abgeordneten als unmoralisch und in Teilen verfassungswidrig verurteilt hat, haben sich die Koalitionäre auf eine neue Regelung geeinigt. Danach können die Landtagsabgeordneten nicht schon nach sechs Jahren eine Rente von 29 Prozent ihrer Diäten (reichlich 2000 DM) beanspruchen, sondern erst nach zehn Jahren.

Ich frage: »Also müssen die Abgeordneten sich mit allen Mitteln an ihrem Mandat festhalten und hoffen, wieder und wieder und wieder gewählt zu werden?«

»Das stimmt«, sagt Heiko Gentzel. »Nicht gehen, sondern bleiben heißt das Motto für den Abgeordneten.«

Für die Abgeordneten, die schon zum zweitenmal im Landtag sitzen, gilt jedoch die alte Sechs-Jahre-Regelung. »Sie haben Bestandsschutz.« Alle CDU-Abgeordneten stimmten für die Neuregelung, bei der SPD enthielt sich einer.

Gabi Zimmer weiß noch nicht, ob die PDS auch gegen das neue Gesetz klagt. »Ich bekomme für meine neun Jahre in diesem Hohen Haus doppelt so viel Rente wie meine Mutter, die ein ganzes Leben lang gearbeitet hat. Abgeordnete, die viermal gewählt werden, können mit über 5000 DM Altersversorgung rechnen. Dafür müßte ein Normalverdiener siebzig Jahre lang arbeiten und Höchstbeiträge einzahlen. Man sollte die Abgeordneten in die allgemeine Rentenversicherung übernehmen.«

Als ich von Vizepräsident Hans-Jürgen Döring wissen will, ob er der Rentenregelung zugestimmt hat, sagt er: »Laß uns in Ruhe bei einem Glas Wein darüber reden.«

In der »Silberschale« reden wir lange über Gott (er ist Katholik) und die Welt. Dann sagt er: »Ich habe zugestimmt. Der Landtag ist doch nur ein Spiegel der Gesellschaft drumherum und weshalb sollten ausgerechnet Abgeordnete moralischer, edler und uneigennütziger als die anderen sein? Landräte, Bürgermeister und staatstragende Beamte bekommen nicht weniger Salär, doch darüber diskutiert niemand. Ganz zu schweigen von Wirtschaftsmanagern, Bankern, Fußballspielern und Fernsehstars. Natürlich komme ich ins Grübeln, wenn ich meinen Verdienst mit dem der Arbeiter vergleiche. Aber glaube bloß nicht, daß die Fabrikarbeiter, die jetzt 1300 DM bekommen, wenn sie ihren Monatslohn selber festlegen könnten, sagen würden: ›Vielleicht das Doppelte, 2600 DM. Alles darüber ist unmoralisch!‹«

Bei der Eröffnung des Kulturstadtjahres im Weimarer Nationaltheater treffe ich Prof. Dagmar Schipanski. Das heißt, ich sehe sie erst nach dem Festakt, denn zur Eröffnung habe ich alle und doch keinen gesehen.

Tausende stehen vor dem Nationaltheater, einige haben sogar wegen der besseren Aussicht Goethe und Schiller erklommen und schreien nun: »Udo, Udo!« Aber ich entdecke den Pankower Sonderzugschaffner nicht. Vom Sog mitgezogen, treibe ich dem Eingang entgegen, davor rezitiert ein Goethedouble »Hier ist des Volkes wahrer Himmel …« Ich zücke meine mit goldenen Lettern gedruckte persönliche Einladung, werde in den Himmel eingelassen und erhalte aus einem Kartenkasten eine rote Zutrittskarte. »Die Inhaber der roten Karten nehmen in den Reihen 10 bis 18 Platz.«

Neben mir sitzt Martin Pollok. Laut Staatskanzleieinschätzung habe ich als Vorsitzender des Thüringer Schriftstellerverbandes damit die gleiche gesellschaftliche Wertigkeit wie er als Chef der Landespressekonferenz. In der Reihe vor uns erscheint mit grünem Billett Polloks Vorgesetzter, der MDR-Fernsehchef Prof. Kurt Morneweg. Als er seinen Redakteur

Pollok hinter sich sieht, stutzt er einen Moment, schaut dann aber weg, um nicht grüßen zu müssen.

Ich sage: »Klopf ihm doch einfach auf die Schulter.«

Aber Pollok schüttelt den Kopf. »Das könnte peinlich werden. Hier gilt die Rangordnung.«

Am pünktlichsten sind die Inhaber der roten Billetts. Dann Gedränge am Eingang. Personenschützer schieben wie Eisbrecher die umstehenden Gäste zur Seite. Die Gasse frei: Bundespräsident Herzog, Ministerpräsident Vogel, Landtagspräsident Pietzsch.

Ein älterer Mann wird besonders heftig abgedrängt. Er wankt, greift sich atemlos an die Brust. Dr. Rolf Bothe ist einer der acht Großen der Weimarer Kultur. Verärgert wendet er sich zum Gehen. Man versucht ihn zu beruhigen. Aber als man ihn endlich zu seinem ihm zustehenden Platz (weißes Billett, Reihe 1 bis 4) gebracht hat, ist dort kein Sitz mehr frei. Und der Chef aller Museen in Weimar geht endgültig. Er verpaßt staatsmännische Reden und faustische Sätze auf der Bühne und anschließend in den Wandelgängen Wein, Zwiebelkuchen und erbauliche Gespräche.

Ich drängle mich, den Zwiebelkuchen in der Hand, in eine Gruppe von Journalisten, die eine Frau umringen. Sie hat Mühe, nicht umgeschubst zu werden. Aber sie scheint es gewohnt, ein stattlicher Mittelpunkt zu sein. Ihre freundlichen, lachenden Augen passen zu ihrem großblumigen Kleid. Herr Gott, ich weiß nicht mehr genau, ob sie wirklich ein großblumiges Kleid trug, aber wenn ich die Augen schließe, trägt Frau Schipanski immer ein großblumiges Kleid. Als endlich kein Journalist mehr bei ihr steht, sage ich, daß wir uns kennen. Zumindest von den Fotos, die in der Ausstellung nebeneinander hängen.

Sie lacht. »Ja, Sie den Rotwein und ich den DDR-Reisepaß.«

Ich frage, ob wir in den nächsten Tagen über ihre Kandidatur und die Versuchungen der Macht reden können. Sie bedauert, vor der Wahl ist kein einziger Termin frei.

»Macht nichts«, sage ich, »dann befrage ich Sie nach der Wahl, wenn Sie nicht gewonnen haben und kein Medienereignis mehr sind.«

Sie nickt. »Ja, hinterher ist man klüger. Dann werde ich wieder an der TU Ilmenau lehren.«

»Oder Ihr Entdecker Vogel beschenkt Sie dafür, daß Sie sich für die CDU zu dieser nicht sehr aussichtsreichen Wahl zur Verfügung gestellt haben, mit einem Ministerposten?«

»Ministerin werde ich nicht.«

Außerdem werde Dr. Vogel nach der Landtagswahl die Ministerposten nicht allein nach CDU-Vorstellungen verteilen können. Dafür müßte seine Partei in Thüringen die absolute Mehrheit schaffen.

Und das glaube sie, die parteilose Sympathisantin, bei all ihrem Optimismus nicht. (Nach jenem ominösen Brief, der in der Presse zitiert wird, habe ich sie nicht gefragt. Vogel soll einem Bürger geschrieben haben, daß die CDU bei anderen Mehrheitsverhältnissen im Bundestag natürlich nicht Dagmar Schipanski als Kandidatin vorgeschlagen hätte. Aber das will ich erst schwarz auf weiß lesen.)

Meine zweite Landtagssitzung verfolge ich nicht von der ersten Reihe der Besuchertribüne aus, wo man die Abgeordneten hinterrücks bei ihren intimsten Beschäftigungen beobachten kann, sondern auf den Fernsehern in der Landtagskantine. Ich hole mir Kaffee und Kuchen und bedaure Heiko Gentzel, der die Reste seiner Bockwurst liegenläßt und seine Genossinnen und Genossen am Tisch auffordert: »Also los, wir müssen jetzt das Land regieren.«

Mit nur zwei Minuten Verspätung, um 14.02 Uhr, beginnt das Regieren.

Zuerst Anträge zur Tagesordnung. Ministerpräsident Vogel bittet im Namen der Landesregierung, »den Punkt 9, den die Landesregierung eingebracht hat, wieder zurückzuziehen, weil sich herausgestellt hat, daß er hier im Parlament nicht befassungsbedürftig ist«. Es handelt sich um das »Anzeigen von Mitgliedschaften der Regierungsmitglieder in Aufsichtsräten«. Schade, denke ich, daß dieser Tagesordnungspunkt nicht »befassungsbedürftig« ist.

Nach dem Mittagessen fragen Abgeordnete, und die Regierung antwortet. Schon im Januar hatte ich das Spiel neugierig verfolgt. Damals fragte der ehemalige Stellvertretende Kulturminister der DDR und jetzige Thüringer PDS-Abgeordnete Klaus Höpcke, wie die Landesregierung eine polizeiliche Ausweisüberprüfung beurteilt, bei der am 18. Januar auf dem Erfurter Hauptbahnhof lediglich Afrikaner, die das als rassistisch-diskriminierende Selektion empfanden, kontrolliert worden waren.

Minister Dewes antwortete, daß nach der der »Landesregierung vorliegenden Erkenntnis« diese Maßnahme durch die dem Bundesinnenministerium unterstehenden Bediensteten des BGS durchgeführt worden sei ... Kein Anlaß für eine Kommentierung durch die Landesregierung ...

Nachfrage vom Abgeordneten Dietl (PDS): »Das heißt, die Frage müßte richtigerweise beim Bundestag gestellt werden?«

Dr. Dewes: »Nein ... ich mich hier außer Stande sehe ... der Innenminister von Thüringen ist völlig unzuständig ...«

Und Vizepräsident Dr. Hahnemann (parteilos): »Danke schön, ich stelle die Beantwortung der Frage fest.«

Bereits im Januar hatte der PDS-Abgeordnete Kachel die Landesregierung gefragt, wie viele Lehrlinge 1997 und 1998 von den 15 umsatz- und beschäftigungsstärksten Unternehmen in Thüringen ausgebildet worden sind. Der Minister für Wirtschaft und Infrastruktur antwortete »namens der Regierung«, daß aufgrund des § 17 Abs. 1 des Thüringer Statistikgesetzes vom Statistischen Landesamt keine Einzelangaben zu Betrieben und Unternehmen verfügbar gemacht werden. »Von daher ist die Frage nicht zu beantworten.«

Heute, einen Monat später, fragt derselbe Abgeordnete dasselbe Ministerium direkt nach den 15 umsatz- und beschäftigungsstärksten Thüringer Unternehmen. Und der Thüringer Wirtschaftsminister antwortet, es sei ihm unmöglich, die 15 größten Unternehmen zu bestimmen, dazu müßte man in jedem Einzelfall Firmendaten erheben, und das »verbietet sich aus Datenschutz- und Geheimhaltungsvorschriften«.

Die CDU beklatscht ihren Wirtschaftsminister.

Ministerpräsident Vogel läuft dreimal nach vorn, um drei Anfragen von drei SPD-Abgeordneten persönlich zu beantworteten. Dreimal geht es dabei um die Äußerungen des Ausländerbeauftragten der Regierung, Eckehard Peters, daß mit der doppelten Staatsbürgerschaft dem »irrationalen völkischen Fühlen« von Auswanderern nachgegeben werde.

Waren diese Äußerungen mit der Landesregierung abgestimmt? Sind sie mit seinem Auftrag vereinbar? Geben sie die Auffassung der Regierung zur doppelten Staatsbürgerschaft wieder?

Der Landesvater antwortet im Namen der Regierung, sie sei der Meinung, daß die Äußerungen des Ausländerbeauftragten mit seinem Auftrag vereinbar sind ... daß sich die Landesregierung zu einem sich ständig ändernden Sachverhalt, wie der doppelten Staatsbürgerschaft, nicht wöchentlich eine abschließende Meinung bildet. »Und der Ausländerbeauftragte hat einen bestimmten Auftrag, er braucht dafür Selbständigkeit im Rahmen seiner Zuständigkeit ... die Landesregierung hält die Äußerungen des Ausländerbeauftragten für einen zwar subjektiven, aber fachlich profilierten Diskussionsbeitrag ...«

SPD-Innenminister Richard Dewes, der wegen der »völkischen« Äußerungen die Ablösung des Ausländerbeauftragten gefordert hatte, hört von der Regierungsbank äußerlich ruhig zu, was der Landesvater auch in seinem Koalitionsnamen antwortet. Und die Genossinnen und Genossen der PDS unterstützen die SPD mit keiner Silbe.

Später (der Ministerpräsident verschwindet sofort, nachdem er die drei Fragen beantwortet hat) meldet sich auch die PDS in der Fragestunde. Dr. Hahnemann verliest die mündliche Anfrage des Abgeordneten Dittes zu »Schwein oder nicht Schwein …« – einer Werbekampagne des Thüringer Landwirtschaftsministeriums. Der Eisschnellaufweltmeisterin Gunda Niemann-Stirnemann, die im großen Gewinnspiel um das Thüringer Qualitätsfleisch als Glücksfee fungiert, ist der Sponsorvertrag mit dem Ministerium um ein Jahr verlängert worden. Dittes will wissen, was »Schwein oder nicht Schwein« den Steuerzahler kostet. Der Minister: »170000 DM einschließlich des Gewinnspiels.« Aber was das Finanzielle des Sponsorvertrages mit Gunda Niemann-Stirnemann betrifft, »das werden Sie von keinem erfahren, auch nicht von mir«.

Ich hole mir eine Bockwurst, hoffentlich Thüringer Qualitätsfleisch, denke ich und setze mich zu Dr. Roland Hahnemann an den Tisch. Weshalb hat die PDS der SPD beim »völkischen Ausländerbeauftragtenstreit« nicht gegen Vogel geholfen?

»Wenn der Vogel zu solch einem heiklen Thema spricht, hat er sich jedes Wort zehnmal überlegt. Er ist ein alter Fuchs und ein kulturvoller Parlamentarier. Gegen den ist kein Kraut gewachsen.«

Außerdem hätte die SPD nicht einen der über hundert PDS-Anträge und Gesetzesvorschläge wenigstens zur Beratung in die Ausschüsse überwiesen. »Alles koalitionsgehorsam abgeblockt, weshalb also sollten wir der SPD heute die Stange halten, nur weil sich Dewes mit seiner Forderung nach Ablösung des Ausländerbeauftragten zu weit aus dem Fenster gelehnt hat?«

Nach dem vierten Kaffee verlasse ich meinen Posten vor dem Kantinenfernseher. Ich gehe zur Toilette und erschrecke. Auf dem stillsten Ort im Landtag erschallt Heiko Gentzels Donnerstimme: »Seit sieben Jahren rufe ich und nicht nur, wenn es um die Diäten geht, zu einer Debatte über den Wert der Arbeit eines Abgeordneten auf. In diesen sieben Jahren gab es auf diese Einladung nicht ein konkretes Angebot. Aber von verschiedenen Interessengruppen wird immer wieder kritisiert, alle Diäten und Abgeordnetenrenten wären ein Skandal …«

So hygienisch steril, so klar und deutlich wie hier sind die Reden weder in der Kantine noch in den Büros oder im Plenarsaal zu hören. Ich bräuchte mich nur hinzusetzen und könnte in aller Ruhe mitschreiben. Aber wahrscheinlich hat man die Lautsprecher nicht dafür in die Toiletten einbauen lassen.

Wofür sonst?

Vizepräsident Hans-Jürgen Döring kennt eine Antwort. »Wenn Abgeordnete trotz Fraktions- oder Koalitionsdisziplin nicht gegen ihr Gewissen stimmen wollten, entschuldigten manche ihr Fehlen bisher damit, daß sie auf der Toilette leider den Aufruf zur Abstimmung nicht gehört hätten. Also ließ man auch dort nachträglich Lautsprecher anbringen.«

Und deshalb ist das stille Örtchen im Landtag während der Parlamentssitzungen kein stiller Ort mehr.

Eberhard Ott, der Leiter der Inneren Verwaltung und genau wie der CDU-Abgeordnete Werner Ulbrich früher im Rat des Bezirkes angestellt (Ulbrich in Suhl für Erholungswesen, Ott in Erfurt für Umweltschutz), ist wieder gesund. Aber ich bin auf das Gespräch nicht mehr so gespannt wie in den ersten Tagen. Inzwischen habe ich begreifen müssen, daß wer wie ich als letzter erst kurz vor dem Wahlkampf gekommen ist kaum eine Chance hat, hinter abgestimmte Statements und Presseerklärungen zu schauen.

Pressechef Schulz verspätet sich, aber er hat Eberhard Ott erlaubt, zusammen mit dem Referenten für Bauangelegenheiten, Gottfried Langelotz, schon auf meine Fragen zu antworten.

Eberhard Ott, glattes Haar, streng dreinblickend, Kommandoton, unverbindlich, weist Gottfried Langelotz sofort an, zuerst über die historisch-architektonischen Probleme beim Umbau des Landtages zu sprechen.

»Der vordere Eingang war in der DDR geschlossen und zum Möbellager umfunktioniert. Der besseren Besucherkontrolle wegen gab es nur einen Zugang, den vom Hochhaus. Nach der Wende ist das Möbellager ausgeräumt und der Vorraum restauriert worden. Der erste, der durch den traditionellen Eingang schritt, war der Herr Bundespräsident …«

Ott unterbricht laut und barsch: »Keine langen Vorträge, Herr Langelotz, fassen Sie sich kurz«, und er erzählt, wie er als Diener der neuen Demokratie den Landtag vor den Angriffen der Befürworter der Medizinischen Akademie Erfurt verteidigt hat. »Ich stand, die Arme ausgebreitet, vor der Tür, halt, habe ich geschrien, halt …«

Langelotz will wieder etwas sagen, aber Ott schneidet ihm sofort das Wort ab. »Halten Sie jetzt mal gefälligst den Mund!« Langelotz zuckt nicht einmal zusammen und schweigt.

Als ich frage, in welchem der Kellerräume die Gestapo ihre Zellen hatte, schaut der Architekt den Verwaltungsleiter an, als wisse er es nicht, und Eberhard Ott sagt so, als ob er beweisen müßte, daß er alles weiß: »Das sind die Räume, in denen heute die Büromaterialien der CDU-Fraktion liegen.« Er erschrickt über seine Worte und beeilt sich sofort, zu sagen: »Aber das verwenden Sie mal nicht, Herr Scherzer!« Außerdem wüßten von den Gestapozellen nur wenige im Landtag.

Ich gehe mit Langelotz in den Keller, doch die ehemaligen Gestapozellen sind verschlossen.

Er klingelt bei den Handwerkern. Ein kleiner, älterer Mann mit buschigen Brauen über freundlichen, weit herausstehenden Augen und mit einem dicken Bauchwulst über den Jeans öffnet und sagt: »Da ist unser Jottfriedchen wieder mal an der Basis.«

Wir setzen uns in die Pausenecke. An den Wänden hängen die Porträts aller Abgeordneten, der Sitzungsplan des Landtages und nackte Frauen. Auf dem Tisch zwischen Hammer, Zangen, Papier und Kaffeekocher ein Bündel Bananen. »Das Affenfutter ist unser billigstes Mittagessen. Obwohl es ja aus Afrika eingeflogen wird.« Der Architekt spottet, daß die gutverdienenden Landtagshandwerker sich wohl ein Mittagessen in der Kantine leisten könnten.

Aber Heinz, der Tischler, der hier schon arbeitete, als der Landtag noch der Rat des Bezirkes war, widerspricht: »Jottfriedchen, ich kriege jetzt an die 2000. Beim Rat des Bezirkes war es etwa die Hälfte. Aber da kostete das Mittagessen in der Kantine nicht mal 'ne Mark. Und geschmeckt hat es, weil die noch wie bei Muttern kochten, nicht diesen Schleuderservice, dieses Fertigzeug, was die hier für sechs Mark anbieten. Und Schokoladenpudding und Salat mußtest du früher auch nicht extra bezahlen.«

Außerdem hätten die 17 Handwerker seinerzeit nicht auf Extrastühlen in einer separaten Ecke mampfen müssen. »Damals setzten sich sogar die Abteilungsleiter zu uns, und wenn mir einer von denen einen Bohnenkaffee spendierte, wußte ich, der braucht ein paar Bretter, weil er in der Küche ein Regal bauen will. Ich sagte dann gnädig: ›Muß mal sehen, ob ich noch was besorgen kann, aber höchstens drei Stück.‹ Da nickte der dankbar. Die Arbeiterklasse war eben die führende Klasse.«

Inzwischen sind nur noch vier Arbeiter im Landtag angestellt. »Wir sind die letzten vier Mohikaner. Der Schlosser, der Polsterer, der frühere Kraftfahrer, jetzt Mädchen für alles, und meine Wenigkeit. Aber weil alle Politiker den Bürgern versprechen, die Verwaltung abzuspecken, werden wir wahrscheinlich auch bald wegrationalisiert. Dann kann man stolz melden: vier Stellen eingespart, aber dafür müssen sie teurere Handwerker von Fremdfirmen hier arbeiten lassen. Nur Zahlenhascherei. Wie früher.« Seine Frau arbeitet in der Schweinemastanlage und sagte: »Heinz, wenn bei uns einer auf die Idee käme, wir verringern die Zahl der Schweinezüchter und lassen dafür die Säue von Fremdfirmen füttern, den würden wir in die Klapsmühle stecken.«

Architekt Langelotz bestätigt, daß die Landtagsverwaltung seit kurzem die Arbeit des Elektrikers von einer Fremdfirma erledigen läßt. Beispielsweise müßten die rund 2000 Steckdosen im Haus zweimal im Jahr überprüft werden. Das hätte der Elektriker bisher nebenbei gemacht. Die Fremdfirma, die jede Leistung berechne, koste letztlich mehr als früher der fest eingestellte Elektriker. »Aber Verwaltungsleiter Ott kann ›Abbau von Personal‹ melden.«

Der Tischler erzählt, wie Eberhard Ott einmal Politiker aus den alten Bundesländern in die Werkstatträume geführt hatte. »Die schauten sich die DDR-Ansichtskarten und Fotos an unseren Schränken an. Plötzlich rief einer freudig: ›Ja, hier sind Sie zu sehen, Herr Ott, als Sie noch jung waren.‹ Ein DDR-Zeitungsfoto, auf dem alle Ratsmitglieder in Positur standen. Der Ott hat es sofort abgerissen, zerknüllt, in seine Hosentasche gesteckt und mich angeschrien, politische Fotos hätten in den Räumen des Landtages nichts zu suchen. Drohte mit Abmahnung … Zu DDR-Zeiten war er stolz auf das Foto. Und er wäre noch stolzer gewesen, daß die Arbeiterklasse sein Foto an die Wand geheftet hatte …«

Auch Otts Suhler Amtskollege, der Abgeordnete Werner Ulbrich, kann auf seine 19jährige Amtszeit als Ratsmitglied im Bezirk stolz sein. Er hat das Erholungswesen in Südthüringen mit aufgebaut, Rennsteighütten und Skilifte errichten lassen, Rennsteigwanderungen organisiert. Am 7. Oktober 1989 wurde er zum 40. Jahrestag der DDR für seine Leistungen als staatlicher Leiter mit dem Vaterländischen Verdienstorden in Bronze und einem PKW »Lada« aus dem Sonderkontingent (ohne Vorbestellung zu kaufen!) geehrt. Im Landtag, in dem er unter anderem als Vorsitzender des Finanzausschusses arbeitet, staunte ich, als er, der als CDU-Ratsmitglied in der DDR an der »Regierung beteiligt« war, in einer Rede an die PDS sagte: »Denn das Herrschen haben Sie nach dem großen Druck von der Straße und mit dem politischen und wirtschaftlichen Tod der DDR aufgeben müssen … Die DDR war tot, am Haupt und an den Gliedern, nur hat niemand die Leiche richtig gesehen, sie kam auch nicht in die Pathologie, um die Todesursache festzustellen, aber eine Reihe der Gifte, die offensichtlich zum Tod geführt haben, die wollen Sie jetzt wieder in dieses Land hineintragen und wiederverwenden.«

Werner Ulbrich hat zweimal die Grundschule begonnen. »Der Vater ist bei Witebsk gefallen, Mutter floh mit mir und meinem achtjährigen Bruder aus Schlesien nach Mittweida. Dort wurde ich im Juni mit geborgter Zuckertüte eingeschult.« Aber weil es in Sachsen so viele Aussiedler gab, mußte Mutter Ulbrich mit ihren zwei Söhnen vier Wochen später ins Thüringische, nach Rotterode, ziehen. Dort begann die Schule jedoch erst am 1. September. »Und so wurde ich ein zweites Mal – in der Zuckertüte wieder nur Kartoffeln – eingeschult.« Beim Bauern bettelte er um Kartoffeln, Mutter ging saubermachen. Ein paar Mark erhielten die Ulbrichs manchmal von der Sozialhilfe. Und eine erste notdürftige Wohnung in der Landeskirchlichen Gemeinschaft der Evangelischen Kirche in Rotterode bei Schmalkalden. »Hätte man uns in einer Antifa-Schule unterbracht, wäre ich vielleicht nicht Christ, sondern Kommunist geworden.«

So erhielt er Religionsunterricht, spielte aber bei der FDJ Tischtennis. Ging zum Gottesdienst und besuchte bei der FDJ die Tanzstunde. »Für eine private Tanzstunde hatten wir kein Geld, FDJ war nicht nur Zwang, es war auch schöne Freizeit.«

Obwohl er konfirmiert wurde, konnte er Abitur machen. Danach wollte er Außenhandel studieren, wurde aber abgelehnt. »Ich könnte heute sagen, wegen meiner kirchlichen Zugehörigkeit, aber der Wahrheit halber: Ich hatte sehr schlechte Zensuren in Englisch und Deutsch.«

Studium an der Bergakademie Freiberg, gleichzeitig Facharbeiterausbildung unter Tage und beim Gleisbau. »Seitdem weiß ich, was Arbeit bedeutet und was Arbeit wert ist.«

Noch als Student trat er in die CDU ein, heiratete standesamtlich und kirchlich. Nach dem Studium Arbeit im Braunkohletagebau, geologische Erkundung in Merkers, Fluß- und Schwerspatwerk, Steiger, Arbeitsvorbereitung ... 1962 von der CDU mit Fürsprache durch die SED als Abgeordneter für den Bezirkstag Suhl ausgewählt. »Aber ich habe dort bis 1989 nur einmal eine Rede halten müssen.«

Und seit 1970 im Rat des Bezirkes für das Erholungswesen verantwortlich.

Nach der Wende wurde Werner Ulbrich Regierungsbeauftragter in Suhl. Er verabschiedete die, mit denen er fast zwanzig Jahre zusammengearbeitet hatte.

»Ich habe sofort das Neue mitgestaltet«, resümiert er stolz über diese Zeit.

Ich frage ihn, wie er sich, gerade noch dem Alten dienend, so schnell mit dem Neuen arrangieren konnte, und erzähle ihm von meiner damaligen Sprachlosigkeit, meiner Nachdenklichkeit, meiner Untätigkeit und Unfähigkeit, das Neue sofort anzunehmen, geschweige denn mitzugestalten.

Dieses sogenannte Neue habe er schon immer in sich getragen, sagt er, auch bei seiner Arbeit als Tourismuschef in der DDR.

»Als Kind war mein Lieblingsautor Louis Trenker ... Die glücklichsten Tage in meinem Leben waren, als Deutschland 1954 Fußballweltmeister wurde und als die Deutschen eine gemeinsame Olympiamannschaft stellen durften und nur die Amerikaner und die Sowjets besser waren ... Und dann stand ich das erstemal an Vater Rhein, an der Lorelei und wußte: für diesen Augenblick habe ich gelebt. Und habe geheult ...

Wenn man so will, bin ich immer schon ein Nationalist gewesen. Ich liebe Thüringen. Ich liebe Deutschland. Ich liebe Bayern, dort ist fast alles noch in Ordnung! Das Festhalten an Traditionen, das Heimatgefühl, auch das Bierbewußtsein. Ich bin gegen eine multikulturelle Gesellschaft, wer nach Deutschland kommt, sollte Deutscher werden.«

Und ein zweiter Grund: »Jahrelang hatte ich in der DDR erlebt, daß der ›richtige Mensch‹ erst beim SED-Genossen anfing. Und plötzlich gehörst du zu den Siegern, weil du kein Genosse warst. Und die ›richtigen Menschen‹, die Genossen, kommen und fragen, ob du ihnen nicht wenigstens einen Job als Pförtner besorgen kannst.«

Drumherum (4)

Die Chefärztin der Hautklinik, Prof. Dr. Linse, kennt die Geschichte ihrer Klinik und der im gelbgrauen Putz eingeritzten sozialistisch-patriotischen Heldenfiguren, weil sie seit über dreißig Jahren in dem Haus arbeitet. »Ich habe hier meine akademische Bildung erhalten, war irgendwann, weil ich fleißiger war als andere (ich war ja kein SED-Mitglied), bis zur Oberärztin aufgestiegen. Eine ideale Klinik für mich: Wir heilten, lehrten und forschten hier, gehörten zur Medizinischen Universität Erfurt.«

Hausherr war zuvor die FDJ gewesen, deshalb auch die Agitationskunst. Aber weil die Hautklinik weit draußen in einer Erfurter Kaserne untergebracht war, entschied man 1954, daß die Mediziner in die FDJ-Schule einziehen. Seit fast fünfzig Jahren ist der Putz nicht erneuert.

Ich frage, ob sie als neue Chefin des Hauses die alten Figuren nicht abhacken und die Wand frisch verputzen lassen möchte.

»Die überlebensgroßen Figurengruppen sind mit einer besonderen Technik in den Putz geritzt, einer Art Tätowierung, genau wie der Spruch vom schaffenden Menschen und der Gemeinschaft gegenüber am AWG-Block.«

Außerdem möchte sie ihre Macht als Chefärztin nicht für spektakuläre politische Aktionen mißbrauchen. »Mir gefällt diese ›Kunst‹ weder ästhetisch noch ideologisch. Doch wenn ich wählen könnte, entweder Geld für neues medizinisches Gerät oder Geld für die Beseitigung dieser Figuren, ich würde medizinische Geräte kaufen.«

Sie muß die Hautklinik, ein sogenanntes Krankenhaus der Maximalversorgung, als GmbH wie ein mittelständisches Unternehmen leiten und Gewinne erwirtschaften.

Mit Schönheitsoperationen, sage ich, ist heutzutage doch gutes Geld zu verdienen.

»Aber nicht bei mir. Ich bin immer noch Ärztin, um Kranke gesund zu machen, und nicht, um Gesunde schöner zu machen.« Alles in ihr wehre sich dagegen, in der Krankenhausmedizin die gleiche Gewinnideologie wie bei der Autoreparatur anzuwenden. »Motorklappe öffnen 6,50 DM ...«

Auch deshalb sei die Schließung der Medizinischen Akademie in Erfurt, »das Ende unserer Forschung und Lehre in der Klinik«, eine Fehlentscheidung gewesen. »Aber die Politiker, die statt dessen eine neue Prestigeuniversität für Erfurt haben wollten, waren mächtiger als der Sachverstand.«

Trotz Demonstrationen, trotz Protesten von medizinischen Kapazitäten aus aller Welt, obwohl Studenten und Wissenschaftler an dem Tag, als die Abgeordneten im Landtag über die Zukunft der Medizinischen Akademie entschieden, das Haus gegenüber (wie einige Jahre zuvor die Machtzentralen der SED) stürmen wollten, trotz Mahnwachen und Sitzstreik: Die Medizinische Akademie mußte damals sterben, damit die Universität geboren werden konnte. »Es war sinnlos, daß die Verteidiger der Medizinischen Akademie schrien: ›Wir sind das Volk.‹ Die Verhältnisse, die waren nun mal nicht mehr so. Die Landtagsabgeordneten sagten: ›Wir sind jetzt die Stellvertreter des Volkes, denn wir sind demokratisch vom Volk gewählt, um Politik für das Wohl des Volkes zu machen.‹ Und so haben die Lehrenden und die Forschenden und die Arbeiter, die Bauern und Soldaten an der Giebelwand der Hautklinik sogar die Medizinische Akademie überlebt.«

Bei einem Forum über die Untersuchung, wie oft Ostdeutsche mit ihren Problemen im Fernsehen vertreten sind, erlebe ich Regierungschef Vogel zum erstenmal im Streit mit einem anderen Ministerpräsidenten.

Regierungschef Höppner (Sachsen-Anhalt): Das innerdeutsche Ost-West-Schweigen auf dem Bildschirm ist nur die Fortsetzung des innerdeutschen Ost-West-Schweigens in der Gesellschaft.

Vogel: Es gibt kein spezielles innerdeutsches Ost-West-Schweigen. Mit der gleichen Berechtigung könnte man eine Studie zum Fernsehschweigen zwischen Bayern und Hamburg erstellen.

Höppner: Der ostdeutsche Alltag wird im Fernsehen kaum wiedergespiegelt. Die Ostdeutschen werden bestenfalls als Hilfsbedürftige oder Skandalnudeln, also Menschen, derer man sich erbarmen muß, wahrgenommen.

Vogel: Ziel meiner Politik ist, daß der Bürger im Freistaat Thüringen nicht mehr sagt: »Ich bin ein Ostdeutscher«, sondern daß er stolz verkündet: »Ich bin ein Thüringer.«

Sein Justizminister Otto Kretschmer (SPD), seit 1990 in Thüringen, sagt: »Ich bin zuerst Deutscher. Und danach ein Hesse.«

Vom Justizministerium in Hessen ist er 1990 als Leiter der Staatsanwaltschaft nach Erfurt delegiert worden. Und hier hat er das Anderssein der Ostdeutschen, der ehemaligen DDR-Juristen, kennengelernt. »Im Westen werden die Richter nach der Kategorie R1 bezahlt. Und sie sagen: ›Ich bin R1, ich bleibe R1, und ich gehe um eins.‹ Aber in Erfurt standen sie pünktlich zum Dienstbeginn um 7 Uhr oder um 8 Uhr auf der Matte.

Also habe ich das auch von meinen lieben westdeutschen Kollegen in Erfurt verlangt. Schließlich waren sie nicht als Kolonialherren hierher gekommen. Und als ich meine dreißig Abteilungsleiter einmal zusammen hatte und ihnen etwas von Know-how erzählte, sagte ein Ostdeutscher, ich sollte deutsch mit ihnen reden, sie würden auch nicht zu mir sagen, es sei alles ›karascho‹. Erfurt war Lehrzeit für mich.«

Ich frage noch einmal nach dem Antikorruptionsbeauftragten. Da druckst der Minister. Es gibt Widerstände beim CDU-Finanz- und Wirtschaftsminister. Er habe noch keine Mehrheit in der Regierungsrunde.

Außerdem würde die PDS zur Zeit über die Vergeudung von Fördermitteln sprechen, weil die EU wegen Unregelmäßigkeiten in Thüringen, nein, keine Korruption, nur Unregelmäßigkeiten, ermittelt. Und wenn er diesen Antikorruptionsbeauftragten jetzt mit Brachialgewalt durchsetzt, sieht das aus, als ob er die Interessen der PDS vertritt …

Aber er versichert mir noch einmal, daß er sich energisch für einen Ombudsmann einsetzt, der noch vor den Wahlen seine Arbeit aufnimmt.

Schlagzeilen März 1999

Ministerpräsident Vogel reist für eine Woche zu Gesprächen über Wirtschaft und Politik in die USA. Begleitet wird er unter anderem von Prof. Dagmar Schipanski.

Die Stasi-verdächtige PDS-Landtagsabgeordnete Almuth Beck gewinnt in ihrem PDS-Kreisverband die Wahl als Direktkandidatin für die kommende Landtagswahl.

Die Thüringer Gemeinden haben 1998 7,4 Millionen DM Hundesteuer eingenommen. 14 Prozent mehr als noch ein Jahr zuvor.

Das Jenoptik Unternehmen schließt mit der »Christlichen Gewerkschaft Metall« (die nach Angaben der IG Metall kein Mitglied im Jenenser Betrieb hat) einen für alle Beschäftigten gültigen »Spartarif«-Hausvertrag ab.

SPD-Chef Dewes bedauert den Rücktritt seines saarländischen Politikfreundes Lafontaine, sieht darin aber kein Problem für die Wahl in Thüringen, bei der »wir die absolute Mehrheit erringen oder die stärkste politische Kraft im Freistaat werden wollen«.

Erstmals ist in Thüringen, trotz der höchsten Quoten in Deutschland, ein Volksbegehren erfolgreich. 33 404 Erfurter setzen gegen die landläufige CDU-Meinung ein »Abfallkonzept ohne Müllverbrennung« durch.

Faram in Rohr, der einzige Vorzeigebetrieb für die wiederverwendbare Trabantentsorgung (1994 Umweltpreis, 1997 Auszeichnung durch den Bundespräsidenten), wird nach Konkurs für 4 Millionen DM (unter anderem 18000 Quadratmeter Betriebsgelände) zur Versteigerung angeboten.

Die erhaltenswerte Attraktivität des »Standortes Ost« werde, so Ministerpräsident Vogel in einem Gespräch mit dem Unternehmermagazin »Wirtschaft und Markt«, auch von den niedrigen Löhnen geprägt, deshalb warne er vor einer schnellen Lohnanpassung in den neuen Ländern.

Inzwischen erreicht der Wahlkampf die Türen des Landtages. Die Thüringer Grünen Olaf Möller und Anne Voß, verkleidet als Martin Luther und dessen Frau Katharina von Bora, versuchen, wie 1517 in Wittenberg, ihre Thesen (allerdings nicht 95, sondern nur 10) an das Landtagsportal zu schlagen. Reichlich Grüne, nämlich acht Polizisten in Kampfanzügen, sichern die Bannmeile des Landtages und verhindern gemeinsam mit dem Landtagsdirektor, der ein Strafgesetzbuch unter dem Arm trägt, den Thesenanschlag.

Härtere Töne nun auch zwischen der Thüringer CDU und der Thüringer SPD. CDU-Fraktionschef Köckert fordert die SPD auf, »die Wählertäuschung« in Sachen PDS endlich aufzugeben. Ein Saarländer habe schon in vierzig Jahren DDR-Geschichte für einen beispiellosen Niedergang des Landes gesorgt. Nun sei ein weiterer Saarländer am Werk, einen solchen Verfall aus Machttaktik herbeizuführen.

SPD-Landesgeschäftsführer Uwe Höhn nennt die Kritik der CDU am Umgang der SPD mit der PDS pure Heuchelei. Sie wolle damit von »eigenen Altkadern ablenken, die jahrzehntelang in brüderlicher Verbundenheit das Hohelied der Partei gesungen haben«. Führende Thüringer CDU-Politiker seien mitverantwortlich für die Spaltung der evangelischen Kirche, die Kollektivierung des Handwerkes sowie die gnadenlose Verstaatlichung der privaten Betriebe. »Vom fest im DDR-Bildungswesen integrierten Althaus über die FDJ-Sekretärin Lieberknecht, den Bezirkstagsabgeordneten Schwäblein, den Kandidaten der Nationalen Front Krapp, bis hin zum Mitglied des Rates des Bezirkes Ulbrich ist alles nach wie vor um Bernhard Vogel geschart.«

Einer davon wird noch vor der Wahl »geopfert«: der 59jährige Lockenkopf Werner Ulbrich. Genau zur rechten Zeit erscheint eine Pressemeldung, daß Werner Ulbrich, falls er zum Präses der Vereinigten Kirchen- und Klosterkammern Thüringens berufen wird, bei der Nominierung für die Landtagswahl im CDU-Kreisverband nicht gegen den Suhler Kreisvorsitzenden Wolfgang Wehner, einen 40jährigen, erst zur Wende in die CDU eingetretenen und schnell politische Karriere gemacht habenden Berufsschullehrer, antritt. Zitat: »Über die Nominierung dieses Postens entscheidet allein Kultusminister Dieter Althaus, seines Zeichens 1. Stellvertretender CDU-Landesvorsitzender … Dem CDU-Landesvorsitzenden Bernhard Vogel … war Ulbrichs Funktionärsvergangenheit schon lange ein Dorn im Auge … Mit der Delegierung Ulbrichs in die Klosterkammer – ein klassischer Versorgungsposten der Thüringer CDU – gelingt Vogel ein wichtiger Schritt hin zur Säuberung der Unionsfraktion von umstrittenen Altkadern.«

Derart in die Ecke gedrängt, zieht Werner Ulbrich, um nicht in den Verdacht zu geraten, einen Versorgungsposten anzunehmen, seine Bewerbung als Präses zurück. Und verzichtet auch, »um jeden Streit zu vermeiden«, auf eine Landtags-Gegenkandidatur zu Wehner. Aber der Neue, im Gegensatz zum »Plüschhund« Ulbrich, was Physiognomie und Wortwahl betrifft, ein echter »Kampfhund«, scheitert fast an sich selbst. Obwohl er ohne Gegenkandidat antritt, erhält er im CDU-Kreisverband nur 33 Ja-Stimmen von 59.

Wäre Ulbrich weniger gehorsam gewesen, wäre er mit größter Wahrscheinlichkeit noch einmal gewählt worden.

Nun will er sich in der freien Wirtschaft um eine Stelle bewerben.

Zwei Wochen später beginnt im Erfurter Kaisersaal der Kampf von über siebzig PDS-Genossinnen und -Genossen um einen aussichtsreichen Listenplatz für ein Landtagsmandat. Hier, im ersten Ballhaus der Erfurter Universität, wo 1791 »Don Carlos« im Beisein Schillers uraufgeführt wurde und Paganini auftrat, tagte 1808 der »Erfurter Fürstenkongreß« mit Kaiser Napoleon und Zar Alexander. 83 Jahre später verabschiedeten die Sozialdemokraten in diesem Saal mit Bebel und Liebknecht das »Erfurter Programm«, und wiederum 108 Jahre später trifft sich unter den Kronleuchtern nun die PDS. Allerdings sehe ich kaum einen Delegierten, der Prunk und Protz, Glanz und Gloria bestaunt – in einem Kulturhaussaal wären Kaffee und Miete billiger gewesen –, die meisten sind, wie Peter Dietl, dessen Schnurrbart sich mit Eiskristallen schmückt, froh, »endlich in der warmen Stube zu sitzen«. Die jungen Leute um den PDS-Bundestagsabgeordneten Carsten Hübner hocken wie bei einer Straßenblockade oder einer Session auf dem Boden. Der parteilose Landtagsvizepräsident Hahnemann scheint aufgeregter als an jenem Tag, an dem er zum erstenmal dem Landtag vorstehen mußte. Er gönnt sich außer Kaffeetrinken und Zigarettenrauchen kaum eine Pause.

Nur Klaus Höpcke beobachtet die Szene gelassen. Er hat sich wie zwei weitere Abgeordnete der 17köpfigen PDS-Fraktion nicht wieder beworben.

Gegen Gabi Zimmer auf Platz 1 tritt niemand an. Von 110 Stimmen entfallen 97 auf die Spitzenkandidatin. Auch Platz 2, Bodo Ramelow, parteiloser Chef der Thüringer Gewerkschaft Handel, Banken und Versicherungen, »Westimport«, seit zehn Jahren in Thüringen, Mitinitiator der Erfurter Erklärung, bleibt unangefochten. Auf die Frage nach Mitarbeit bei der Stasi antwortet er den Delegierten: »Nein. Aber wahrscheinlich als ehemaliger DKP-Sympathisant eine Akte beim BND.« Bei seiner Vorstellung am Rednerpult sagt er: »Liebe Freunde, denkt bloß nicht, daß der Landtag der Nabel der Welt ist! Wer wirklich die Macht hat, sitzt heutzutage ganz woanders.« 82 Ja-Stimmen, 20 gegen ihn, 8 Enthaltungen.

Schon bei Platz 5 endet die Einigkeit. Gegen die vom Vorstand eingesetzte 23jährige Diplom-Sozialpädagogin Katja Wolf tritt eine kleine, nur ein Jahr ältere Studentin aus Jena an.

Sie geht unsicher nach vorn und verhaspelt sich immer wieder beim Sprechen. Antje Jörgens, die Vertreterin der Kommunistischen Plattform im Thüringer PDS-Landesvorstand, spricht sehr leise.

Ja, sie stehe zu dem, was in der Zeitung über ihre politischen Ansichten geschrieben worden sei. »Die Mauer ist eine ökonomische Notwendigkeit gewesen. Der Sozialismus im Rahmen seiner Möglichkeiten ein Rechtsstaat. Die Änderung der kapitalistischen Gesellschaft ist nicht durch Reformen möglich. Die Eigentumsverhältnisse entscheiden. Wer die jetzigen Eigentumsformen akzeptiert, muß auch den Kapitalismus akzeptieren!«

15 Stimmen. Ein Mann mit langen Haaren, der neben ihr auf dem Fußboden sitzt, tröstet sie.

Ob sich die wegen Stasi-Mitarbeit belastete Almuth Beck für einen vorderen Listenplatz bewerben wird, weiß auch Gabi Zimmer nicht. Sie hätte lange mit ihr gesprochen, versucht, es ihr auszureden.

Die 35jährige Cornelia Nitzpon, die schon zweimal verloren hat, steht im Kaisersaal heulend an der Wand.

Peter Dietl meint bedauernd: »Sie muß in Erfurt ein teures Haus abzahlen. Sie war zuletzt Unterstufenlehrerin und Pionierleiterin und hat nur noch eine Chance: wieder in den Landtag kommen.«

Beim Kampf um den Listenplatz 17 marschiert Almuth Beck zielstrebig und schnell zum Rednerpult. Ihre Haare hat sie streng nach hinten gekämmt und zu einem Knoten gebunden. Dadurch wirkt die faltenlose Stirn noch höher, das Gesicht energischer. Wenn ich nicht wüßte, wer sie ist, könnte ich denken: eine sehr resolute Hausfrau.

Sie hätte, sagt sie, nicht wissentlich für das MfS gearbeitet und würde hier auch für andere sprechen, die zu Unrecht verdächtigt sind. »Ich habe die Kraft, das durchzustehen. Viele drücken mir in meinem Dorf und in Sonneberg die Hand und sagen: ›Halte durch, Almuth.‹«

Sie bekommt 9 von 120 Stimmen, tritt dann noch einmal um den Platz 19 an und gibt bei 5 Stimmen endgültig auf.

Antje Jörgens hat schon beim zweiten Versuch für Listenplatz 13, als sie nicht eine einzige Stimme mehr erhielt, aufgegeben. Sie heult sich an der Schulter ihres langhaarigen Freundes aus. Als sie sich beruhigt hat, frage ich, weshalb sie in die Kommunistische Plattform eingetreten ist.

»Wegen dem.« Der Langhaarige lacht. Er ist 1990 als 26jähriger engagierter DKP-Propagandist in die damals gerade hinwegsterbende DDR übergesiedelt. Der gelernte Koch verdient heute in Artern sein Geld, indem er Medikamente ausfährt. Er glaubt daran, daß er, ohne hundert Jahre alt werden zu müssen, noch erlebt, daß die »einzige Medizin, die die Menschheit vor dem Untergang erretten kann, der Sozialismus, sich in der ganzen Welt durchgesetzt hat«.

Auch Antje Jörgens glaubt, daß der Kapitalismus schneller sterben wird, als man heute denkt. Sie studiert Philosophie in Jena, dort werde allerdings nichts Positives über die Ideen von Marx, Engels und Lenin gesagt. (»Lediglich das ›Schwarzbuch des Kommunismus‹ wird behandelt.«) Zusammen mit 300 anderen jungen Leuten aus der ganzen Bundesrepublik besucht sie extern eine Schule des Marxismus-Leninismus in Essen. Ihr Großvater hatte dort in der Nähe, in Remscheid, die Ortsgruppe der Kommunistischen Partei Deutschlands gegründet, arbeitete mit Ernst Thälmann zusammen und ist später nach Paris geflohen.

Ihr Vater, früher Staatsbürgerkundelehrer, gehört heute keiner Partei mehr an, aber wenn er mit ihr streitet, sagt sie ihm: »Das, was ich heute denke, hast du früher anderen beigebracht.«

Sie schreibt ihre Diplomarbeit über »Staatsphilosophie in der Antike«. So entlegen, wie ich meinte, wäre das nicht. Wer heute der Staatsphilosophie, der Marktwirtschaft und bürgerlichen Demokratie, nicht huldige, hätte als Philosoph noch weniger Chancen als in der Antike. »Auf dem Arbeitsamt rät man mir, ich sollte mir nach dem Studium als Überbrückung erst einmal ein Kind anschaffen.« Sie ist inzwischen auch in die DKP eingetreten. »Wir wollen versuchen, die PDS von ihrem reformistischen sozialdemokratischen Kurs abzubringen. Aber ohne die PDS sind wir nichts, wir haben nicht einmal einen Kopierer, um Flugblätter zu vervielfältigen.«

Cornelia Nitzpon schafft es noch unter die ersten zwanzig. Selbst Steffen Dittes, den seine Parteifreunde im heimatlichen Wahlkreis abgelehnt hatten, schafft den für einen Parlamentseinzug sicheren 18. Listenplatz. Peter Dietl gratuliere ich zu Platz 16, spendiere ihm ein Kaisersaalbier und erzähle vom Gespräch mit Antje Jörgens, die mit ihm im PDS-Landesvorstand sitzt.

Er meint, daß die von der KPF »in grundsätzlichen Dingen das sagen, was viele in der PDS denken, aber der Vergangenheit wegen nicht sagen wollen und der Erneuerung und der Verfassungsmäßigkeit wegen nicht sagen dürfen. Aber wir reden so, als ob die Gesellschaft durch Regierungsbeteiligung zu verändern ist.«

Außerdem hätte die Medaille zwei Seiten. Beispielsweise die These vom Klassenkampf Arbeiter gegen Unternehmer. Nach der alten Tradition müßte die PDS die Interessen der Arbeiter vertreten und die CDU die der Unternehmer. »Und ich als Getränkehändler sollte endlich in die CDU eintreten.« Aber die Parteien würden schon lange keine bestimmte Klasse, nicht einmal mehr eine bestimmte Schicht vertreten. Je geringer die sachlichen und politischen Unterschiede der Parteien sind, um so heftiger müssen sie sich öffentlich beschimpfen. »Doch als wir im Innenausschuß mit dem Bus nach Mainz fuhren, um uns dort die Spielbank anzuschauen, sagte der Willibald Böck, der Willi, der im Parlament keine Möglichkeit ausläßt, um die PDS unflätig zu beschimpfen, also da sagt der zu mir: ›Dietl, damit es gemütlicher wird auf unserer Reise, könnten wir noch ein, zwei Kästen Bier gebrauchen.‹ Er hat den Bus anhalten lassen, und ich habe zwei Kästen Bier geholt. Es ist ein schöner Ausflug geworden.«

Und was die Probleme beträfe, an denen die Unterschiede der Parteipolitik festgemacht würden, beispielsweise die Arbeitslosen: »Die CDU benutzt die Arbeitslosen, die wirklich zu faul sind, um arbeiten zu gehen. Und wir argumentieren mit den Arbeitslosen, die arbeiten wollen, die unter der Untätigkeit leiden. Aber wir reden nicht über die Arbeitslosen, die zu faul sind zu arbeiten, weil es nicht in unsere Argumentation paßt, und die CDU redet nicht über die wirklich ausgegrenzten Arbeitslosen dieser Gesellschaft.«

Peter Dietl holt uns ein neues Bier und sagt, daß man im Parlament wohl nichts nötiger hätte als einen neuen Schwejk. »Einen, der alles sagt, indem er scheinbar nichts sagt. Also das Gegenteil vom üblichen Abgeordneten, der scheinbar alles sagt, indem er nichts sagt.«

SPD-Fraktionschef Frieder Lippmann fährt nach Suhl, um sich mit Vertretern der Wirtschaft zum »Unternehmer fragen – Politiker antworten«-Gespräch zu treffen.

Im Auto erzählt mir der immer mit roten Bartstoppeln umherlaufende Bergingenieur, der im Dezember 1989 in seiner Gartenlaube die SPD Saalfeld gegründet hat, daß es in der Regierungskoalition nach Vogels Amerikareise mittelschwer gekracht hat. Minister Gerd Schuchardt wollte von Vogel wissen, in welcher Eigenschaft er Dagmar Schipanski in die USA mitgenommen habe. »Als Wissenschaftlerin!« sagte Vogel. Da wäre ja wohl vorher die Entscheidung oder Fürsprache des SPD-Wissenschaftsministers Schuchardt fällig gewesen, protestierte Schuchardt. Denn mit dieser Reise sei mitnichten die Wissenschaftlerin, sondern die CDU-Kandidatin für die Bundespräsidentenwahl auf Staatskosten international aufgewertet worden.

Aber diese zeitweiligen Differenzen würden nichts daran ändern, daß er als SPD-Fraktionschef die große Koalition in Thüringen verteidigt. »Die Wirtschaft braucht keine politischen Experimente, sondern Stabilität.«

An die fünfzig Männer und Frauen sitzen im Tagungsraum des ehemaligen Suhler Interhotels »Thüringen Tourist«. (Das einzige Interhotel, das nach der Wende nicht von einer westlichen Hotelkette, sondern von der ehemaligen Direktorin Brigitte Gröger übernommen und seitdem von ihr erfolgreich vermarktet wird.)

Frieder Lippmann erläutert in seinem Vortrag, daß die neue Wirtschaftspolitik der SPD kein unüberlegtes Experiment ist, und verteidigt seine Partei gegen die Unternehmerkritik, indem er Abstriche an ihrer Politik (630-DM-Jobs, Atomausstieg) macht.

Trotzdem sagt mir mein Nebenmann, den ich von seiner früheren Arbeit im Bezirks-Wirtschaftsrat kenne, daß auch die kleinen Unternehmer glauben, die CDU werde sie besser als die SPD vor den Härten des kapitalistischen Systems, vor gnadenlosem Konkurrenzkampf, ungerecht hohen Steuern, vor Banken- und Versicherungsbetrügern, beschützen.

Kurz vor Versammlungsende, man freut sich schon auf die Häppchen, steht noch ein Mann auf, der mit exzellent gepflegtem Kinnbart und feurigen Augen aussieht wie ein stolzer italienischer Capulet.

»Die Denkansätze in dieser Gesellschaft sind falsch. Mein Vater, ein Bauer, der 94 Jahre alt geworden ist, hat mir, als ich Geschäftsführer der Suhler Auma-Tec wurde, gesagt: ›Mein Junge, ich kann dir nicht verraten, wie und wodurch du Erfolg haben wirst. Aber ich kann dir sagen, was du nie machen darfst: Du darfst nie deine Kraft aufbrauchen, um zu versuchen, allen gegenüber gerecht zu sein.‹

Heute sagt man, die Gewinnmaximierung in den Unternehmen ist die einzige Größe unserer wirtschaftlichen Ordnung. Aber was nutzt es, wenn wir die Gewinne maximieren und die Menschen haben keine Arbeitsplätze. Stellen Sie sich vor: 5 Millionen Arbeitslose in Deutschland stehen hintereinander in Dreierreihen. Diese Schlange würde von Suhl bis Kap Arkona reichen. Und da fahren Sie sechs Stunden mit dem Auto entlang. Sechs Stunden mit Tempo 100. Aber vielleicht sollten die Statistiker die Zahlen in Potenzschreibweise bekanntgeben. Wir leben in der Politik nur von Monat zu Monat, von Prozent zu Prozent. Doch was wir heute brauchen, sind Visionen. Wofür benötigen wir Politiker, wenn sie keine Visionen mehr haben? Diese Veranstaltung sollte nicht ›Unternehmer fragen – Politiker antworten‹ heißen, sondern ›Politiker fragen – Unternehmer antworten‹. Wegen der Visionen für Politiker.«

Der »italienische Adlige«, Klaus-Peter Riedel, ist in einem kleinen Dorf bei Altenburg geboren worden, war Mitglied der SED und leitet heute einen Bau- und Heizungsbetrieb mit über 100 Beschäftigten.

Am nächsten Tag frage ich Vizepräsident Hans-Jürgen Döring nach seinen Visionen.

»In der DDR-Enge hatten wir Visionen, die bis zum Himmel, bis nach Feuerland und bis zur gerechten Welt für alle reichten. Dann die Euphorie der Wende, die Vision aller Visionen: endlich Freiheit! Aber danach sehr schnell die bittere Erkenntnis, daß die Freiheit einen Scheißdreck wert ist, wenn Gerechtigkeit und Solidarität auf der Strecke bleiben, wenn die Menschen gnadenlos in Gewinner und Verlierer eingeteilt werden. Da fängt man dann an, kleinere Brötchen zu backen. In Heiligenstadt gibt es einen Tagestreff für Obdachlose, für Schwache in dieser Gesellschaft. Für die will ich einen Billardtisch und einen Computer, aus Lotto-Mitteln oder vom Sozialministerium finanziert, besorgen …«

Mittwoch, der 24. März. Die IHK Südthüringen lädt zu ihrem Jahresempfang in das Suhler Ringberghotel. Die Einheimischen nennen das hoch über der Stadt thronende Hotel »Runkelburg«, denn es wurde in der DDR als exklusives Erholungsheim für die Genossenschaftsbauern gebaut.

Die Fahrer der spät kommenden dicken Opel- und Mercedes-Limousinen finden (sofern sie nicht zum Vogel-Regierungstroß gehören) keine Parklücken, sie müssen ihre Wagen am Waldrand stehenlassen und zu Fuß gehen.

Im Festsaal bedrängen die Presseleute den Ministerpräsidenten wegen eines Statements. Vogel verweist auf seine bevorstehende Rede, lacht und scherzt, doziert mit einer Hand, die andere hat er lässig in der Hosentasche.

Ein Violinduo spielt Haydn. Anschließend vom IHK-Chef Martin Röder die Erfolgsstory der Südthüringer Wirtschaft: 7,8 Prozent Wachstumssteigerung, 1200 Arbeitsplätze geschaffen, 2,1 Prozent weniger Arbeitslose als im übrigen Thüringen, 28000 Pendler in die alten Bundesländer …

Anschließend macht der Ministerpräsident »eine sehr nötige, wichtige, aktuelle Vorbemerkung …«

In dieser Stunde starten Bomber und Jagdgeschwader in Richtung Jugoslawien … Notwendige militärische Aktionen … Bomben werden jetzt verhindern, daß im Kosovo noch größere Verbrechen an den Kosovoalbanern … NATO-Bomben im Namen des Friedens und der Menschlichkeit …

Derweil wird im Nachbarsaal und den Vorräumen das festliche Bankett zum Thema »Eine phantastische lukullische Weltreise« bereitet: Paella aus Spanien. Piri-Piri-Suppe mit Garnelen aus Senegal. Kuskus aus Tunesien. Eierspätzle aus Österreich … Parmaschinken auf Melonen aus Italien … Wahrscheinlich starten die Bomber in Italien …

Die Kellnerinnen im Ringberghotel sind als Tunesierinnen verkleidet, sie servieren Mokka.

Vor zehn Jahren hatte ich das Bankett der Partei- und Staatsführung im Bezirk Suhl zum 40. Jahrestag erlebt, auf dem sich Leute, die ich sonst wegen ihrer Besonnenheit schätzte, regelrecht vollaufen ließen. Es hieß damals, die Grenzen zur ČSSR würden in dieser Nacht geschlossen, NVA und Kampfgruppen in Alarmbereitschaft versetzt. Mit Bier, Wein, Schnaps und Schinkenbrötchen feierte man den Sieg des Sozialismus, die Erfolge der DDR …

Der Geschäftsführer des Thüringer Arbeitgeberverbandes,

Lotar Schmidt, schwärmt, wie er in der BRD gegen den schmutzigen Krieg der USA in Vietnam demonstriert und »Ho-Ho-Ho Chi Minh« gerufen hat. Und der Geschäftsführer der IHK Suhl, Lothar Siegemund, sagt mir, daß der Kapitalismus so ist, wie wir es in der DDR gelernt haben. »Die Wirtschaft kann man nicht rot, schwarz oder grün färben.«

Über die Bomben redet keiner. Man trinkt und ißt auf der lukullischen Weltreise.

Am nächsten Tag Eilantrag der PDS im Landtag »Thüringer Nein zum Krieg!« Er wird in namentlicher Abstimmung bei 84 abgegebenen Stimmen mit 15 Ja-Stimmen, 68 Nein-Stimmen und einer ungültigen Stimme abgelehnt.

Die Parteien nutzen den Jugoslawien-Krieg als willkommenen Probealarm für das im Wahlkampf bitter nötige geschlossene In-Reih-und-Glied-Marschieren aller Mitglieder. Danach gehen sie zur Thüringer Tagesordnung über.

Die CDU macht aus dem Bau der ICE-Trasse Berlin-Nürnberg, der »Lebensader für Thüringen«, eine Existenzfrage des Freistaates. Die SPD beweist, daß Ökosteuer und 630-DM-Regelung keinesfalls der Thüringer Wirtschaft schaden. Die PDS spricht, nachdem der Überprüfungsausschuß des Landtages die Abgeordnete Almuth Beck der wissentlichen IM-Tätigkeit für schuldig befunden hat, dem Parlament das Recht ab, über den Mandatsentzug der vom Volk gewählten Abgeordneten zu entscheiden. Und die Journalisten haben (ohne sich darüber in ihren Berichten auszulassen) ein erquickliches Kantinengespräch: Die 33jährige ehemalige Bundesfamilienministerin Claudia Nolte, Markenzeichen Rüschenbluse und Ost-Quotenfrau, Ziehkind von Kohl, gestrenge Katholikin, Verteidigerin von Ehe und Familie, die Thüringer Hoffnungsträgerin für die CDU, hat ihren Ehemann Rainer in Ilmenau verlassen und lebt allein (oder nicht allein? fragen die Journalisten) in Erfurt. Die Bild-Zeitung zitiert Claudia Noltes Vater: »Das ständige in Bonn arbeiten zu müssen, da gab es immer stärkere Verständigungsprobleme zwischen den beiden. Sie kämpfen um ihre Ehe, haben einen gemeinsamen Beichtvater, der hilft ihnen.«

Die PDS schult ihre Kandidaten inzwischen für den Wahlkampf und die Zeit danach. Allerdings nicht in Marxismus-Leninismus, sondern in der Kunst von Rede und Gegenrede.

Medienseminar für die Kandidaten auf den ersten 25 Listenplätzen. Sonntag frühmorgens im heruntergewirtschafteten, gespenstisch leeren Gebäudekoloß der ehemaligen Erfurter SED-Bezirksleitung. Nur drei Genossinnen und ein Genosse sind erschienen. Dazu der Thüringer Wahlkampfchef der PDS, Hans-Dieter Fritschler, und der Seminarleiter, Medienexperte Klaus-Dieter Krüger aus Werder. Er schult nicht nur PDS-Abgeordnete, sondern auch Wirtschaftsmanager.

Zuerst kämpfen die PDS-Kandidaten für oder gegen Gartenzwerge. Mit einem historischen Bezug, denn sie wurden in Thüringen erfunden. Mit einem ökonomischen: der illegalen Einfuhr von Billigzwergen aus Tschechien. Und mit einem moralischen: Der ordentliche Gartenzwerg trägt eine rote Mütze und eine grüne Schürze, abartig dagegen ist es, sich halb entblößt als Zwergin in den Garten zu stellen.

Der Medienexperte zeigt zur Vorbereitung einen Videofilm, in dem ein selbsternannter Professor für Zwergologie über die Zwergenkultur referiert. Die vier Kandidaten sollen einen dreiminütigen Fernsehstreit simulieren.

Katja Wolf, die 23jährige Diplomsozialpädagogin, die hier vor allem lernen will, beim Reden locker zu bleiben und klug auf blöde Fragen zu antworten, verteidigt in ihrem Statement den Gartenzwerg als Picasso der kleinen Leute. Sie redet statt der ihr zustehenden 30 Sekunden allerdings nur 20. Krüger kritisiert: »Du hast 10 Sekunden verschenkt. Eine Sekunde Werbekosten im Fernsehen 3000 DM, das sind 30000 DM verschenkte Werbung für die Partei.«

Die 59jährige Dr. Heide Wildauer, schon viele Jahre Landtagsabgeordnete, will lernen, wie sie auf bösartige Zwischenrufe reagieren soll. Sie spricht gegen die Unkultur der Gartenzwerge, bemüht dafür einen Bildhauer, der eine Skulptur Goethes als wahre Kunst schafft, redet von Luther als Künstler und bemüht zum Schluß noch Che Guevara. Fast 3 Minuten lang. Krüger kritisiert: »Du kannst noch so lange reden und noch hundert berühmte Zeugen benennen, im Fernsehen oder Parlament spricht man nicht in der Hoffnung, daß der politische Gegner durch Argumente seine Meinung ändert. Denn das geschieht nie! Man redet lediglich für die Medienvertreter auf der Tribüne. Wenn du denen ein oder zwei interessante Sätze offerierst, die am nächsten Tag in der Zeitung stehen, hatte die Übung einen Sinn.«

Heidrun Sedlacik, 47 Jahre alt, von Beruf Agraringenieurin, umgeschulte Fliesenlegerin und ehrenamtliche Bürgermeisterin von Hohenleuben, möchte lernen, ein bißchen so schlagfertig zu sein wie Gysi. »Dem hat ein Bayer in einer Talkshow einmal gesagt: ›Herr Gysi, Sie haben ja keine Ahnung ...‹ Darauf Gysi: ›Möglich, daß ich keine Ahnung habe, aber im Gegensatz zu Ihnen habe ich Wissen.‹«

Sie berichtet von ihrem Kleingartenverein in Hohenleuben, die Gartenfreunde freuen sich im Frühling auf Schneeglöckchen, Primeln und Tulpen. Und nur zwei oder drei, die selbst im Garten Beton mehr lieben als Blumen, würden Gartenzwerge aufstellen.

Der Medienexperte lobt: »Das Argument mit der Mehrheit, egal ob es nun stimmt oder nicht, es prüft eh niemand nach, war sehr gut. Denn niemand will zur Minderheit gehören. Jüngstes Beispiel der Krieg im Kosovo. Sich zu einer Minderheit zu bekennen ist schwieriger, als mit der Mehrheit zu nicken.«

Als letzter verteidigt Tilo Kummer, Geschäftsführer einer Zoohandlung und Diplomfischereiingenieur, die Gartenzwerge. Schon weil sie alle rote Mützen hätten, wären sie ihm politisch sympathisch. Deshalb müßte man sich für sie einsetzen.

Der Medienexperte kritisiert: »Der alte Fehler der SED. Sofort bestimmen, was andere tun sollen. Am Beginn einer Rede muß man erst ein Achtungszeichen setzen, danach Interesse und schließlich einen Wunsch erwecken. Erst dann kann man zur Aktion aufrufen. Aber die PDS will immer gleich von Null auf Aktion.«

Außerdem lernen die PDS-Landtagskandidaten an diesem Sonntag, daß sie bei Fernsehinterviews oder Fototerminen auf den Hintergrund achten müssen, vor den sie sich stellen. Möglichst nicht, wie der PDS-Schatzmeister Bartsch, vor ein Karl-Marx-Gemälde.

»Und merkt euch, daß es nicht wichtig ist, was, sondern vor allem wie man es sagt.« Die Wirkung des Wortsinnes betrage gerade mal 7 Prozent, die der Sprachmodulation dagegen schon 38 Prozent, und die Gesten des Redners würden 55 Prozent der Wirkung ausmachen.

Ich bleibe nicht bis zum Schluß. Auf der Toilette der ehemaligen SED-Bezirksleitung, die heute eine Vielzahl von Vereinen, Förderkursen, Clubs usw. beherbergt, entziffere ich an den Wänden: »Scheiß Russen.« – »Wer denkt, jemand zu sein, hört auf, jemand zu werden.« – »Für linke Scheißer verboten.« – »Lieber ein aufrechter Linker als ein hirnamputierter rechter Stinker.« – »Lieber rechts und national, als links und asozial.« – »Einsamer sucht Einsame zum Einsamen.« – »Wer hier scheißt, ist ein Assi.«

Weil am Sonntag niemand außer den Medienseminaristen im Haus ist, öffne ich vorsichtig die Tür zur Frauentoilette. Und finde dort an keiner Wand einen Spruch. Den Seminarleiter Krüger zu fragen, weshalb Männer so mitteilungs- und agitationswütig sind, Frauen dagegen nicht, verkneife ich mir. Denn, wie sagte er: »Du mußt als Politiker nicht darüber nachdenken, ob das, was du sagst, wirklich alles wahr ist, du mußt dich nur darauf konzentrieren, es so zu erzählen, als ob es wahr ist.«

Drumherum (5)

Durch die Tür »Nur für Sportler« gelange ich ohne Eintrittskarte in die Halle des Erfurter Eissportzentrums. Die Gaststätte »Zur Strafbank« ist geschlossen. Davor ein Schild: »VIP-Bereich, bitte unaufgefordert VIP-Karten oder ähnliches vorzeigen. Zutritt nur für Inhaber der VIP-Karte und eine Begleitperson.«

Der Chef über alle Eisbahnen, Heinz Schramm, sitzt im alten Kampfrichterturm. Früher spielte der heute 56jährige Fußball und Tischtennis, Eislaufen kannte er nur vom Fernsehen. Gelernt hat er neben dem Abitur Büromaschinenmechaniker. Von 1960 bis 1993 arbeitete er in den weltbekannten Erfurter Büromaschinenwerken, die in besten Zeiten 6500 Beschäftigte hatten, heute noch 70. Als einer der Chefs der Exportabteilung konnte er schon in der DDR dienstlich in westliche Länder reisen, und als »man, auch ohne Exportkaufmann sein zu müssen, in die Welt fahren durfte«, hörte er dort auf. Seitdem ist er verantwortlich für das 30000 Quadratmeter große Eissportgelände, für 3 Eisflächen und 14 Mitarbeiter. 130000 Hobbyeisläufer aus Erfurt und Umgebung tummeln sich jährlich auf dem Eis, außerdem 10000 Schüler der ersten Klassen, die im Sportunterricht Eislaufen lernen, 80 Spiele des Eishockeyklubs, dazu Training und Wettkämpfe im Eisschnellauf, Eiskunstlauf, Eisstockschießen ... Insgesamt kommen fast 300000 Menschen im Jahr.

Die Märzsonne strahlt und leckt an der Eisbahn. Heinz Schramm stört es nicht. »Soll sie lecken, es ist der letzte Tag der Freiluftsaison.« Ohne Halle sei die Eisfläche allerdings auch im Winter schwer zu erhalten. Man muß Schnee räumen, gefrorenen Pappschnee abhobeln. Der Wind frißt die Eisdecke weg. Dazu der Dreck der Arnstädter Straße.

»Wir bräuchten eine neue große Halle.«

In diesem Jahr soll entschieden werden, ob im Leistungszentrum Inzell oder in Erfurt eine neue Eishalle entsteht. (»In Inzell laufen in der Woche vielleicht man gerade 200 Touristen auf dem Eis.«) Baukosten 30 Millionen DM.

Dann nachdenklicher: »Als wir hier endlich einige Millionen für unsere neue Tribüne – nun können 1500 Zuschauer in die alte Halle –« (übrigens ein umfunktioniertes Kartoffellager) »bewilligt bekamen, dachte ich mir: Besser die jungen Leute auf den Tribünen in unserer Halle bei den Eishockeyspielen, als daß sie sich draußen rumtreiben. Aber Kollegen aus dem Sportamt der Stadt standen neben mir und bettelten im wahrsten Sinne des Wortes um Geld für drei Eimer Farbe. Und in der Stadtratssitzung sagte mir ein Sportlehrer : ›Bau du deine Millionentribüne. Wir schicken unsere Schüler dann alle zu dir, denn in unserer Turnhalle können sie nicht mehr turnen. Es regnet durchs Dach.‹«

Ich frage ihn nach dem VIP-Eingang und der VIP-Gaststätte, jenen mir nur von Flugplätzen bekannten Räumen für Diplomaten und andere Privilegierte.

Das soll mir Dietmar Krug, der Chef des Eishockeyklubs, erklären. Am besten beim nächsten Spiel, dort könnte ich auch die VIP-Leute persönlich kennenlernen.

Das Landesamt für Statistik sucht Interviewer für die alljährliche Mikrobefragung in Thüringen. Ein Prozent aller Haushalte muß akribisch genau über die sozialen und finanziellen Lebensumstände Auskunft geben. Ich bewerbe mich.

Das Statistikamt liegt weit draußen neben dem neuen Einkaufszentrum »Thüringenpark« in einem hypermodernen Bürokomplex. Dort residiert auch die Thüringer Aufbaubank. Auf Schautafeln stolze Zahlen: 1992 sechs Mitarbeiter, vier Jahre später 238. Das Kreditvolumen von 1993 bis 1996 von 170 Millionen DM auf 1,633 Milliarden gestiegen. Und über allem die Aufforderung, mehr »Mut zur innovativen Selbstverwirklichung« zu zeigen. »Wir helfen Ihnen mit Rat und Geld auf Ihrem Weg zum selbständigen Unternehmer.«

Ich denke einen Moment, daß es vielleicht besser wäre, statt sich von Haus zu Haus zu klingeln, sich zu einem staatlich geförderten Unternehmer zu entwickeln. Deshalb sage ich der freundlichen Frau am Tresen, daß ich ein Unternehmen in der Medienbranche Südthüringens gründen möchte und Rat und Geld brauche. Sie telefoniert. Es würden gleich zwei Damen erscheinen. Als nach einer Viertelstunde keine einzige Dame erschienen ist, ruft sie noch einmal an. Die Damen hätten zu tun.

Aber ein Herr kommt. Er ist jung und fragt zuerst, wer mich geschickt oder empfohlen hat. »Ich selbst«, sage ich. Er will wissen, woher ich die Kredite für mein Unternehmen bekomme, wer für mich bürgt, wen ich als Empfehlung nennen kann, »vielleicht eine Bank oder einen Wirtschaftsberater oder wenigstens einen Landtagsabgeordneten«.

Nein, sage ich, ich könne niemanden nennen, ich wolle mir hier nur Rat und Geld holen. Er sagt, daß es schwer sei ohne

Empfehlung, gibt mir einen Stapel Formulare und Broschüren und meint, daß er keine Zeit mehr hat. Man müßte alles nur aufmerksam lesen, ausfüllen und dann abgeben. Ich scheitere schon beim Durchlesen der Formulare. Also doch Interviewer.

Aber auch der Thüringer Statistikchef Gerhard Scheuerer – er kommt vom Bundesrechnungshof – hat keine gute Nachricht für mich. Ich darf als Journalist nicht an der Mikrobefragung teilnehmen, denn sie unterliegt strenger Geheimhaltung. Es dürfen auch keine Vertreter, keine Immobilienhändler oder Zeitungswerber als Interviewer auftreten.

»Ein Interviewer, der die Geheimhaltung verletzt oder Befragungsergebnisse zu seinem eigenen Nutzen verwendet, kann mit Gefängnis bis zu einem Jahr bestraft werden.« Allerdings ist auch die Aussageverweigerung strafbar. Ein »Aussageverweigerer« kann sich laut Gesetz bis zu 10000 DM Strafe einhandeln. »Es existiert auch kein gesetzlicher Datenschutz für Betriebe, sondern nur für Einzelpersonen. Das heißt, Betriebe müssen zum Beispiel über die Höhe staatlicher Fördergelder und ihre Verwendung Auskunft geben. Wenn die Regierung die Abgeordneten darüber nicht informieren möchte, gibt es dafür andere Gründe.«

Der Statistikchef ist gleichzeitig der oberste Thüringer Wahlleiter und verantwortlich für die Vorbereitung der Wahl und die akkurate, schnelle Ermittlung der Ergebnisse.

Ich frage, wer die Landtagswahl im September gewinnen wird. Er lacht. »Die CDU oder die SPD.«

Aber Prognosen stellt er im Privatkreis erst eine Woche vor der Wahl …

Vom obersten Stockwerk der Statistik in den Keller des Landtages. Ohne Genehmigung gehe ich hinunter zu Heinz, dem Tischler, und frage ihn, wer die Wahl gewinnen wird.

»Vielleicht die CDU. Obwohl, am unnahbarsten von den großen Leuten ist immer noch der Schuster von der CDU. Wahrscheinlich denkt der Herr Minister, daß unsereiner eine andere, ihm fremde Sprache spricht. Dagegen hat der Herr Ministerpräsident immer ein paar freundliche Worte, der grüßt meist lachend. Das heißt, ich sage natürlich zuerst ›Guten Tag, Herr Ministerpräsident‹.«

Und die SPD?

Den Dewes hat er schon persönlich angesprochen. »Der sollte als Innenminister dafür sorgen, daß unser Dorf Bienstädt in die Landeshauptstadt Erfurt eingemeindet wird. Jeden Monat muß ich, um zur Arbeit zu fahren, rund 100 DM für den Überlandbus bezahlen. Dabei liegt Bienstädt nur 2 Kilometer außerhalb der Stadtgrenze im Kreis Gotha. Wenn der Dewes da mal ein Machtwort spricht ... Was die Wahl betrifft: Unser Jottfriedchen, was ja nun in diesen Tagen in Pension geht, unser Jottfriedchen fragt immer: ›Soll ich's mal ehrlich als Mensch sagen?‹ Also mal ehrlich als Mensch gesagt: Eigentlich ist es mir egal, wer die Wahl gewinnt. Nur die da oben, die Büroleute, müßten wieder arbeiten lernen, denke ich. Die wissen gar nicht mehr, wofür sie das viele Geld kriegen.

Zum Beispiel die Sache mit den Stühlen. In die Kantine sollen, obwohl's die alten noch paar Jährchen tun würden, neue Stühle rein. Möglichst Stapelstühle, damit man sie, wenn saubergemacht wird, nicht alle rausräumen muß. Die Firmen stellten ihre Mustermodelle zweimal in der Kantine auf. 6 Verantwortliche aus der Verwaltung, 3 Beamte und 3 Angestellte, berieten über eine Stunde, ob die Lehnen bequem und die Sitze breit genug für die Ärsche sind. Ich weiß zwar nicht, was eine Beamtenstunde kostet, aber rechnen wir nur mal 50 DM! 6 Leute über eine Stunde zu je 50 DM, davon kann der Staat die Arbeit von unsereinem für eine halbe Woche bezahlen ... Aber auch nach einer Stunde Beratung wollte keiner die Verantwortung übernehmen. Und da schlugen sie vor, den Landtagspräsidenten zu holen, damit der eine Entscheidung fällt. Aber weil man einen Präsidenten nicht einfach holen kann, muß man warten, bis er zufällig vorbeischaut.

Ja, und dann hab ich gefragt: ›Was wird mit den alten Stühlen?‹ Darüber hatten sie nicht nachgedacht. Und so redeten sie noch eine halbe Stunde über ›einstweilige Auslagerung‹ und ›der Wirtschaft wieder zuführen‹. Einer sagte, daß man einige der alten Stühle im Speisesaal noch für die Ecke, in der die Bauleute und Handwerker sitzen, verwenden kann …

Der Heiko Gentzel von den Sozialdemokraten war auch mal ein Arbeiter. Der redet noch wie unsereiner, der sagt noch ›Scheiße‹ oder ›diese Ärsche‹. Aber der Nasenbluter von den Sozis, also der Arbeiterpartei …«

»Der Nasenbluter?«

»Das war, als wir die Zimmer im Abgeordnetenhaus einräumten, die Möbel nicht durch die Tür paßten und ich zu meinem Kumpel sagte: ›Das schaffen wir nicht zu zweit, wir müssen sie auseinandernehmen.‹ Da kam der Herr Schuchardt, damals noch kein Minister, und hat mit angepackt. Beim Möbelschleppen ist ihm ein Äderchen geplatzt in seiner Nase, er hat ja so einen richtig auffälligen Zinken, und die Nase fing an zu bluten. Seitdem heißt er bei uns der Nasenbluter. Als er dann Minister geworden war, der Herr Schuchardt, haben wir für sein Abgeordnetenzimmer Fußboden legen lassen. Er kommt rein, sieht mich, aber fragt nicht wie früher: ›Geht's gut?‹ Der Minister sagt nur: ›Gehen Sie raus.‹ Wie die Macht den Menschen doch verändert. Oder verändert sie gar nicht?«

Wählen würde er vielleicht den Dewes, wenn der das mit der Eingemeindung noch schafft. Ansonsten den Herrn Vogel. Wie es ausgehe, wisse eh keiner.

Wie die Wahlen im Eichsfeld ausgehen werden, weiß Hans-Jürgen Döring schon. »Wenn du im Eichsfeld einen Besenstiel mit dem Schild ›CDU‹ oder ›Willibald Böck‹ aufstellst, wird der Besenstiel gewählt.« Seit der Kofferaktion 1990 sei Willibald die Galionsfigur der Eichsfelder Katholiken. Damals hatte er gefordert: »Entweder der Westen kommt zu uns oder wir kommen zu ihm.« Tausende sind damals mit dem Koffer in der Hand über die Grenze marschiert. Willibald vorneweg.

Auch Hans-Jürgen Döring ist Katholik. »Aber ein SPD-Katholik im Eichsfeld gleicht einem Elefanten ohne Rüssel. Ich habe 1989 im Eichsfeld die SPD gegründet, weil ich mich geärgert habe, daß die alten CDU-Leute, die zu DDR-Zeiten treue Diener des Staates waren, plötzlich als die neuen Chefs auf den Stühlen der Macht saßen. Dem wollte ich etwas entgegensetzen. Aber gewählt werden wir nicht.«

Überhaupt keine Voraussage zum Wahlausgang machen die Landtagspförtner. Sie, die freundlich Schlüssel ausgeben, die Überwachungsmonitore beobachten, Besucher abwimmeln oder weiterleiten, gehören zwar nicht zu den Angestellten der Landtagsverwaltung, aber sie haben in ihrer Erfurter »Sicherheits- und Service-GmbH« unterschrieben, über das, was im Landtag geschieht, zu schweigen.

Einer von ihnen arbeitete bis 1990 als erster Lagerist in der VVB Papier Erfurt. (»Nach dem Lagerchef war ich leider der bestbezahlte Mann und wurde deshalb wegen der Einsparung auch als einer der ersten entlassen.«) Seit 1992 ist der von der IHK umgeschulte Lagerist Werkschutzfachkraft. Er hat schon eine Großbäckerei, eine Fleischerei, ein Bordell (»Aber nur die Hülle, die Außenhaut«) und die Fahrbereitschaft der Staatskanzlei bewacht. »Alles viel einfacher als die Arbeit im Landtag. Hier muß man sich 88 Abgeordnetengesichter einprägen, dazu die Minister, Staatssekretäre. Denn außer denen darf bei den Sitzungen keiner in den Plenarsaal hinein.«

Die Wachleute erhielten zunächst 6,50 DM die Stunde, später 6,80 DM, um das Hohe Haus zu bewachen.

Irgendwann war das einigen Abgeordneten peinlich, und sie protestierten gegen die »Ausbeutung der Wachleute im Thüringer Landtag«. Danach bekamen die ohne IHK-Abschluß 7,65 DM und die mit IHK-Abschluß 10,80 DM. »Aber in Hessen liegen die Stundensätze bei 20 bis 25 DM. Und für einen besseren Tarif streiken dürfen wir nicht, dann wäre der Landtag, das höchste politische Organ in Thüringen, unbewacht.« Wen er wählt, sagt er nicht …

Schlagzeilen April 1999

Ministerpräsident Vogel eröffnet die Wahlkampf-Klingel-Partie im Erfurter Plattenbaugebiet »Am Johannesplatz«. 1000 CDU-Teams wollen bei 100000 Thüringern vorsprechen.

Thüringens Justizminister Otto Kretschmer (SPD) verlangt den Neubau von rund 500 Häftlingsplätzen, bisher gibt es in Thüringen 1830.

Jenoptik wird knapp 28 Millionen DM Dividende vom Bilanzgewinn 1998 an die Aktionäre verteilen.

Die monatliche Entschädigung für ehrenamtliche Bürgermeister der Thüringer Gemeinden bis 500 Einwohner steigt um 120 DM.

In Thüringen werden trotz bundesweiter Proteste Tot- und Frühgeburten mit einem Gewicht unter 500 Gramm als Sondermüll von der landeseigenen Thüringer Sonderabfallgesellschaft entsorgt.

Die Gemeinde Klosterlausnitz bezahlte, wie jetzt berichtet wird, einem westdeutschen Unternehmensberater dafür, daß er einen Investor für das mit über 16 Millionen DM Steuergeldern geförderte Spaßbad besorgte, ein Honorar von 750000 DM.

Die CDU wird an der zentralen Maifeier der Gewerkschaften in Gera nur teilnehmen, wenn die PDS ausgeladen wird, denn, so CDU-Vize Andreas Trautvetter: »Wir stellen uns nicht mit Extremisten auf das Podium.«

Die Zahl der organisierten Neonazis stieg nach Angaben des Verfassungsschutzes im letzten Jahr in Thüringen von 1000 auf 1350.

Ministerpräsident Vogel in einem Zeitungsgespräch: »Der Name Schipanski wird aus der deutschen Politik nicht verschwinden, egal, wie die Wahl zum Bundespräsidenten am 23. Mai ausgeht.«

Die Regierung Schröder befindet sich zum »Frühlingswahlmanöver« – einem der vom Kanzler angekündigten Arbeitsbesuche der Regierung in den neuen Bundesländern – mit mehreren Maschinen im Anflug auf Thüringen.

Der Himmel heult. Justizminister Otto Kretschmer hat fast eine halbe Stunde am Hintereingang des Landtages auf den Wagen mit der Bundesjustizministerin Herta Däubler-Gmelin gewartet. »Grüß Gott!« Kurzes Gespräch, dann bitten die beiden schon zum Presseempfang in die Gaststätte »Hopfenberg«. Ein erlesenes Bankett. Während die Justizministerin sich Pastetchen auf den Teller legt, erzähle ich ihr die Geschichte einer zerstrittenen Familie, wo man einander mißtraut, weil sich einige angeblich auf Kosten der anderen bereichern. Man beschließt, einen Unparteiischen hinzuzuziehen, bei dem alle Familienmitglieder Vergehen anzeigen können. Doch obwohl das Familienvorstandsmitglied für Justiz den Vorschlag eingereicht hat, verhindern andere Mitglieder des Familienvorstandes die Berufung des Unparteiischen.

»Wenn das so ist, hat der Familienvorstand was zu verbergen«, sagt die Justizministerin.

»Und wenn die Mitglieder einer Landesregierung, beispielsweise der Finanz- und der Wirtschaftsminister, die Berufung eines Ombudsmannes gegen Korruption mit der Begründung, es sei unmöglich, eine zusätzliche Stelle zu bezahlen, vor den anstehenden Wahlen verhindern?«

»Würde ich meinen Satz wiederholen«, sagt die Justizministerin der Bundesrepublik.

Beim nächsten Pressetermin – vielleicht sind sie wegen der Journalisten nach Erfurt geflogen? – schimpft der Kulturminister Naumann, daß es sehr »unappetitlich ist, wenn der Herr Sachse und der Herr Weimar« (er nennt sie nicht mit ihren adligen Namen, weil nach der bundesdeutschen Verfassung keiner mit Königliche Hoheit angeredet werden muß) das Kunsterbe ihrer Vorfahren zurückhaben und in klingende Münze und Aktien umwandeln möchten. »Man kann auch im vereinigten Deutschland die republikanische Entwicklung nicht auf die Zeit vor 1918 zurückdrehen.« Er selbst »besitzt« ein Haus in Köthen. »Ich habe allerdings nie Ansprüche auf dieses Haus angemeldet und werde es auch nicht tun.«

Mit dieser guten Botschaft hetze ich zum Pressegespräch aller Pressegespräche in die Staatskanzlei. Bundeskanzler Schröder und Ministerpräsident Vogel werden über ihre knapp dreistündigen Arbeitsgespräche informieren.

Vorerst Trockenübungen der Fernsehreporter, die ihre Kameras genau in der Mitte des Saales aufgebaut haben. Wer im hinteren Teil sitzt, sieht nichts mehr. Der Redakteur von »Phoenix« belehrt einen Mikrophonhalter wieder und wieder, daß er den roten Knopf nicht drücken, sondern nach vorn schieben muß. Aber der Mikrophonhalter ist eine Aushilfskraft und nutzt heute nur die Chance, sich ein Zubrot zu verdienen – Michael Rabisch, Kabarettist aus Erfurt.

Wie in diesem Saal schon vor reichlich einem Monat bei der Staatskanzlei-Karnevalsveranstaltung lassen auch dieses Mal die Hauptakteure auf sich warten. Dann aber schreiten sie nicht im Defiliermarsch durch den Saal, sondern kommen durch den Nebeneingang. Anstelle der Büttenreden staatsmännische Worte: Schröder lobt Vogel für die gute Regierungsarbeit innerhalb der großen Koalition. (»Was gut ist, sollte man weiterführen – wenn es denn gut ist.«) Und Vogel lobt Schröder wegen der Bombardements in Jugoslawien. (»Nationale Solidarität ist nötig.«) Und Schröder teilt optimistisch mit, daß es auch in Thüringen bei den Verkehrsprojekten keine Investruinen geben wird. Aber über den Bau des ICE entscheide das Bundeskabinett im Mai.

Vor der Tür zur Staatskanzlei steht Erfurts Oberbürgermeister Ruge und verteilt an die Gäste aus Bonn Koffer mit Thüringer Spezialitäten und der Forderung: »Thüringen braucht den ICE jetzt.« Mitglieder der Jungen Union stehen auf dem nach frisch gemähtem Gras duftenden Rasen vor der Staatskanzlei, und einige von ihnen halten Plakate in die Höhe. »Herr Schröder, ich brauche den 630-DM-Job.«

Ich frage einen, der den 630-DM-Job braucht, was er macht. Er ist hauptamtlicher CDU-Mitarbeiter für die Jugendarbeit in Weimar.

Um 17.20 Uhr sind die verschiedenen Flugzeuge und die verschiedenen Minister des Kabinettsausschusses Neue Länder schon wieder in der Luft. Zurückgelassen hat die Truppe als Nachhut den Staatsminister für den Aufbau Ost Rolf Schwanitz. Er trifft sich mit Thüringer Unternehmern zu einem Gespräch »Quo vadis Ost«. Seine Rede beginnt um 17.20 Uhr mit dem Satz: »Entschuldigung, mein Flieger geht um 18.55 Uhr.« Danach referiert er über die erfolgreiche Wirtschaftspolitik der Regierung, lobt den Osteinsatz seines Bundeskanzlers Schröder und fordert zu kritischen Fragen auf. (Neben seinem Platz liegt ein Zettel, auf dem steht: »Null Aussage zum ICE-Projekt – Achtung! Vermintes Gelände!«) Nachdem alle Fragen gestellt sind, hat der Staatsminister für den Aufbau Ost noch 10 Minuten Zeit für die Antworten.

Der Thüringer DGB startet eine eigene Kampagne zur Landtagswahl und lädt die Presse in sein neues Domizil in der Rudolfstraße ein. Ich steige an der richtigen Straßenbahnhaltestelle aus, finde auch die Rudolfstraße, aber dann stolpere ich über ein scheinbar unendliches Abrißgelände. Ruinen von Fabrikhallen, dazwischen Bürohäuser in Plattenbauweise. Verrostete Eisenträger ragen wie Krakenarme aus der Erde. Ich frage Baggerfahrer und Abrißarbeiter, Kabelleger und Maurer. Aber auch von denen, die deutsch sprechen, weiß es keiner.

Ein Kanalarbeiter kennt das neu gebaute Haus mit den roten

DGB-Schriftzeichen. Früher arbeitete er hier im größten Erfurter Betrieb, dem ehemaligen Funkwerk. Der 55jährige gelernte Elektromechaniker hat zur Wendezeit sein FDGB-Buch abgegeben und ist nicht wieder in die Gewerkschaft eingetreten.

»Wozu denn?« Er holt sein mit Leberwurst und Käse belegtes Frühstücksbrot aus einer zerbeulten Aluminiumbüchse und erzählt, daß sein Chef, also der Besitzer der Vier-Mann-Reinigungsfirma, früher sein Brigadier in der Montageabteilung des Funkwerkes war. Natürlich würden die 13,80 DM, die er »uns Gullirutschern« bezahlt, weit unter dem Tarif liegen.

»Aber manchmal sitzen er und ich wie früher nach Feierabend nebenan in der Kneipe. Ich weiß, daß er keine Fettlebe hat, Kredite mühsam abbezahlt. Und als einer von der Gewerkschaft aus dem Haus nebenan vorbeikam und sagte, wir sollten unseren Unternehmer notfalls mit einem Streik zwingen, den Flächentarif zu zahlen, haben wir ihn einfach reden lassen. Wenn der Tariflöhne zahlen muß, geht unsere Firma pleite.«

Der DGB sitzt im achten, dem höchsten Stockwerk. Darunter die Landesentwicklungsgesellschaft. Frank Spieth, der kämpferische DGB-Chef, sagt, daß er mit der Kampagne »Arbeit, Ausbildung, Gerechtigkeit« – als Symbol das megaphonbewaffnete Ampelmännchen – die Gewerkschaftsforderungen laut und deutlich für alle Parteien formulieren will. Es sei beispielsweise entwürdigend, vor allem für Frauen, immer wieder in den absurden Kreislauf von Arbeitslosigkeit, Umschulung, Arbeitslosigkeit, ABM, Arbeitslosigkeit, neuer Umschulung geworfen zu werden. Man sollte diese Menschen besser über einen dritten, dauerhaft geförderten Arbeitsmarkt einstellen. Von Vogels vor fünf Jahren anvisierten 100 000 zusätzlichen Arbeitsplätzen und einer Arbeitslosenquote unter 10 Prozent will er gar nicht erst reden. »Aber alle Parteien müssen sich von der Gewerkschaft daran messen lassen, ob sie dauerhafte Arbeitsplätze schaffen und die Unternehmen zwingen, tarifliche Löhne zu bezahlen.«

Als ich über die Industriebrache zurückgehe, steht der ehemalige Elektromechaniker im wahrsten Sinne des Wortes bis zur Beinbeuge in der Scheiße. Er flucht nicht. Das sei nun mal sein Job. Als er fragt, was die von der Gewerkschaft erzählt haben, lege ich ihm einen »Arbeit, Ausbildung, Gerechtigkeit«-Wahlprospekt neben die Brotbüchse.

»Ich wähle die Partei, die mir die Arbeit, das heißt die Firma, erhält«, sagt er und schiebt den Absaugschlauch in den Kanal.

Die Bundes-CDU versammelt sich Ende April in Erfurt zu ihrem 12. Parteitag. Helmut Kohl wird enthusiastisch mit »Helmut, Helmut«-Rufen empfangen. Wolfgang Schäuble verkündet in seiner Rede, daß die Christdemokraten 2002 wieder an der Macht sein werden, und Ministerpräsident Vogel ist froh über die kostenlose Thüringenwerbung, denn über hundert Journalisten haben vom Parteitag aus Erfurt berichtet. Allerdings hat die gastgebende Thüringer CDU die Chance verpaßt, den Delegierten, den Repräsentanten und Journalisten das Thüringer Landessymbol – die echte Rostbratwurst – zu servieren. Statt dessen gab es zum Parteitag aus Bayern eingeflogene Nürnberger Würstchen. Da nutzte es auch nichts, wenn die CDU auf ihren Wahlplakaten unter dem Slogan »Das lassen wir uns nicht nehmen« einen Hund präsentierte, der eine Thüringer Bratwurst (bei genauem Hinschauen sieht der Kenner, daß es sich um eine Berliner Curry-Wurst handelt) im speicheltropfenden Maul hält. Vertan ist vertan. Eine Woche vor der Wahl, als es dann wirklich um die Wurst geht, wird die SPD ihr riesengroßes Schlußplakat kleben: Dewes und Schröder Bratwurst essend, letzterer allerdings sehr griesgrämig und die Thüringer Wurst – da schaudert es den Einheimischen – mit einer Serviette haltend! SPD-Gegner überkleben das Dewes-Schröder-Bratwurst-Plakat mit der Aufschrift: »Uns ist alles Wurscht!« …

Für Werner Ulbrich geht es bei dieser Wahl nicht mehr um die Wurst. Ich treffe mich mit ihm an einem Montag (montags arbeiten die Landtagsabgeordneten in ihrem Wahlkreis) im Suhler CDU-Haus.

Besprechung mit der Sekretärin beim Kaffee. Dankesbrief an einen Unternehmer aus Hildburghausen, der 500 DM für die CDU spendet und weitere Gelder von anderen Unternehmern ankündigt. Ich staune, denn Hildburghausen gehört nicht zum Wahlkreis von Werner Ulbrich. »Sie kennen mich vom Sport und Tourismus.«

Im nächsten Brief bittet ein CDU-Mitglied, daß die Partei nicht Wolfgang Wehner, sondern Werner Ulbrich zur Landtagswahl nominiert. Ähnliche Briefe haben der Chef des Suhler Sportverbandes und dreißig Unternehmer der Region an Ministerpräsident Vogel geschrieben. Doch der antwortete, daß sich »Herr Ulbrich sehr für Herrn Wehner eingesetzt hätte und einsetzen würde und nicht angetreten sei …«

Im Arbeitszimmer hängt ein großes Bild, auf dem Vogel und Ulbrich mit anderen prominenten Politikern den Rennsteig entlang wandern. Vogel lacht auch beim Wandern, und ich stelle mir vor, was für ein schweres Leben das ist, wenn man immer lachen muß.

Am kommenden Mittwoch wird Ministerpräsident Vogel lachend das ehemalige Suhler Fleischkombinat (jetzt Zimbo) besuchen. Zimbo ist der finanzkräftigste Sponsor des ersten Suhler Sportvereins 06, und Werner Ulbrich ist dessen Vorsitzender. Er hat organisiert, daß Ministerpräsident Vogel, genau wie zuvor Claudia Nolte, als sie noch Ministerin war, öffentlich wirksam die gute Zimbo-Wurst kostet.

Die erste Bürgerin der Abgeordnetensprechstunde an diesem Montag: eine Frau in vornehmem Kostüm mit weißer Bluse, als ob sie sich für einen Theaterbesuch schöngemacht hätte. Sie entschuldigt sich bei Werner Ulbrich, es sei nicht ihre Art, persönliche Beziehungen auszunutzen, aber er wäre ihre letzte Hoffnung. Vielleicht würde er sich noch an sie erinnern, sie sei in dieselbe Schule gegangen wie er. Allerdings zwei Klassen unter ihm, aber ihr Mann hätte mit ihm Abitur gemacht und oft erzählt, wie sie, um Geld zu verdienen, in der »Zwick« für eine Mark die Stunde und einen Kasten Bier Gräben ausgeschachtet haben.

Werner Ulbrich erinnert sich.

1989 ist ihr Mann gestorben. »Und ich habe nach diesem Schock die Wende regelrecht vertrauert, mich nach der Entlassung im Trusetaler Schneidwerkzeugbetrieb um keinen neuen Job gekümmert.« Arbeitslose Chemieingenieurin. ABM-Stelle im Umweltamt. Lehrgang, aber keine ABM-Verlängerung. Arzthelferin bei einer Augenärztin in Bad Salzungen. Doch die Arbeit dort sei eine Zumutung.

Eine Arbeit kann er nicht vermitteln, aber beim Erschließen des Thüringer Hauptwanderweges, beim »Rennsteigprojekt«, würden 230 Leute im Wald und 30 in der Verwaltung beschäftigt. »Ich könnte versuchen, daß man Sie dort einstellt ...«

Als wir allein sind, sagt er: »Ich mache so etwas sonst nicht. Aber bei 260 Leuten in einem Projekt, das ich angeschoben habe, kann ich wenigstens zehnen mal einen persönlichen Gefallen tun.«

Das nächste Bürgerproblem ist, gesellschaftlich gesehen, umfassender. Die Suhler Tischtennismannschaft ist von der Thüringen-Liga in die Oberliga aufgestiegen. Will man dort gemeinsam mit Mühlhausen den Freistaat einigermaßen ehrenvoll gegen eine hessische Übermacht vertreten, müssen der Finanzetat verdoppelt, eine ordentliche Spielstätte gesichert und neue Spieler eingekauft werden, erklärt Sportsfreund Recknagel, dem man an seiner Kleidung ansieht, daß er mit Leib und Seele nur für den Sport lebt.

Werner Ulbrich schlägt vor, das Ringberghotel zu gewinnen, eventuell könnte man in der großen Empfangshalle mietfrei spielen, wenn dafür die Gastmannschaften im Hotel übernachten und essen würden. Bei den Spielern muß man weiter auf billige Sportler aus den ehemaligen Ostblock-Ländern setzen. Drei Litauer stehen schon für jeweils 1600 DM im Monat für

Thüringen an der Platte. Gleichstarke deutsche Spieler kosten mindestens 5000 DM. Vielleicht könnte man sich mit einigen Tschechen verstärken, aber die Hin- und Rückfahrt zu den Spielen kommt zu teuer. Am billigsten wäre es, sagt Sportsfreund Recknagel, zwei Kasachen, Vater und Sohn, Trainer und Spieler, aus dem Aufnahmelager in Tambach-Dietharz nach Suhl zu holen. »Ich werde an den Innenminister schreiben, damit sie nach Suhl dürfen und hier vielleicht nicht in das Aussiedlerheim müssen, sondern eine eigene Wohnung erhalten«, verspricht Werner Ulbrich.

Dann ist Mittagspause.

Er fährt zu seiner 90jährigen Mutter in das Suhler Neubaugebiet, um ihr Essen zu bringen und für sie einzukaufen.

Danach hat er ein Arbeitstreffen bei einer Reinigungssysteme GmbH (17 Beschäftigte) im Suhler Simson-Gewerbepark. Der Betriebsleiter sieht mit seinem schmalen Schnurrbart, der die Oberlippe wie ein i-Pünktchen ziert, und der kleinkarierten Hose wie ein temperamentvoller italienischer Kaffeehausbesucher aus, er redet auch so leidenschaftlich. »Ich bin zwar in der CDU, aber wenn ich täglich erleben muß, daß in dieser Stadt nicht wir, die einheimischen Firmen, sondern die aus dem bayrischen CSU-Bruderland die Aufträge bekommen … Also das wäre mit der PDS vielleicht anders.«

Als es zum Beispiel um einen Großauftrag über Reinigungsmittel für die Suhler Schulen ging, habe nicht er ihn bekommen, denn er lag »läppische 6000 DM über dem Angebot einer, mal vornehm ausgedrückt, ›Fremdfirma‹. Bloß, daß die dafür keine müde Mark Umsatz- oder Gewerbesteuer in Suhl zahlt. Aber bei mir wären die Steuern – weit mehr als 6000 DM – für diesen Großauftrag in der Stadt geblieben. Von den Arbeitskräften ganz zu schweigen.«

Der zweite Betriebsleiter in dieser Runde kommt aus Hildburghausen, beschäftigt rund 300 Leute in seiner Reinigungsfirma. Auch er beklagt fehlende Aufträge für heimische Unternehmen.

In einer Kaffee- und Brötchenpause frage ich Werner Ulbrich, ob er neuerdings für die Reinigungsbranche tätig sei.

Nein, aber beide Unternehmer wären potentielle Spender.

»Für die CDU?«

»Vor allem für den Suhler Sportverein 06. Die Suhler Firma hat zwei Spieler und einen Trainer eingestellt und die Firma aus Hildburghausen ein Auto für den Verein geleast. Doch Spenden erhält heute, wo sich alles rechnen muß, niemand wegen seiner schönen Augen.«

Der Betriebsleiter der Suhler Firma beschwert sich über das neu gebaute repräsentative Suhler Arbeitsamt. Architekt und Baufirmen aus Bayern.

Ihm schickt das Arbeitsamt Aufkleber: »Ich bilde Lehrlinge aus.« Die sollte er zur Erhöhung des Vertrauensbonus an seine Autos kleben.

»›Wenn die Kunden dadurch sehen, daß Sie ein sozialer Unternehmer sind, also Lehrlinge ausbilden, werden sie bei Ihnen und nicht bei der Konkurrenz einkaufen‹, schrieben die vom Arbeitsamt. Sie selber aber kauften trotzdem keinen einzigen Eimer Reinigungsmittel bei mir, sondern bei einer Würzburger Firma ohne Arbeitsamt-Aufkleber.«

Er sei zwar nach wie vor ein Förderer und Freund des Suhler Sports, doch wenn …

Werner Ulbrich verspricht, sich beim nächsten Gespräch auf höherer Ebene und beim Unternehmerstammtisch für seine Belange einzusetzen.

Der andere Betriebsleiter sagt, daß seine Frau, gleichzeitig Buchhalterin in der Firma, bei jeder Abbuchung der Leasingrate für das Vereinsauto vorwurfsvoll fragt, ob sie das Geld zum Fenster hinausschmeißen müßten. So etwas würden sich allenfalls die westdeutschen Reinigungsriesen mit ihren zehntausend Beschäftigten leisten. Vielleicht könnte Werner Ulbrich mit seinen Beziehungen bei der Erfurter Messe wegen Aufträgen nachfragen oder im Landtag …

Bei der Erfurter Messe sieht er Chancen, sagt Werner Ulbrich. Außerdem will er mit Klaus-Peter Riedel von Auma-Tec sprechen, der ihn gerade gebeten hat, sie bei einem Förderantrag zu unterstützen. Vielleicht könnte die Firma die »Nachbereinigung« der Auma-Tec-Baustellen übernehmen.

Der Leasingvertrag wird nicht storniert.

Auf der Rückfahrt frage ich den Landtagsabgeordneten, ob er mit solchen Vermittlungs-Gesprächen Gelder nicht nur für den Sport, sondern auch, ohne daß Außenstehende etwas erfahren, für die Parteikasse, den Wahlkampf oder für das Leasing des privat genutzten Dienstautos organisieren könnte?

»Im Prinzip ja, denn: Wer gibt, dem wird gegeben«, antwortet Werner Ulbrich, »aber schließlich ist alles eine Frage der persönlichen Moral. Ich bin noch nie, wenn ich beispielsweise Firmen oder Vereinen mit Lotto- oder Fördermitteln helfen konnte, anschließend mit dem Klingelbeutel erschienen und habe, wie manche Parteifreunde das tun, laut und deutlich eine Spende verlangt.«

Als am Nachmittag ein Mann in abgeschabter Lederjacke, verwaschenem Försterhemd, der Leiter des »Rennsteigprojekts«, im Bürgerbüro vorbeischaut, gibt ihm Werner Ulbrich die Bewerbungsakte der Frau seines Schulfreundes. Sie hätte schon in der »Grünen Heimat« gearbeitet. Vielleicht könnte man sie als Bereichsleiterin in Oberhof oder Schmalkalden einsetzen.

»Ich würde gern helfen.«

Almuth Beck kann keiner mehr helfen. Niemand bezweifelt, daß ihr am 29. April 1999 der Landtag mit den Mehrheiten von CDU und SPD wegen »wissentlicher IM-Tätigkeit für das MfS« das Abgeordneten-Mandat entzieht.

Alle wichtigen deutschen Fernsehstationen richten im Plenarsaal ihre Kamera auf die PDS-Abgeordnete.

Aus dem Bericht des Gremiums zur Überprüfung der Abgeordneten: »Aufgrund der Tätigkeit von Frau Abgeordneten Beck über einen Zeitraum von über zehn Jahren« (von 1968 bis 1980) »als inoffizielle Mitarbeiterin, in dem sie 48 Berichte dem MfS geliefert und an 28 sogenannten Treffs teilgenommen hat, kann nicht bezweifelt werden, daß Frau Abgeordnete Beck ›nachhaltig‹ für das MfS tätig geworden ist …

Die Tatsache einer Zusammenarbeit als solche wird von Frau Abgeordneten Beck auch gar nicht bestritten … Allerdings mit der wesentlichen Einschränkung, daß es sich nach ihrer Auffassung insoweit immer um eine dienstliche Zusammenarbeit aufgrund ihrer Funktion als Kaderreferentin in der Abteilung Volksbildung des Rates des Kreises Sonneberg gehandelt habe.«

Zitiert wird auch ein Artikel Almuth Becks: »Als Mitarbeiterin im Staatsapparat war ich zu dieser Haltung verpflichtet, aber meine Einstellung entsprang nicht dieser Verpflichtung, sondern meiner Überzeugung … Inzwischen habe ich die Gesamtakte eingesehen … Nein, ein Ruhmesblatt ist es nicht, denn der Inhalt zeugt von einer sehr unkritischen Haltung gegenüber den Machtstrukturen der DDR. Und er zeigt, daß ich an dieser Machtausübung beteiligt war, zwar als Rädchen im Getriebe, aber ich war beteiligt. Jedoch ist auf all den Seiten nichts zu finden, was als Denunziation oder Anschwärzen eines Menschen zu deuten ist … Ich habe von Anfang an bei den Kandidatengesprächen und auf dem Wahlparteitag 1994 auf meine Zusammenarbeit mit dem MfS hingewiesen … denn es ist ein Stück von meinem Leben, das ich nicht umdeuten und verschweigen will … Mit Zerknirschung und Flehen um Gnade kann ich nicht dienen, aber mit sehr großer Nachdenklichkeit …« (»Unsere neue Zeitung« vom 1. Februar 1999.)

Heute wird abgestimmt, ob die Abgeordnete Beck ihr Mandat verliert, weil sie »als inoffizielle Mitarbeiterin mit dem MfS zusammengearbeitet hat und deshalb unwürdig ist, dem Landtag anzugehören«. Zuvor hatte Landtagspräsident Dr. Pietzsch verkündet: »Ich bin eben daran erinnert worden, daß ich feststellen wollte: Der Plenarsaal ist Handy-frei. Wer ein Handy klingeln läßt, wird des Plenarsaales verwiesen.«

Als Gabi Zimmer während der Aussprache den PDS-Spagat versucht, Almuth Becks Zusammenarbeit mit dem MfS einerseits nicht zu bagatellisieren und ihr Handeln nicht zur verteidigen, andererseits aber dem Landtag das Recht abzusprechen, persönliche Vergangenheit per »Zählmehrheit« zu rechtfertigen oder zu bestrafen, klingelt im Hohen Haus wirklich ein Handy.

Doch der Landtagspräsident verweist niemand aus dem Plenarsaal. Und auch Almuth Beck (die zuvor angekündigt hat, sich mit allen rechtlichen Möglichkeiten zur Wehr zu setzen) geht nach 67 Ja-Stimmen für den Mandatsentzug und 14 Nein-Stimmen ohne Präsidenten-Aufforderung aus dem Saal.

Allerdings nicht, wie die meisten das von der trotzigen Frau erwartet haben, mit einem langen Abgang durch den ganzen Raum. Sie geht von ihrer in der vorletzten Reihe stehenden Bank zur Hintertür hinaus in den Treppenflur der Besuchertribüne.

Dort sehe ich nur ein oder zwei Minuten später, von Rundfunkreportern und Fernsehkameras eskortiert, einen aufgeregten Mann, der mir schon aufgefallen war, als er, im weißen Trachtenanzug mit grünen Kordelschnüren und dicken Hornknöpfen, noch unruhig hin und her rutschend auf der Besuchertribüne saß. Vor Aufregung zitternd und hochrot im Gesicht, sieht er aus, als ob er sich auf Almuth Beck stürzen, sie schütteln oder würgen wolle. Er zeigt aber immer nur wieder mit dem Finger auf sie und schreit ihr die Worte ins Gesicht: »Sie haben Hunderttausende Menschen vernichtet, psychisch und physisch.« Die Angesprochene erstarrt einen Moment, versucht ihm zu sagen, daß man ruhig miteinander reden müßte. Er aber will gar kein Gespräch. Er hat dreizehn Jahre im Zuchthaus Bautzen gesessen. Seine Mutter sei aus Gram darüber gestorben. Ihm selbst habe man im Gefängnis den Schädel eingeschlagen …

Eine Szene vor laufenden Kameras. Er brüllt: »Ich habe Ihren Namen gelesen, ganz oben auf der Gehaltsliste der Stasi-Schweine … Ganz oben auf der Erfurter Stasi-Liste.«

Sie versucht zu widersprechen. Nie hätte sie auf einer Stasi-Gehaltsliste gestanden. »Außerdem gehörte Sonneberg nicht zur MfS-Bezirksverwaltung Erfurt, sondern zu Suhl! Es ist unmöglich.«

Ein PDS-Abgeordneter zieht die Beck zur Seite, weg von dem Mann und den Kameras.

In der Kantine sitzt, den Kopf in beide Hände gestützt, Vizepräsident Roland Hahnemann. »Als ich im letzten Sommer die Stasiakte das erstemal gelesen hatte, war ich wie andere in der PDS-Fraktion der Meinung: ›Almuth muß ihr Mandat möglichst schnell und möglichst leise zurückgeben.‹ Egal, ob wissentlich oder unwissentlich, egal, ob jemandem geschadet oder nicht. Jeder sollte die Stasivergangenheit, sich verteidigend oder entschuldigend, aufarbeiten. Überall sollte er das tun, nur nicht auf dem Schlachtfeld im Landtag, wo selbst ein Laubenpiepergesetz zur politischen Auseinandersetzung zwischen den Parteien mißbraucht wird.«

Aber Almuth Beck sei starrköpfig gewesen, und Gabi Zimmer könne keinem weh tun. Und Parteidisziplin sei bei wirklich diffizilen Problemen in der PDS ein Fremdwort.

Heute hat Roland Hahnemann nun gegen seine Auffassung vom letzten Sommer gestimmt. »Denn heute wurde nicht mehr über Schuld und Sühne der Almuth Beck entschieden, heute wurde zum erstenmal im Freistaat Thüringen (und einem ersten Mal folgt immer auch ein zweites und drittes Mal) die Frage beantwortet, ob ein Parlament das Recht hat, einen demokratisch gewählten Abgeordneten mit Mehrheitsbeschluß aus dem Parlament hinauszuschmeißen.

Sozusagen die kollektive Weisheit der moralisch integren Abgeordneten als selbsternannte letzte Instanz gegen die Unmoralität des einzelnen. Das ist ungesetzlich.«

Der Mann im weißen Trachtenanzug – Rainer Dietz, 58 Jahre alt, Mitglied des Vereins der »Opfer des Stalinismus« aus Kassel – läuft in der Kantine, immer noch erregt und mit hochrotem Kopf, von Tisch zu Tisch. An der Tür agitiert er

Landtagspräsident Pietzsch und faßt ihm beim Reden an den Schlips. »Die Abgeordneten haben sich ja nicht getraut, dieser Beck zu sagen, was sie wirklich wert ist. Aber ich habe es ihr gegeben! Ohne Pardon! ... Sie müssen das Fernsehen einschalten, heute um 19 Uhr MDR, da können Sie es sehen. Alle wissen jetzt Bescheid über diese rote Verbrecherin ...«

Auch dem Minister Trautvetter sagt er, daß er aufräumen wird mit den ehemaligen SED-Leuten. Das habe er heute auch mit Christian Köckert besprochen. Aber die »roten Schwarzen« wären nicht viel besser. Als Trautvetter gehen will, droht Dietz: »Ich habe schon Fotos von solchen roten Schwarzen gesehen, CDU-Abgeordnete dieses Landtages, in Kampfgruppenuniform, und ich habe Fotos ... wir werden alles aufdecken.«

Minister Trautvetter sagt beschwichtigend, daß auch er in der NVA gedient hat, aber eben nicht, wie die PDS, diese schreckliche Diktatur nachträglich rechtfertigt.

Um 13 Uhr eröffnet Präsident Pietzsch im Landtagsflur die Fotoausstellung »Wchod – Eingang«. Geraer Fotokünstler haben Frauen aus Petersburg porträtiert.

Als er von Petersburg spricht, erwähnt er, daß Josef Duchac, der erste Thüringer Nachwende-Ministerpräsident (CDU), später für die Adenauer-Stiftung in Petersburg gewirkt hat. Er wurde seinerzeit auch deshalb abgelöst, weil er als Clown-Alleinunterhalter regelmäßig in einem Stasi-Ferienheim aufgetreten war. Doch Duchac wurde nicht in die Wüste geschickt, sondern sein Nachfolger Vogel, damals noch Chef der Adenauer-Stiftung, verschaffte ihm sofort den gut bezahlten Auslandsposten ...

Ohne die Ausstellung zu besichtigen, drängelt, angeführt vom Suhler SPD-Landtagsabgeordneten Goedecke, eine Besuchergruppe von mindestens fünfzig älteren und jüngeren Leuten durch die Kantine zum kleinen Landtagsrestaurant. Dort ist für sie auf Einladung des Abgeordneten die Kaffeetafel schon gedeckt. Goedecke begrüßt die Mitglieder des Suhler VDK. Ich frage einen Mann, den ich noch als politischen Mitarbeiter der SED-Kreisleitung in Suhl in Erinnerung habe, was ich gegen die Wühlmäuse, die mir Kartoffeln, Möhren und Baumwurzeln wegfressen, tun kann. Das weiß er nicht, er wohnt immer noch im Neubaugebiet und hat keinen Garten.

Ich staune, weil er als aktiver Kleingärtner (der VDK war in der DDR der Verband der Kleingärtner) …

Er schüttelt den Kopf. VDK sei die Abkürzung für Verband der Kriegs- und Wehrdienstopfer, Behinderten und Sozialrentner …

»Du ein Kriegsopfer?«

Nicht er direkt, sagt er, aber sein Vater. »Und irgendwann muß doch jeder beginnen, sich mit der Diktatur in der DDR und dem Unrecht, das den Kriegsopfern angetan worden ist, auseinanderzusetzen.«

Die Sendung des MDR über den Auftritt des Rainer Dietz gegen Almuth Beck schaue ich mir zweimal an.

Um 19 Uhr im MDR-Thüringen-Journal Rainer Dietz: »Man kann nur sagen, da kommen sie daher, die roten Gestalten, und schämen sich gar nicht. Sie haben Hunderttausende Menschen vernichtet, psychisch und physisch.« Der Kommentator: »Die PDS-Abgeordnete reagierte gelassen und selbstbewußt wie immer.«

Und 19.30 Uhr in MDR-Aktuell: Originalton Dietz wie vorher. Der Kommentator: »Die PDS-Abgeordnete reagierte gelassen oder dreist, je nach Sichtweise.«

Drumherum (6)

Das letzte Erfurter Eishockeymatch in dieser Saison. Eine lange Schlange am Eingang zum Eisstadion. Junge Ordner in roten Jacken tasten die Besucher auf Schnapsflaschen ab. Meine Taschen überprüft keiner – schützt Alter etwa vor dem Verdacht der Trunksucht?

Kalt ist es drinnen, und noch bevor das Spiel begonnen hat, kämpfen Hallensprecher, Discomusik, Buschtrommler, Trompeter, Kuhglockenbimmler und Sprechgesängler gegeneinander. Den lautstärksten Chor leitet immer der Hallensprecher, wenn er die Trikot-Nummer eines Spielers nennt und die Fans (unter ihnen sehr viele junge Frauen) frenetisch den Namen des Spielers schreien. (Für mich klingen sie alle wie Dubček, Hašek oder Smetana.)

In der Stadionkurve ist der Zugang der Gaststätte »Zur Strafbank« wie vor einer gefährlichen Baugrube mit einem rot-weißen Folienband versperrt. Die Ordner kontrollieren sorgfältig die VIP-Ausweise, ich gelange mit Presseausweis hinter die Abgrenzung. Doch im VIP-Bereich sieht man weniger als auf der Buschtrommler-Trompeten-Kuhglocken-Tribüne. Man steht hinter einer fingerverschmierten Plexiglasscheibe in der Kurve auf gleicher Höhe mit der Eisfläche.

Ein kleiner Mann, der wie seine Nachbarn bei jedem Tor der Erfurter leidenschaftlich mit bloßen Händen gegen die Plexiglasscheibe schlägt (sie wird deshalb immer undurchsichtiger), sagt mir, daß einige der Anwesenden – und er deutet hinter sich zur Tür der Gaststätte – nichts vom Spiel sehen, sondern nur selbst gesehen werden möchten. Der Mann muß es wissen, er hat bis 1977 für Erfurt – damals noch im Freien – Eishockey gespielt. Sein Name ist Meiß, er war Verteidiger.

Als in der DDR nur noch zwei Mannschaften, die von Dynamo Berlin und Dynamo Weißwasser, jährlich um den DDR-Meistertitel kämpfen und das Land international vertreten durften, wechselte er zum Fußball. (Nachdem man im DTSB ausgerechnet hatte, was eine Olympiamedaille kostet, wurde Eishockey wie die meisten Mannschaftssportarten zugunsten effektiverer Einzelsportarten wie Eiskunstlauf oder Eisschnelllauf »eingefroren«.)

Ich frage ihn nach der inzwischen geöffneten Gaststätte, in die auch nur VIP-Mitglieder hinein dürfen. Bier, Schnaps, Wein, belegte Brötchen, Schnitzel, Buletten, Kuchen, Kaffee – alles kostenlos. Der ehemalige Verteidiger (»Ich darf aus alter Verbundenheit hier in der Kurve stehen.«) sagt, daß er erst nach dem Spiel, dann, wenn wieder jeder seins bezahlen muß, in die Gaststätte geht. Das sei DDR-Mentalität, die er nicht ablegen könnte. »Auch wenn ich weiß, daß ich mit diesen Prinzipien heute nicht mehr weit komme.« Er ist Sportlehrer an einem Sportgymnasium.

In der Pause nach dem ersten Drittel herrscht solch ein Ansturm auf die »Strafbank«, daß ich mich nicht noch dazwischen dränge. Mit 500 DM für zwei Personen ist man als VIP-Privilegierter für eine Saison dabei. »Wenn ich sehe, wie die am Büfett und an der Theke zuschlagen, haben sie wahrscheinlich schon nach fünf Veranstaltungen ihr eingezahltes Geld abgefressen und abgesoffen«, sagt der Verteidiger.

Auch als die Recken draußen schon wieder kämpfen, leert sich die »Strafbank« nicht. Heiko Gentzel sitzt diskutierend und Bier trinkend am Tisch. Er kennt die meisten. Politiker, Bauunternehmer, Geschäftsleiter, Gastwirte, Chefs von Planungsbüros, Hotelbesitzer ... Ein Immobilienhändler beklagt lauthals, daß der Erfurter Oberbürgermeister heute nicht erschienen ist. Er muß ihn dringend wegen einer größeren Renovierungsförderung sprechen. Auf einen Termin im OB-Büro müßte er wochenlang warten, und hier hätte er alles in Nullkommanichts beim Bier geregelt ... Draußen blasen die Trompeten den Triumphmarsch aus »Aida« ... Einer von Hoch- und Tiefbau verhandelt inzwischen mit einem stellvertretenden Bürgermeister wegen eines Auftrages ... Heiko Gentzel sagt, ich müßte mich über die Rituale in diesem Raum nicht wundern. Ich sollte mich mal an die DDR-Kneipengespräche erinnern. »Gibst du mir Fliesen, besorge ich dir eine Tiefkühltruhe ... Hast du Zement für mich, kriegst du Dachrinnen von mir. Nur, daß es sich hier und heute um größere Leute und größere Beträge handelt.«

Ich frage einen Investor, der sich gerade bei einem Erfurter Stadtrat über Bauplätze am Hirschgarten erkundigt, wie das Spiel steht. Er weiß es nicht.

Das Spiel endet 5:2 für Erfurt. Und weil es das letzte in der Saison ist, werfen die Spieler Blumen in das Publikum. In der VIP-Kurve regnet es Rosen, und einer, der bisher nur auf der »Strafbank« an der Theke gesessen hat, stürzt sich nun in den Kampf und bringt einer schönen Frau, die während des Spiels still an einem der Tische saß, eine rote Rose.

Schlagzeilen Mai 1999

Die Fast-food-Kette »Burger King« wirbt in einem 30000mal herausgegebenen Faltblatt zur Erfurter Kneipennacht mit dem Buchenwalder KZ-Spruch »Jedem das Seine« für ihre Party-Buletten.

Dewes bezeichnet in einem Interview die PDS als Partei des Übergangs und der Wendeverlierer. »Wir brauchen keine Partei links von der SPD.«

Die Durchschnittskaufkraft steigt in Thüringen auf 72,87 Prozent des Westniveaus.

In Aschara wird die erste vegetarische Thüringer Bratwurst (zur Hälfte aus Thüringer Kartoffeln) erfolgreich vermarktet.

Der Schleusinger Bürgermeister Klaus Brodtführer (CDU) schlägt vor, das »C« als nicht mehr zeitgemäß aus dem Parteinamen zu streichen.

Der Freistaat Thüringen ist mit 6533 DM pro Einwohner höher verschuldet als die alten Bundesländer.

Dagmar Schipanski unterliegt Johannes Rau bei der Wahl zum Bundespräsidenten mit 588 gegen 690 Stimmen. Vogel will sie nun bitten, die Thüringer CDU im Landtagswahlkampf aktiv zu unterstützen.

Die Einwohnerzahl Thüringens sinkt um 15312 auf knapp 2,5 Millionen.

Erfurts Oberbürgermeister Ruge bietet jedem Fernsehwetterberichts-Team, das Erfurt auf die Wetterkarte aufnimmt, ein kostenloses Wochenende in der Landeshauptstadt an.

Helmut Kohl spricht beim Wartburgtreffen der deutschen Burschenschaften vor den Vertretern von über 100 schlagenden studentischen Verbindungen: »Ja zur Ehre, ja zur Freiheit, ja zum Vaterland …«

Endlich sonniger Frühling, aber in der Landtagskantine jammert eine grell geschminkte Clownsfigur mit Fellmütze, dikker roter Pappnase und abgetragenem Mantel: »Draußen ist es kalt! Bitte, bitte, schicken Sie mich nicht weg.«

Erst hatte das Publikum über die Frau gelacht, als sie unbeholfen lächelnd durch den Speisesaal tappte und rief: »Oh, ist das schön ruhig hier im Präsidentenpalast.« Aber dann rührte sich keine Hand mehr zum Beifall, denn: »Gehen Sie um Himmels willen nicht nach draußen, wo es Mord gibt und Totschlag, wo es hier so gut riecht.« Und ohne daß die Worte »Kosovo« oder »Krieg« gefallen sind, erscheinen drei Wachleute und stellen die Ordnung im Landtag wieder her, indem sie die Erfurter Schauspielerin hinausschmeißen.

In diesem Frühjahr blühen die kleinen Huflattichsonnen auf allen Schutthalden, wie ich sie noch nie blühen sah. Der Löwenzahn überschwemmt die Wiesen, als ob Flugzeuge gelbe Farbbomben abgeworfen hätten. Und sogar zwischen den toten Gleisen des Eichsfelder Bahnhofes in Leinefelde leuchten gelbe Rapsblüten.

Willibald Böck hat mich eingeladen, ihn im Wahlkreis zu besuchen.

Der ehemalige Eichsfelder Dorfschullehrer und Dorfbürgermeister war im August 1990 nach seiner Volkstribunrede so überraschend zum Thüringer CDU-Vorsitzenden gewählt und damit zum ersten Ministerpräsidentenkandidaten nominiert worden, daß die Befürworter von Josef Duchac (allen voran Christine Lieberknecht) in einem eilig einberufenen Gremium die Wahl kippen mußten, um doch noch Duchac auf den Thron hieven zu können. Daraufhin machte Josef Duchac – der ehemalige technische Direktor des Gummiwerkes in Waltershausen – Willibald Böck zum Innenminister seiner Regierung. Aber wegen einer undurchsichtigen Parteispendengeschichte (in einem Leinensäckchen soll er Bargeld für die CDU gegen Konzessionen für Autobahnraststätten getauscht haben) mußte Willibald Böck schon nach zwei Amtsjahren zurücktreten.

Im Büro sitzt Bürgermeister Gisbert aus Stöckey. Er leitet die Frauenfußballmannschaft, die zur Zeit in ihrer Klasse, in der sonst nur Hessen spielen, an erster Stelle liegt und damit bewiesen hat, daß sie nicht aus »Honeckers Weicheiern« besteht.

Willibald Böck verspricht, Geld für neue Trikots zu besorgen. Außerdem wäre es gut, sagt der CDU-Bürgermeister, wenn möglichst noch vor der Kommunalwahl im Kindergarten neue Fenster eingebaut würden.

Böck will mit dem Staatssekretär reden.

Obendrein benötigt Bürgermeister Gisbert dringend Geld für die Straßensanierung und schimpft: »Millionen werden für diese zugewanderten Russen, die wie die Heuschrecken nach Deutschland kommen, rausgeschmissen, damit sie die deutsche Sprache lernen. Aber für uns reicht's nicht für Schlaglöcher.«

Als wir allein sind, erzählt mir Willibald Böck, daß er mit Arno Herzberg, dem Eichsfelder Unternehmer, der seinerzeit, ohne Englisch zu sprechen, zur Weltbank in die USA geflogen war, neue Projekte entwickelt. Beispielsweise wollen sie in Tschernobyl mit Hilfe der Weltbank anstelle von Gemüse in großem Stil Energiepflanzen anbauen.

»Arbeit für die Ukrainer und den Boden gleichzeitig entaktivieren. Unsereiner muß den gut bezahlten Herren der TAF« (Thüringer Außenwirtschaftsfördergesellschaft) »erst vormachen, was man tun kann …« Nur bedächtig dürfte man nicht sein. »Sonst ist die Krähe tot, bevor die Geschäfte mit der Ukraine unterschrieben sind.« Er will mich zur nächsten Reise nach Tschernobyl mitnehmen.

Vorerst reise ich mit ihm durchs Eichsfeld. Willibald Böck zeigt mir neue Betriebe, an deren Förderung er »einen gehörigen Anteil hat«. Am meisten aber schwärmt er von den Straßen. Fast jedesmal, wenn wir abbiegen, sagt er: »Das ist eine Fiege-Straße.« Oder: »Die hat Fiege gebaut.«

Karl-Martin Fiege war früher Meister an der Betonmischanlage. »Schon zu Zonen-Zeiten hat er sich mit einem kleinen Bagger als Tiefbaubetrieb selbständig gemacht. Und als die Grenze auf war und die Westdeutschen kamen und unsere schlechten Straßen sahen, sagten sie: ›Wir schenken euch eine Straße!‹ Da wurde der Fiege Subunternehmer für Straßenbau. Nach der geschenkten Straße brauchte er nur noch ein ordentliches Vorzeigeprojekt und hat mit seinen Leuten sonnabends und sonntags und nachts die Rollbahnen des Erfurter Flughafens erneuert.« Inzwischen beschäftigt er 500 Leute, das größte Thüringer Tiefbauunternehmen. »Das katholische Eichsfeld, endlich befreit von der Zonen-Diktatur, auf dem Weg zu einer Wirtschaftsmacht in Deutschland, einer Wirtschaftsmacht wie das katholische Bayern.«

Aber noch gibt es »kleinere Probleme« in der Region. Eines davon verhandelt Willibald Böck in dem wie eine blaue Oase im Grünen stehenden Haus des Eichsfelder Wasserzweckverbandes. In Zwinge soll die Ortsdurchfahrt erneuert werden. »Wenn die Straße aufgegraben wird, zerfallen 50 Zentimeter darunter alle Abwasserleitungen. Also muß man Abwasserleitungen und Straßendecke gleichzeitig erneuern.« Doch es gibt zur Zeit nur noch Fördergelder für den Straßenbau. Die Abwasserfördergelder vom Umweltministerium sind ausgeschöpft. Vom roten Dewes oder seinem Staatssekretär würde er, der schwarze Erzfeind Böck, wahrscheinlich keinen Pfennig vom Zinshilfsprogramm des Innenministeriums bekommen.

»Denn, wer noch Geld hat, hat noch Macht. Allerdings vergessen diese Armleuchter, daß man sich im Leben immer mehrmals trifft.« Damit auch ich es verstehe: Keiner sollte glauben, daß der Bundestag oder der Landtag die Macht im Staat hat. »Die Macht besitzen die Ministerien, die das Geld verwalten und verteilen.«

Und er rät dem Chef des Eichsfelder Wasserzweckverbandes, daß wegen der Straße in Zwinge Druck von außen gemacht werden müßte. »Am besten wäre ein Vororttermin mit dem Chef vom Straßenbauamt. Der soll beweisen, daß Straße und Abwasserkanal nur gemeinsam zu sanieren sind. Und ladet ein paar Pressefuzzis ein. Aber keine Mäuschen, die man in den Skat drücken kann. Also ein paar anständige Pressefuzzis und Brötchen auf dem Tisch …«

Zum Mittagessen fahren wir in Böcks Wohnhaus nach Bernterode. Rotbuche und Ahorn stehen davor. Eine Illustrierte schrieb vom »Böckingham-Palast«. Wir gehen spornstreichs in die Küche. Nichts ist säuberlich weggeräumt, die Küche sieht nach Küche aus. Frau Böck hat das Sonntagsessen aufgewärmt, und Willibald verteilt als Chef die frisch gekochten Kartoffeln und den übriggebliebenen Gulasch (»ich koche ihn mit viel Knoblauch«). Der Rest Spargel reicht nicht für alle. Er teilt den Kindern zwei Stangen zu und mir fünf. Gibt noch einmal Kartoffeln aus und erzählt dabei, wie er als Minister in der Türkei … »Ich mußte dort mit Banken wegen Bausparverträgen für Türken, die in Deutschland arbeiten, verhandeln. Auf dem Flugplatz Empfang durch den Ministerpräsidenten … Möchte jemand noch den letzten Löffel Gulasch, sonst nehm ich ihn mir … Vor dem Ministerpräsidenten eine Schlange Untergebener, die ihm mit Wangenkuß huldigten … Gibt's noch Kartoffeln? … Kaffee können wir im Garten trinken. Es ist noch Erdbeertorte von gestern übrig.«

Bei der Fahrt durch das Dorf hält er an einer aufgegrabenen Straße und klopft einem freundlich grüßenden Mann auf die Schulter. »Hansi, die Lottomittel für die Jahresfeier habe ich so gut wie in der Tasche.« Hansi, heute Bürgermeister, war zu »Zonen-Zeiten« sein Gemeindearbeiter.

Die Zonen-Zeiten von CDU-Bürgermeister Willibald Böck

in Bernterode: »Wir besaßen damals eine Menge Raritäten, von denen die anderen Dörfer nur träumen konnten.« Beispielsweise Zement. Das staatlich limitierte und auch mit Beziehungen nur sackweise vergebene Baumaterial verteilte Bürgermeister Willibald Böck in Bernterode auf fast kommunistische Art.

»Ich ließ im Dorf ein Zementsilo aufstellen und schaffte es, daß wir von der Zementfabrik direkt beliefert wurden. Wer im Dorf Zement brauchte, fuhr mit der Schubkarre zum Silo und sackte sich Zement ab, ging aufs Amt und bezahlte. War das Silo leer, besorgte ich neuen.«

Außerdem hat er für die Zahnarztpraxis mit Hilfe der Medizinischen Akademie einen der nur über Sonderkontingent an zentrale Kliniken verteilten Zahnarztstühle mit schmerzarmem Turbobohrer organisiert. Für die Bauvorhaben T-Träger direkt aus Unterwellenborn und einen Zug mit Dachziegeln …

Das mit dem Zement, den Dachziegeln und der Zahnarzttechnik hätte wahrscheinlich nicht einmal der erste Sekretär der SED-Kreisleitung vom Eichsfeld oder der Vorsitzende vom Rat des Kreises geschafft, denke ich und frage: »Wie konnte das ein gegen die SED und den Sozialismus aufmuckender kleiner oppositioneller Dorfbürgermeister an Partei- und Staatswohlwollen vorbei organisieren?«

Willibald Böck meint, daß die Obrigkeit ihn gegen ihren Willen als Bürgermeister einsetzen mußte, weil sie in Bernterode ihre systemtreuen Kandidaten nicht durchbekam. Sie konnten ihn als Systemgegner aber auch nicht einsperren, denn wer hätte dann die Frau mit den fünf Kindern ernährt?

Willibald Böck wurde mit einer Sowjetunionreise im Freundschaftszug für vorbildliche Werktätige ausgezeichnet. Und zur Wahl 1989 beschlossen die Bernteroder (von Bürgermeister Böck unterschrieben), »die Kommunalwahlen zu einem politischen und gesellschaftlichen Höhepunkt im 40. Jahr der Existenz unseres Arbeiter- und Bauernstaates« zu machen … und daß »die Maßstäbe, die der XI. Parteitag der SED gesetzt hat … auch in unserem Ort mit aller Kraft verwirklicht werden. … Die Zielstellung ist eine Wahlbeteiligung von nahezu 100% bis 12 Uhr.«

Am Nachmittag fahren wir im strömenden Regen nach Weimar. Willibald Böck wird dort als erster Thüringer Innenminister nach der Wende in der Ernst-Busse-Straße sprechen. Ernst Busse (KPD-SED) war nach dem Krieg der erste Thüringer Innenminister und wurde 1952 in der Sowjetunion umgebracht. »Monolog zweier Innenminister« steht als Haupttitel über der Veranstaltung. Es ist eine von 99 Veranstaltungen, mit denen vom 1. April bis 8. Juli jeweils um 18.08 Uhr auf Straßen und Plätzen an bedeutende und weniger bedeutende Gestalten der Weimarer Geschichte erinnert werden soll. Eine Privatinitiative als Parallelaktion zum öffentlichen Kunstbetrieb im Kulturstadtjahr. Willibald Böck kennt einen der fünf Initiatoren sehr gut, Helmut Roewer, Chef des Thüringer Amtes für Verfassungsschutz …

Irgendwo vor Erfurt schaltet er im Auto einen sogenannten Navigator ein, nennt dem die »Ernst-Busse-Straße« und »Weimar«. Aber der Navigator antwortet nicht. Als Willibald Böck immer wieder den Straßennamen und den Ort eintippt, sagt ihm der Navigator an der Erfurter Autobahnauffahrt endlich, daß wir nach rechts in Richtung Hessen fahren müssen.

»Ein Wessi«, sagt Böck, »kennt sich hier nicht aus.« Und schaltet ihn ab.

Vor dem Ibis-Hotel in der Ernst-Busse-Straße (Großblock-Neubaugebiet) stehen an die fünfzig Leute mit Regenschirmen um einen Kleintransporter. Unter einem großen roten Schirm ein junger Mann mit Grinsegesicht und Bärtchen, Jeans und Jesuslatschen, abgetragener Kutte. Megaphon in der Hand. Böck sagt: »Das ist der Roewer.«

»Verkleidet?«

»Nein, der läuft immer so herum.«

Ich gucke ungläubiger als nach der Zement-Selbstbedienungs-Geschichte.

Roewer erzählt, daß er aus Vorsorge wegen seiner »Kunden« in Weimar ein paarmal erfolglos nach dem Kulturstadtprogramm gefragt hatte. »Und als im vergangenen Herbst immer noch nichts Genaueres zu erfahren war, haben wir beim Wein die Idee für unsere eigenen 99 Erinnerungsveranstaltungen gefunden.«

Mittlerweile ist es die 40. Alternativaktion. Ernsthafte Probleme hätte es nur gestern gegeben, als sie vor der Gedenktafel an der Gaststätte »Alt Weimar« Gedichte für Rudolf Steiner vorlasen. »Den Strom für die Lautsprecher erhielten wir, natürlich gegen Bezahlung, aus der Gaststätte, in der Steiner vor der Jahrhundertwende gewohnt hatte. Als wir dazu ›Also sprach Zarathustra‹ von Richard Strauß – das zur gleichen Zeit am selben Ort entstand – einspielten, erschien die Chefin des Hauses und protestierte wütend: ›Ich dulde keine kommunistischen Umtriebe vor meinem Haus.‹«

So schnell wird aus dem Chef des Thüringer Verfassungsschutzes ein Kommunist.

Willibald Böck referiert unter dem roten Regenschirm über Ernst Busse, Sohn eines Solinger Messerschleifers, KPD-Mitglied, 1937 bis 1945 Häftling in Buchenwald, Barackenchef im Seuchenblock. Er soll seine Genossen gerettet haben, indem er an ihrer Stelle andere auf die Todeslisten setzte …

»Nach 1945 wurde der Antifaschist Ernst Busse ein Vollstrecker der neuen Macht und fühlte sich bei all seinen Handlungen im Recht, denn Menschen, die im Faschismus persönliches Unrecht erlitten hatten, waren im neuen System, selbst wenn sie nun selbst Unrechtes taten, automatisch im Recht. Wie alle Sieger.«

Bevor wir nach Erfurt zurückfahren, bitte ich Thüringens Verfassungsschutz-Chef, mir über die rechten Parteien, die sich in Thüringen zur Wahl stellen, Informationen zu geben. Ich solle ihn in seinem Amt besuchen, nach Voranmeldung, sonst käme ich nicht hinein.

Abendessen und Wein beim Italiener in Erfurt.

Willibald Böck erzählt von Besuchen im Bundeskanzleramt. Daß er manchmal bis spät nachts auf Kohl gewartet hat. »Und dann kommt der um 24 Uhr, müde vom Regieren, in Strickjacke und Hauslatschen … In Strickjacke und Hauslatschen! Das muß nicht immer gut sein. Denn wer die Mächtigen in ihrer Schwäche sieht, ist selbst in Gefahr.«

Ministerpräsident Bernhard Vogel hat er noch nicht in Hauslatschen gesehen. Er bedauert ihn, »weil er immer mit seiner Maske herumlaufen muß. Ich weiß nicht, wie der aussieht, wenn er nur noch Mensch ist.«

Das könnte ich getrost aufschreiben, denn »ein Willibald Böck muß nicht bei Herrn Vogel oder dem Parteivorstand um gut Wetter bitten. Ich kann mir meine große Klappe erlauben. Fast die Hälfte der Thüringer CDU-Mitglieder wohnen im Eichsfeld. Sie können mich auf den letzten Parteilistenplatz setzen – ich werde trotzdem gewählt.« Er sei unabhängiger als beispielsweise der »Aufmucker Michael Heym«, den man wegen seiner Worte gegen Vogel auf den 44. Platz gesetzt hätte, dafür Wolfgang Wehner, der die »Altlast Ulbrich« kaltstellte, zur Belohnung auf Platz 27. »Politik ist ein Scheißspiel – aber Spaß macht's trotzdem.« Darauf bestellt er uns noch einen Rotwein.

Ich fahre mit dem letzten Zug nach Hause. Weil ich meine Bahncard automatisch durch Abbuchung für ein Jahr verlängern ließ, schenkt mir die Bahn für ein Jahr wöchentlich die »Super Illu«. Am 12. Mai prangt fett auf der Titelseite die Überschrift: »Alte DDR-Kader? Weg mit den Verbrechern!« Und auf Seite 24 der Bericht dazu. »DDR-Opfer« (Rainer Dietz) klagt »gegen DDR-Kader« (Almuth Beck): »Ihr Verbrecher habt die DDR zur Räuberhöhle gemacht.«

Drei Tage später erhält Almuth Beck einen handgeschriebenen Brief von Rainer Dietz. »Wie bereits mit Fax vom 12. 05. mitgeteilt, distanziere ich mich von dem Wort Verbrecher in Richtung PDS in … der ›Super-Illu‹ … haben mich die ›roten‹ Gestalten im schwarzen Gewand wieder einmal … politisch mißbraucht zur eigenen Profilierung. Denn im Gespräch vor dem Auftritt mit Ihnen im Landtag – in der CDU-Fraktion – als auch im Vorfeld warf man den ›Köder‹ Hilfestellung/620 DM aus, mit dem Versprechen, daß ich … Bescheid bekomme, ob ich diese ›Hilfestellung‹ des Dazuverdienens zu meiner EU-Rente bekomme. Bis zum heutigen Tag jedoch keine Resonanz. Wieder einmal mißbraucht und verarscht.«

Beigelegt ist mit Kopfbogen der CDU-Fraktion im Thüringer Landtag ein Brief von Fraktionschef Christian Köckert. »Treffen am kommenden Donnerstag, den 29. 04. …« (das war der Tag der Landtagssitzung) »Lade ich Sie ein zu einem Informationsgespräch mit unserem Fraktionsbeauftragten für Fragen der Opfer von stalinistischer und kommunistischer Gewaltherrschaft …« Rainer Dietz hat mit der Hand darauf geschrieben: »Hoffnung war mein Wanderstab.«

SPD-Fraktionsgeschäftsführer Heiko Gentzel hat einen ähnlichen Brief von Rainer Dietz erhalten.

»Aber ich werde ihn im Wahlkampf nicht gegen meinen Eisenacher CDU-Konkurrenten Christian Köckert benutzen. Das ist mir zu schmutzig.«

In seinem Büro hängen die lustigen Dinge der Politik und des Lebens an der Wand oder stehen in einer Glasvitrine.

»Erichs Rache«-Kräuterschnaps. Die Dauerkarte für die Eisenacher Handballspiele. Kochbücher. Eine Uhr. »Die habe ich der Frau Ministerin Lieberknecht im Suff geklaut.« (Unbeantwortet bleibt meine Frage, wer besoffen war.) Eine lebensgroße Fußballerpappmachéfigur mit Erfurter rot-weißem Fan-Schal. Eine »Auch du machst die Küche sauber, Genosse«-Karte. Autogramm mit einer Original-Blüm-Zeichnung. Plakate vom Erfurter Kneipenfestival. Ein großes Foto: John F. Kennedy blickt träumend über den River …

»Das ist so ungefähr mein Leben.«

Bevor wir nach Eisenach fahren, sagt er seinem Mitarbeiter,

daß die Gothaer Parteikollegen »gefälligst Mund und Arsch zusammenkneifen und – auch wenn's ein paar Stimmen kostet – nichts vom Spielkasino in Gotha faseln sollen«. Über den endgültigen Standort des einzigen Thüringer Spielkasinos werde erst nach der Landtagswahl entschieden.

Im Auto hängt auf einem Bügel ein frisches Hemd. Probleme mit der Kleiderordnung hätte er nach neun Jahren im Hohen Haus keine mehr. »Ich laufe auch wieder mit aufgekrempelten Hemdsärmeln herum.«

Sagt es und schnipst an den Hosenträgern, die seine unter dem Bauch geknöpften Jeans in der nötigen Höhe halten. Er ist mit den meisten Leuten zum »Du« zurückgekehrt. »Schließlich bin ich mal mit 10000 Autobauern in Eisenach per ›du‹ gewesen.« Den Bundeskanzler redet allerdings auch Heiko Gentzel mit »Sie« an.

Die Eisenacher SPD sitzt im traditionsreichen »Goldenen Löwen«. Heiko Gentzel meint stolz: »Hier wurde 1800 plus Bratkartoffel die SPD gegründet.« Genauer gesagt 1869. Aber nicht hier gegründet, denn im »Goldenen Löwen« wurde der Gründungskongreß zwar eröffnet, aber tags darauf versammelten sich die Delegierten, um Störungen durch die Lassalleaner zu verhindern, im Hotel »Zum Mohren«.

Im Eröffnungssaal steht an der Stirnwand das Bebel-Wort: »Frieden soll an die Stelle des Krieges treten, gegenseitige Dienste und Sympathien an die Stelle streitenden Eigenwillens und die Solidarität der Interessen an die Stelle der Selbstsucht.«

Unten im SPD-Büro hängt ein Plakat: »Soldaten aller Länder vereinigt Euch! Die Rüstungsgegner wollen Euch arbeitslos machen. Für sicheren Frieden und Abrüstung. VS.« In das Plakat ist ein runder Wahlanstecker mit Schröders Porträt und dem Spruch »Ich bin bereit« gepikt. Im Vorraum des Büros liegen stapelweise frisch gedruckte Wahlplakate mit, wie Heiko Gentzel sagt, Fotos von »unserem Ritschi«: Richard Dewes ist unter Wegweisern der noch nicht gebauten Autobahn nach

Suhl, Meiningen und Nordhausen zu sehen und fordert: »Neue Wege braucht das Land. SPD«.

»Im Wahlprogramm von 1994 stand, daß die SPD die Autobahn durch den Thüringer Wald ablehnt«, erinnere ich mich.

»Aber inzwischen will die Mehrheit der Thüringer die Autobahn.« Gentzel grient und sagt: »Die SPD ist manchmal wie Kolumbus: Wenn sie losfährt, weiß sie nicht, wohin sie fährt. Und wenn sie angekommen ist, weiß sie nicht, wo sie angekommen ist.«

Heute hat Heiko Gentzel ein volles Tagesprogramm. Treffen mit den Mitgliedern des Technischen Hilfswerkes in Eisenach. Danach Ortsbegehung in Stockhausen und schließlich Beratung mit der Freiwilligen Feuerwehr in Hötzelsroda …

Das Technische Hilfswerk (THW) befindet sich auf ehemaligem NVA-Gelände, für das es Restitutionsansprüche gibt. Und so sehen die Gebäude auch aus.

Der Staatssekretär überreicht mit Grüßen von Richard Dewes einen 3500 DM-Lottomittelbescheid. Foto für die Presse. Die Chefin des THW von Sachsen, Sachsen-Anhalt und Thüringen übergibt einen Wimpel an den Staatssekretär. Foto für die Presse.

Danach zeichnet sie Ingo von Wurm für 25 Jahre THW-Mitgliedschaft aus. 25 Jahre? Wahrscheinlich werden die Jahre des Katastrophenschutzes und anderer Bereiche der DDR-Zivilverteidigung angerechnet, denke ich.

Nein, sagt mir die Chefin, Kamerad Ingo von Wurm kommt aus den alten Bundesländern. Wie sie auch. Sie hat zuvor im Bundesinnenministerium als Einzelentscheiderin für Asylbewerber, Bereich Türkei, gearbeitet. Dann ist die höhere Stelle beim THW frei geworden, und obwohl sie, wie sie sagt, zwei linke Daumen hat, leitet sie nun mit Freuden das Technische Hilfswerk der drei neuen Bundesländer.

Nur einer, der in der DDR bei allen Überschwemmungen draußen gewesen ist, mault, daß er lernen mußte, wie Sandsäcke nach der westlichen THW-Norm zu füllen sind …

Besichtigung des neuen Werks des traditionellen Thüringer FER-Fahrzeugelektronikunternehmens in Stockhausen. Der Staatssekretär lobt und lobt und lobt. Ist begeistert über die 500 neuen Arbeitsplätze. Der Bürgermeister druckst. So ganz neu wären sie nicht, sagt er. Dafür hätte das Unternehmen u. a. Arbeiter in Ruhla und Brotterode entlassen.

Im Feuerwehrhäuschen von Hötzelsroda sind alle Tore und die Türen der Spinde geöffnet. Ordentlich liegen die Helme nebeneinander, die Uniformen hängen auf den Bügeln, und die Schuhe sind geputzt. An Toren und Wänden Plakate mit dem Porträt von Richard Dewes und sechs jungen Feuerwehrleuten, die begeistert den Spritzenschlauch in der Hand halten. »Auf dem Bild sieht das gut aus«, sagt der Hötzelsrodaer Feuerwehrchef. (Er trägt zwei Orden, den 10 Jahre jungen aus der neuen BRD und den 25 Jahre alten aus der DDR, an seiner Uniform.) »Aber in der Praxis ist das anders. Die kleinen Feuerwehrleute dürfen entsprechend dem BRD-Kinderschutzgesetz noch nicht an die Spritze. Nur Trockenübungen sind erlaubt.« Deshalb sei es um den Nachwuchs bei der Hötzelsrodaer Freiwilligen Feuerwehr schlecht bestellt. »Die Jungen gehen lieber zum Fußball, denn dort dürfen sie den Ball wirklich treten.«

Am späten Nachmittag versammeln sich die Eisenacher SPD-Vorstandsmitglieder im »Bebelsaal« zur letzten »Kampfberatung« vor der Kommunalwahl.

Lange Diskussion zu den 16 Wahlprogrammpunkten, mit denen die SPD ihre Position im Stadtparlament (bisher 24,7 Prozent und 9 Sitze) verbessern will. Das Wort »Mitgestaltungsmöglichkeit« sei ein bürgerunfreundliches Wortungetüm, protestiert eine junge Frau. Und 16 Programmpunkte wären zu viel, wer würde die alle lesen. Man beschließt, drei zu streichen.

Zum Schluß noch Beratung über die Wahlkampf-Werbemittel. Eis, rotes natürlich, würde man für 6 DM pro Kilo besorgen. Aber zum Eis-Ausgeben ist ein Gesundheitspaß erforderlich. »Eis fällt aus«, sagt Heiko Gentzel.

Man könnte noch rote Herzen verteilen. 100 Stück für 29 DM. Gegenvorschlag: Billiger sind rote Schweine zum Kauen, 400 Stück für 40 DM. Darüber läßt Heiko Gentzel nicht mehr abstimmen.

Bevor wir nach Erfurt zurückfahren, hält er am Rand der Stadt vor einem triumphbogenähnlichen Tor aus roten Backsteinen, auf dem Torbogen ein Stockwerk mit Fenstern.

»Da saßen die Mediziner. Und daneben bekam man den Betriebsausweis.«

Menschenleer das Tor.

»Kannst du dir vorstellen – etwa zehntausendmal, ich hab's nachgerechnet, zehntausendmal bin ich als Arbeiter durch dieses Tor gegangen.«

Nun also noch einmal. Vor einem großen Trümmerhaufen aus Betonteilen und Steinen – höllenlärmende Bagger greifen die Steine und zerschreddern sie – bleibt Gentzel stehen. »Das war einmal unsere Zentralwerkstatt, in der ich Gabelstapler repariert habe.«

Er verweilt nur wenige Minuten und geht dann sehr schnell weg.

Abends liest er die Post in seinem Büro und die aktuellen politischen Umfrageergebnisse. In der Beliebtheitsskala der Bundespolitiker ist Verteidigungsminister Scharping steil nach oben geschossen. Heiko Gentzel kommentiert: »Irgendwie pervers. Wird beliebter, weil er täglich die Siegesmeldungen der NATO – und ob die immer wahr sind, weiß man nicht genau – vorlesen darf.«

Zum Nachtessen nimmt er mich mit in das Abgeordnetenwohnheim (früher Internat der Sportschule). Wir setzen uns in der nichtöffentlichen Gaststätte zu Frieder Lippmann und Gerd Schuchardt. Witze, ein bißchen Politik (Schuchardt empört sich über das Verramschen von DDR-Kunst in der Ausstellung »Aufstieg und Fall der Moderne« in Weimar) und Streit zwischen Gentzel (Fan vom FC Rot-Weiß-Erfurt) und

Schuchardt (Fan vom FC Carl-Zeiss-Jena) über die Löhnung der Fußballer. Es sei eine Sauerei, daß Spieler der Regionalliga, die eigentlich Amateure sein sollten, mehr Geld als Landtagsabgeordnete kassieren würden.

Später fragt der Minister den Wirt, ob er ihm wieder ein paar Schuhe besohlen lassen kann. »Ich habe solche uralten Treter, in denen ich sehr bequem laufe. Es wäre schade, sie wegzuschmeißen.«

»Kein Problem, Herr Minister. Mir hat meine Frau in der DDR Tanzschuhe gekauft, die ziehe ich heute immer noch an. Die glänzen, sind haltbar und drücken nicht. Die Schuhe heutzutage dagegen … Bringen Sie Ihre ruhig mit, Herr Minister. Ist doch eine Sünde, was wegzuwerfen, was noch gut ist.«

Drumherum (7)

Inzwischen habe ich auf dem Weg zum Landtag den Spruch so oft gelesen, daß ich ihn auswendig kann.

»Über jeder Leistung
steht der schaffende Mensch.
Über jedem schaffenden Menschen
steht die Gemeinschaft.«

Ich weiß auch, daß die braune Schrift im Putz – ähnlich wie bei dem sozialistischen Wandbild an der Hautklinik – herausgeschabt oder hineingeritzt ist. Doch bei Dorn, dem Architekten, der den Spruch ausgesucht haben soll, klingele ich seit Monaten vergeblich. Erst Ende Mai öffnet mir ein älterer, aber faltenloser, braungebrannter Mann mit weißen Haaren und schwarzen Augenbrauen die Tür. Die Familie ist in diesen Tagen mit dem Wohnmobil aus Portugal zurückgekommen.

Die Ritztechnik, erzählt er, hat ihm 1953 ein Maler beim Wohnungsbau für die Maxhütte beigebracht. »Sgraffito – zuerst wird farbiger, beispielsweise brauner Putz untergelegt. Darüber heller Putz mit reichlich Kalk und wenig Zement, und dort hinein kratzt man die Figuren und Buchstaben, bis dunkle Konturen zu sehen sind.«

Und weshalb diesen Spruch?

»Ich wollte nichts Agitatorisches und habe in einem alten Buch mit Handwerkerweisheiten diesen Spruch gefunden. Er ist zeitlos. Wie die menschliche Gemeinschaft.«

Die Familie Dorn besaß schon in der DDR ein Wohnmobil. »Wir bekamen aus dem Sonderkontingent einen Wartburg-Kombi. Den haben wir umgebaut und eine Liege für die Tochter hineingestellt.«

Ihre Tochter ist, weil im ersten Lebensjahr durch eine falsche Impfung Gehirnzentren zerstört worden sind, gelähmt. Sie kann nicht reden. Nicht sehen. Nicht fühlen. »Heute ist sie 43 Jahre alt geworden. Meine Frau und ich haben ihr ein Licht angezündet und ihr ein Lied gesungen. Jedesmal hoffen wir, daß sie unsere Liebe spürt. Und manchmal ahnen wir auf ihrem Gesicht ein Lächeln.«

Sie fahren mit ihr jährlich für einige Monate in die warmen Gegenden. »Vielleicht spürt sie dort wenigstens das hellere Licht und die südliche Luft.«

Früher waren sie mit ihr in Ungarn, Rumänien und Bulgarien. »Aber wenn wir heute mit unserem komfortablen großen Wohnmobil nach Griechenland reisen, fahren wir nicht mehr durch Bulgarien oder Rumänien. Ich will dort nicht protzen, nicht den reichen Max rausstecken.«

Er geht mit mir auf den Balkon, der auf den gemeinsamen Hof zum Landtag weist. Ich hätte, sagt er, mit meiner Annahme, daß ihr Wohnblock und der Spruch zum Landtag gehören, nicht so falsch gelegen. »Unser Wohnblock sollte sich architektonisch dem Behördenhaus anpassen, deshalb wählte ich auch eine ähnlich strenge symmetrische Fensterfront.«

Inzwischen gibt es allerdings kaum noch Gemeinsamkeiten, sondern nur noch Grenzstreitigkeiten mit der Landtagsverwaltung. »Für unsere Mülltonnen mußten wir schon einen anderen Platz suchen. Früher, als es der Rat des Bezirkes war, hatten sie dort eine Art Hebebühne für ihre Autos. Selbstverständlich durften wir auch mit unserem Wohnmobil rauffahren, war ja alles Volkseigentum.«

Heute hat der Direktor des Landtages oder seine Beamten die Mülltonnen zentimetergenau hinter die Grenze stellen lassen. »Nun will man auch noch die Zufahrt zu unserem Hof, weil sie Landtagsterritorium berührt, verändern oder sperren. Wozu brauchen wir Gemeinschaft und gute Nachbarschaft, wenn es die alles regelnden Grenzsteine gibt?«

Die Landtagsfraktionen von CDU und SPD tragen seit Wochen mit allen Mitteln einen erbitterten Kampf gegeneinander aus. Es geht um das Schicksalsthema »Reiten oder nicht Reiten in Thüringens Wäldern?« Die Christdemokraten verlangen im Interesse der Waldbesitzer, daß nur noch auf vom Land ausgewiesenen und unterhaltenen Reiterwegen gegen ein Jahressalär von 50 DM geritten werden darf. Die SPD dagegen fordert »freies Reiten für freie Bürger auf allen befestigten Wegen im Wald«. Ihr agrarpolitischer Sprecher Klaus Mehle vermeldet es schließlich als Sieg, daß der zuständige Landtagsausschuß entgegen der Forderung der CDU und der »Waldeigentümerlobby« im Thüringer Waldgesetz das Reiten im Wald nicht einschränken wird. Was allerdings noch nicht das Ende dieses ritterlichen Turniers bedeutet, denn auf dem Kampfplatz Landtagssitzung sollen die Lanzen im Juni noch einmal ausgefahren werden …

Wie immer, wenn es mir oben im Landtag nicht besonders gutgeht, steige ich ohne amtliche Genehmigung hinunter in den Keller zur Werkstatt von Heinz, dem Tischler. Höre mir seine Geschichten aus der DDR an, wie er hier im Haus die Sauna aufgebaut hat und mit dem eingesparten Holz in Schwarzarbeit bei einigen Ratsmitgliedern … »Weil die Zeitungen nie über Verfehlungen der hohen Funktionäre schreiben durften, hatten Ratsmitglieder keine Angst vor Enthüllungen in der Presse. Nur davor, daß sie irgendeiner bei den höheren Parteiorganen verpetzt und sie abgelöst werden.«

Als er mir die Geschichte erzählen will, wie er bei einem Chef vom Rat des Bezirkes zu Hause die Fahne hissen mußte, sage ich, daß ich froh wäre, wenn wir uns einmal nach der Arbeit in der Kneipe oder bei ihm zu Hause unterhalten könnten.

Er nickt, und ich ahne noch nicht, daß dieses ausführliche Gespräch über die Erlebnisse des Tischlers Heinz nie zustande kommen wird.

Auch Regierungssprecher Hans Kaiser hat mir noch keinen Interviewtermin bei Ministerpräsident Vogel besorgt.

Jürgen Kochinke sagt, daß ich alle Interviews bis zur Landtagswahl vergessen könnte. »Jetzt reden die Abgeordneten nur noch ihr abgesegnetes Wahlprogramm-Parteichinesisch. Keiner will einen falschen Zungenschlag riskieren.« Warnendes Beispiel sei Claudia Nolte, die wegen ihrer vor der Bundestagswahl gemachten Äußerung über die geplante Erhöhung der Mehrwertsteuer zur politischen Bedeutungslosigkeit degradiert worden ist. »Auflehnen gegen die Fraktions- und Parteidisziplin ist während des Wahlkampfes politischer Selbstmord.« Und: »Was du seit Januar nicht erfahren hast, wirst du vor der Wahl erst recht nicht erfahren. Zumindest von keinem Abgeordneten, der wiedergewählt werden will.«

Es gäbe aber einen, der würde vielleicht reden, der hätte nach knapp zwei Jahren im Sommer 1996 sein Landtagsmandat zurückgegeben. Jochen Greiner-Well aus Lauscha.

Der 43jährige sieht wie ein großer Junge aus, lustig obendrein, denn der schwarze Schnauzer und die Brille sind mit weißen Farbpunkten bespritzt. Er malert seine Wohnung am Köpplein, dem traditionellen Wohnviertel der Lauschaer Glasbläserfamilien. Vorsorglich legt er sich eine alte Zeitung unter den Hintern, bevor er sich auf das »gute Sofa« setzt. Er sei ein typischer Ossi, sagt er. Malere als Hauptamtsleiter der Stadtverwaltung die Zimmer noch selber.

Bei Kaffee und von seiner Frau gebackenem Kuchen erzählt er knapp, wie das mit ihm und der Politik abgelaufen ist.

Allerdings könne er nicht mit einem Helden dienen.

»Als ich auf mein Landtagsmandat und die Diäten verzichtete, hatte ich zwar einige Parteiobere gegen mich aufgebracht, aber ich mußte nichts riskieren, ich konnte wieder in der Stadtverwaltung arbeiten.«

Auch in der DDR sei er kein Held gewesen. »Ich durfte nicht das studieren, was ich wollte – Musik. Und was ich durfte – Maschinenbau –, wollte ich nicht studieren. Allerdings war ich nicht, wie es heute manche auslegen würden, ein Widerstandskämpfer gegen das System, nein, ich konnte keine Noten lesen.«

Aber der Reihe nach. Zuerst Wintersport im Leistungszentrum. Dann Berufsausbildung mit Abitur zum Elektronikfacharbeiter und leidenschaftlicher Baßgitarrist bei der in Thüringen damals bekannten Rockband »Von Ohm«. 1976 Armee, und da hatte er Glück. »Ich wäre fast beim stasidurchsetzten Wachregiment ›Felix Dzierzyński‹ gelandet, dort hätte ich Musik machen können. Aber meine Verlobte besaß Westverwandte. Entweder Verlobung lösen oder keine Musik beim Wachregiment hieß es. Ich entlobte mich nicht.«

Später BMSR-Techniker im Glaswerk Ernstthal und im Röhrenwerk Neuhaus. Normales DDR-Leben, bis zum Oktober 1989.

»Ich saß wie erstarrt vor dem Fernseher und sah die Bilder über die Montagsdemos in Leipzig. Und ich dachte mir: Je mehr demonstrieren, um so weniger wird es die Führung wagen, mit Gewalt dagegen vorzugehen. Deshalb bin ich jeden Montag nach der Arbeit mit dem Auto von Lauscha nach Leipzig gefahren, habe demonstriert, bin nachts zurück und frühmorgens wieder zur Arbeit. Solange jedenfalls, bis man während der Demos verlangte: ›Deutschland einig Vaterland‹. Das ging über mein Vorstellungsvermögen.«

Weil der Großvater Glasbläser gewesen war und weil der damals 39jährige Jochen Greiner-Well Egon Bahr sehr mochte, gründete er den Lauschaer Ortsverband der SPD. »Das war Weihnachten 1989, wir saßen hier in der guten Stube.« Seitdem hat er sie nicht mehr gemalert, die gute Stube. Von den 52 SPD-Mitgliedern blieben 24.

Vier Jahre war er für die SPD zweiter hauptamtlicher Beigeordneter in der Stadtverwaltung von Lauscha, danach Landtagsabgeordneter in der SPD-Fraktion.

»Meine Gedanken nach der Wahl: Jetzt kannste mitreden. Doch schon meine erste Fahrt in die Landeshauptstadt war symbolisch: in Erfurt zu schnell gefahren und Strafzettel bekommen.« Er sei sehr blauäugig gewesen, wollte »als Arbeiterpartei lieber mit der PDS als mit den Schwarzen zusammengehen«.

Im Landtag hätte er weit hinten gesessen. Ein »Hinterbänkler«. »Dort konnte man auch, ohne daß es sofort auffiel, manchmal für einen sachlichen Vorschlag der PDS unter dem Tisch applaudieren. Ich wollte nicht gegen mein besseres Wissen, nur weil es die Fraktion verlangte, mit der CDU stimmen.«

Das Härteste sei die Sache mit einem Bildungsantrag der PDS gewesen. »Dieser Antrag war eigentlich ein SPD-Antrag. Das heißt, es waren unsere Vorstellungen, die wir in den Koalitionsverhandlungen leider nicht gegen die CDU hatten durchsetzen können. Nun sollten wir aus Fraktionsdisziplin gegen unsere eigenen Bildungsvorstellungen stimmen. In Heubach und Schnett hatten mir die Genossen, als ich Abgeordneter wurde, gesagt: ›Jochen, schau dich jeden Abend im Spiegel an und frage dich, ob du noch der alte bist.‹ An diesem Abend habe ich lieber nicht in den Spiegel geguckt.«

Er knüllt die Zeitung zusammen und steigt wieder auf die Malerleiter.

Auf dem außerordentlichen Wahlparteitag der Thüringer SPD im Konferenzsaal der Erfurter Messe sehe ich Jochen Greiner-Well nicht. Vielleicht, weil es anfangs so dunkel ist, daß ich sogar die Losung an der Stirnwand nur mühsam entziffern kann: »Mehr Arbeit. Mehr Sicherheit. Mehr Gerechtigkeit. SPD«. Das fehlende Licht scheint kein technisches Problem zu sein, denn trotz des mystischen Halbdunkels eröffnet der SPD-Landesgeschäftsführer Uwe Höhn den Parteitag planmäßig. »Liebe Genossinnen und liebe Genossen …«

Ich schrecke bei der Anrede auch deshalb zusammen, weil

im selben Moment irgendwo im Raum, wie Rauchschwaden bei Rockkonzerten, sinfonische Musik aufsteigt und sich mit gewaltigem Klange bis unter das Dach ausbreitet. Bachs Brandenburgische oder Wagnersche Götterdämmerung? Aber nach einigen Takten ähnelt die Musik den Einzugsklängen für Gladiator Henry Maske, wenn der im Bademantel in den Ring schreitet. Schließlich Jubelklänge. Beethovens Schicksalssinfonie? Scheinwerferspot auf die Saaltür. »Und nun, liebe Genossinnen und Genossen, begrüßen Sie unseren Landesvorsitzenden! Unseren Spitzenkandidaten zur Landtagswahl! Unseren Richard Dewes!«

Die Lampen der Fernsehteams leuchten auf. Der Gladiator, zwar nicht im Bademantel, aber mit kurzem Boxerraspel-Haarschnitt, betritt die Arena. Winkt in der Gangmitte. Dann vier Schritte nach vorn rechts. Händeschütteln. Wieder in die Mitte. Winken. Vier Schritte nach vorn links. Händeschütteln. In die Mitte. Winken ...

Genau mit dem letzten Takt der Musik erreicht er das Präsidium. Reckt beide Hände in Siegerpose. Das Saallicht flammt endlich auf. Ende der Götterdämmerung. War es Wagner?

MDR-Redakteur Martin Pollok, der sonst alles weiß, weiß nur, daß die Werbeagentur der SPD den Einmarsch, das Licht und die Musik gestern stundenlang probte ...

Dabei hatte morgens im Vestibül des Konferenzsaals alles noch normal begonnen. Heiko Gentzel ist mit seinem Listenplatz 11 zufrieden und erzählt Witze. Burkhard Stenzel, der Fraktionsmitarbeiter, rangiert zwar weit hinten, aber er will auf dem Parteitag trotzdem nicht um einen vorderen Listenplatz kämpfen, sondern hofft auf einen Sieg gegen seinen CDU-Direktkandidaten Dr. Dr. Heinrich Georg Dietz in Hildburghausen. Auch Landtagsvizepräsident Döring plaudert unbeschwert, denn die SPD hat ihn, anders als die PDS ihren Vizepräsidenten, unter den ersten 12 plaziert. Lediglich der wohlbeleibte ehemalige Ilmenauer Studentenpfarrer Andreas Enkelmann murrt über seinen Listenplatz 33 (bei der letzten

Landtagswahl zogen die ersten 27 in das Parlament), den er nur Dewes zu verdanken hätte.

Auch Rosemarie Bechthum schaut trotz eines guten Listenplatzes traurig drein. Sie muß in ihrem Erfurter Wahlbezirk gegen Ministerpräsident Vogel antreten, und der kann im Gegensatz zu ihr großzügig Spenden an die Vereine und Organisationen verteilen. Ich solle mal recherchieren, woher das Geld stammt, sagt sie.

Dewes, der dazukommt, meint, daß ich mir die Mühe sparen kann. »Niemand erfährt, wer für die CDU oder den ›Pro-Vogel-e.V.‹ Geld lockermacht. Oft sind es keine CDU-Mitglieder, sondern Unternehmer, die Fördergelder vom CDU-Wirtschaftsministerium erhalten haben und dafür ihren Dankesobolus an Vogels Wahlkampflobby entrichten.« Er werde auf dem Parteitag auch darüber sprechen.

Vor ihm redet der junge Thüringer Erfolgsunternehmer Karsten Schneider, der extra von Rügen eingeflogen worden ist und mitten in der Rede von Dewes wieder ausgeflogen wird. Er macht der SPD Hoffnung, daß sie ähnlich erfolgreich sein wird, wie er mit seiner Software-Firma »Intershop«, deren Aktien schon um ein Vielfaches gestiegen sind, und er zitiert Victor Hugo: »Nichts ist so mächtig wie eine Idee, deren Zeit gekommen ist.«

Dewes bestätigt es in seiner Rede. »Die Thüringer CDU ist alt und verbraucht, sie sollte sich in der Opposition regenerieren.«

Er macht die SPD zur Interessenvertreterin der Arbeiter und der kleinen Leute, und die CDU zur Partei der Bosse, denn »es ist unverschämt, daß der Herr Späth« (Chef von Jenoptik) »mit einer Phantomgewerkschaft einen Tarifvertrag gegen die Interessen seiner Mitarbeiter abschließt. Das hätte sich Späth an seinem Standort Stuttgart nicht mal im Traum gewagt. Hier wird Späth-Kapitalismus somit zum Früh-Kapitalismus. Und das Land Thüringen, mit 50 Prozent an dieser Aktiengesellschaft beteiligt, protestiert nicht ... Angeführt von der Dresdner Bank und dem Präsidenten der Industrie- und Handelskammer Chrestensen … beteiligt sich die Wirtschaft nicht nur moralisch an der Wahl für Vogel, sie spendet auch dafür. Es darf jedoch keinen Ministerpräsidenten der Bosse in Thüringen geben!«

Das Wort »PDS« hat er in seiner Rede nicht ein einziges Mal in den Mund genommen.

Beim Kaffee im Vestibül versuche ich herauszubekommen, was als Einzugsmusik gespielt worden ist. Harald Seidel, kulturpolitischer Sprecher und ein begnadeter Amateurjazzer, tippt auf den norwegischen Komponisten Edvard Grieg. Die SPD-Kulturstaatssekretärin meint, sie sei zwar keine Wagner-Expertin, aber es hätte nach Wagner geklungen.

Im Saal erklingen inzwischen andere Töne. Richard Dewes appelliert eindringlich an die Delegierten, die Plazierung auf den Kandidatenlisten nicht durch Kampfabstimmungen durcheinanderzubringen. Die Reihenfolge sei vom SPD-Landesvorstand nach bestem Wissen und Gewissen festgelegt worden.

Die ersten 10 werden problemlos bestätigt. Danach jedoch versucht der Juso-Vertreter David Eckard vom aussichtslosen Platz 39 auf den 11., für Heiko Gentzel reserviert, vorzurücken. Er bekommt Schützenhilfe vom Sonneberger Kreisvorsitzenden. »Auf den ersten 20 Plätzen befindet sich fast das ganze alte Offiziers-Corps der Thüringer SPD. Man kann sich in Jeanshosen klemmen und Piercingringe tragen, davon wird man nicht wieder jung …«

Heiko Gentzel, der vor zwei Stunden noch keine Gefahr witterte, geht sehr schnell nach vorn und moniert, daß er sich mit seinen 39 Jahren zu jung fühlt, um hier zum alten Eisen geschmissen zu werden. Die Delegierten geben ihm mit 119 gegen 70 Stimmen recht.

Auf Listenplatz 16 hat der Vorstand den Altenburger Justizstaatssekretär Volker Schemmel gesetzt. Den macht ihm kampfesmutig Andreas Enkelmann streitig. (Tischler Heinz: »Der Enkelmann hat mir mal gesagt: ›Dicke Politiker arbeiten sehr viel, sie setzen nur an, weil sie erst nachts zum Essen kommen.‹«) Andreas Enkelmann erklärt den Delegierten, daß er einen sicheren vorderen Platz braucht, damit im »schwarzen Loch Ilmenau mit der CDU-Streitmacht Dagmar Schipanski, Claudia Nolte, Staatssekretär Michael Krapp und Volkstribun Siggi Jaschke auch nach der Landtagswahl noch ein rotes Fähnlein weht«.

Doch da steigt der studierte Theologe Richard Dewes höchstpersönlich auf die Kanzel, aber nicht, um seinem Kollegen Andreas Enkelmann beizustehen, sondern um die Delegierten aufzufordern, den Vorschlag des Vorstandes zu akzeptieren. 50 Stimmen für Andreas Enkelmann und 125 für Volker Schemmel. Enkelmann sitzt einen Moment wie versteinert, schaut Dewes an, als sei er der Leibhaftige. Vielleicht denkt er in diesem Moment nach, ob die Kirche ihm neun Jahre lang eine Predigerstelle freigehalten hat.

Keiner der 84 Listenplätze wird von den Delegierten verändert. Triumph für Richard Dewes. Aber kein Triumphmarsch beim Auszug des Gladiators.

Der Geschäftsführer Uwe Höhn sagt, wenn ich wissen möchte, welche Musik beim Einzug gespielt worden ist, solle ich bei der Erfurter Werbeagentur Neumeister nachfragen. Die habe die Eröffnung inszeniert.

Jürgen Kochinke meint, daß im Vergleich zum Leipziger Schröder-Einmarsch vor der Bundestagswahl die Erfurter Schau eine Arme-Leute-Kopie gewesen sei. Und überhaupt: »Ihr seid im Osten schon so weit, daß ihr jeden Scheiß nachahmt, den der Westen euch vormacht.«

Dabei hätte er 1989 noch geglaubt, daß »der Osten einen eigenen, einen dritten Weg gehen sollte. Wir im Westen haben ja niemals geglaubt, daß die DDR einfach zusammenbricht, und die Vorstellung einiger Westdeutscher, daß wir die ›Ostzone‹ eines Tages zurückbekommen, erschien mir nur verschroben und gestrig. Den Vereinigungstaumel konnte ich deshalb nicht so ganz nachvollziehen.« Die Ostdeutschen hätten sich noch mitten in der Wende freiwillig okkupieren lassen. »Je ähnlicher sie den Westlern wurden, um so braver, um so ungefährlicher sind sie. Inzwischen freuen sich die lernfähigen Ossis, wenn die Westdeutschen sie für ihren unermüdlichen Fleiß beim erfolgreichen Nachahmen der vergreisten BRD-Strukturen loben.«

Der Journalist sagt es nicht triumphierend. Denn auch er wollte einmal Zustände und Umstände ändern. Damals, als die Nachwehen der Studentenrevolte der sechziger Jahre mit erheblicher Verzögerung auch die Nordhessische Provinz erreichten.

Jürgen Kochinkes Vater stammt aus Schlesien. Er arbeitete als Knecht in der Nähe von Breslau. Später Waffen-SS. »Da war er plötzlich wer.« Nach dem Krieg kam er als Umsiedler ins Grenzgebiet zur sowjetisch besetzten Zone, ins hessische Helsa, wo er die Mutter kennenlernte. Er wollte nicht mehr Knecht sein, statt dessen Beamter bei der Bundesbahn, Zugführer. »Die Mutter hat, wie es sich in einer Beamtenfamilie gehört, nach meiner Geburt 1956 nicht mehr gearbeitet.«

Ihre Wohnung lag in einer Plattensiedlung, die denen in der DDR ähnelte. Und dazu eine Datsche. Westdeutsches Kleinbürgertum. »Standesgemäß sollte ich Beamter werden, möglichst Lehrer.«

Er wurde kein Lehrer, statt dessen ein langhaariger, aufmüpfiger Verweigerer. »Ich lehnte Staat und Schule, Eltern und Militär, ich lehnte alles ab.« Als Militärdienstverweigerer wurde er beim erstenmal abgewiesen, denn er war vor der Kommission langhaarig und mit US-Army-Jacke erschienen.

Beim zweitenmal ging er zum Friseur und zog eine brave Strickjacke an. Den Satz »Ich kann nicht töten« hatte ihm ein Pfarrer bei der Antiwehrdienst-Schulung beigebracht.

Zivildienst in einer evangelischen Studentengemeinde.

Veranstaltungen mit Rudi Dutschke. »Ich war radikal und vor allem kritisch.« In Göttingen Studium der Geschichte und Sozialwissenschaft. »Der jetzige Bundesminister Jürgen Trittin war ein Semester vor mir. Damals schon ein begnadet schlechter Redner.« Nach dem Studium Lagerarbeiter. Seine Frau promovierte. »Ich kochte inzwischen Schleim für unseren Sebastian. Träumte mein Leben lang von paradiesisch schönen, von harmonischen Verhältnissen: von Prinzessinnen, von der idealen Gemeinschaft in der WG, von einer glücklichen Familie.« Kein Traum erfüllte sich.

Als er eine ABM als wissenschaftlicher Mitarbeiter für Sozialwissenschaft in Osnabrück erhält, macht er Bekanntschaft mit Habermas und anderen kritischen Denkern. 1989 Volontariat bei der »Hessisch-Niedersächsischen Allgemeinen«. Im Oktober 1990 Politredakteur. Erste Bewährung bei der Berichterstattung über den Golfkrieg. 1991 geht er zur »Mitteldeutschen Allgemeinen« nach Erfurt.

»Für mich war es eine glückliche Reise in meine Kindheit. Plattenbauten, Fernwärmeleitungen, schlechte Autos, Unkraut an den Straßen. Und dann der Zonengeruch, den ich gierig einsog: nach Gas riechende Baugrubenerde. Doch je länger der Aufschwung Ost dauerte, je westlicher die Autos, die Einkaufsstraßen und die Abgeordneten wurden, um so langweiliger wurde der Osten für mich. Politiker und Abgeordnete ohne Utopien, aber mit ausgeprägten Machtgelüsten. Die einzige Utopie für diese neue Gesellschaft: Viel Geld verdienen, ohne zu fragen, wie diejenigen leben, auf deren Kosten man selbst gut lebt.«

Nach dem Verkauf der »Mitteldeutschen Allgemeinen« ging Jürgen Kochinke für ein viertel Jahr wieder in den Westen. »Doch wegen meiner noch nicht ausgeträumten Träume und wegen der Ostfrauen kündigte ich und kehrte nach Erfurt zurück. Ich wurde persönlicher Referent beim SPD-Fraktionschef Frieder Lippmann.« Über diese Zeit schreibt und redet er nicht. Lippmann hat sich wenigstens die Ratschläge angehört – auch wenn er sie nie berücksichtigte –, im Gegensatz zu anderen Prominenten der SPD.

Schlagzeilen Juni 1999

Wenige Tage vor den Kommunalwahlen überbringt Ministerpräsident Bernhard Vogel (CDU) dem Suhler Oberbürgermeister Martin Kummer (CDU) medienwirksam ein schon lange angekündigtes »Geschenk«. Er unterzeichnet den Vertrag, in dem sich das Land verpflichtet, die Stadt Suhl bei der Finanzierung des Congress Centrum Suhl in den nächsten 9 Jahren mit über 30 Millionen DM zu unterstützen.

Gregor Gysi empfiehlt der PDS von Thüringen, wenn es nach der Landtagswahl stabile Mehrheitsverhältnisse gibt, eine Koalition mit der SPD einzugehen.

Der ehemalige Thüringer FDP-Wirtschaftsminister Bohn tritt dem CDU-nahen »Pro-Vogel-Verein« bei.

Die Thüringer CDU lehnt die Forderung von Richard Dewes zur Offenlegung (unter notarieller Aufsicht) aller Kosten des Landtagswahlkampfes ab.

Dagmar Schipanski steht für das Schattenkabinett von Bernhard Vogel zur Verfügung. Sie erklärt, daß sie im Falle des Wahlsieges der CDU ein Ministeramt in Vogels Regierung annehmen würde.

Für 23,9 Millionen DM (geleast, also müssen es erst die Kinder und Enkel bezahlen) wurde in Berlin die neue Thüringer Vertretung (auf dem Gelände des im Zweiten Weltkrieg zerstörten, durch Hitler 1933 eingeweihten Thüringen-Hauses) errichtet. Von dreißig Mitarbeitern kommen sieben aus Thüringen. Die

Thüringer Gaststätte wird von der Saarländerin Monika Hohlstein übernommen.

Die Zahl des Betrügereien ist in Thüringen im vergangenen Jahr um 7000 auf 20000 gemeldete Fälle gestiegen.

Die CDU-Kreistagsabgeordnete Jutta Ewald fordert in einem Brief die Einwohner von Frauenwald auf, bei der Bürgermeister-Stichwahl nicht den Kandidaten der Feuerwehr Kurt Wagner, sondern den DVU-Kandidaten Otto Reißig zu wählen. Der DVU-Mann erhält 309, sein Gegenkandidat 320 Stimmen.

In Thüringen sind 5300 Schwerbeschädigte arbeitslos. Entgegen der im Schwerbeschädigtengesetz festgelegten Quote von 6 Prozent beschäftigten die privaten Arbeitgeber nur 2,5 und der öffentliche Dienst 4,2 Prozent Schwerbeschädigte.

Am Abend der Wahl zum Europaparlament verkünden die ersten Hochrechnungen Triumph für die CDU und Niederlage für die SPD. Ich rufe Heiko Gentzel an und sage, daß ich wie versprochen am Montag, egal ob sie bei der Kommunalwahl – die erst morgen ausgezählt wird – ihren Sieg feiern oder den Katzenjammer ersäufen, in das Eisenacher August-Bebel-Haus komme.

»Bei den Kommunalwahlen werden hiesige Personen gewählt und nicht wie bei den Europawahlen die Politik in Bonn«, sagt Heiko Gentzel, sich Mut machend, und versichert: »Wir feiern morgen den Sieg.«

Ich fahre mit dem Zug zur Feier, genieße rechts und links der Bahnstrecke die Idylle der Thüringer Dörfchen. Fachwerkhäuschen, Klatschmohn an den Wegrändern, Rittersporn in den sauberen Vorgärten, erste Salatköpfe in selbstgebauten Frühbeeten. Im Wald Lupinen und Fingerhut. Der Zug hält nicht auf den kleinen Bahnhöfen, und auch Fröttstädt hätte ich übersehen, wäre da nicht groß und rot ans Bahnhofsgebäude gesprayt:

»Servus Nigger!
Du bezahlst!«

Eisenach ist schon sommerheiß. Schwitzend sitzen Heiko Gentzel und seine Mitarbeiter über den Ergebnislisten.

Gentzel sagt: »Scheiße!« Er sagt es wenigstens. Seine jungen Mitarbeiter stieren wortlos und schütteln dann wie alte weise Männer bedächtig ihre Köpfe.

Vom Ziel, stärkste Fraktion in Eisenach zu werden, spricht keiner mehr. Die CDU hat sich um 8,3 Prozent verbessert, die SPD 2,4 Prozent verloren. CDU und »Bürgerinitiative für Eisenach« haben zusammen 20 Sitze, SPD und PDS 16. Alles geht in der Wartburgstadt ohne Rosa und Rot.

Oben im ehrwürdigen Gründungssaal liegen weiße Tücher schützend über den Tellern mit den belegten Brötchen. Vita-Cola, Rennsteig-Mineralwasser und Eisenacher Bier stehen unberührt auf den Tischen. Die wenigen, die zur Wahlparty gekommen sind, reden über Mineralölsteuer und Benzinpreise, Rentenabsenkung und 630-DM-Jobs. Und darüber, ob der Schröder wirklich Politik für die kleinen Leute oder für die Großunternehmer macht.

Eine sehr alte, still vor sich hin lächelnde Frau sitzt allein an einem Tisch. Sie hat einen Blumenstrauß aus ihrem Garten mitgebracht, wickelt ihn aus, weiß nicht, wem sie ihn überreichen soll, und legt ihn vorn neben die inzwischen aufgedeckten Brötchen. Hermine Hänsel (»Ja, wie Hänsel und Gretel«) ist 87 Jahre alt, stammt aus der Tschechoslowakei und hat bis zu ihrem 75. Lebensjahr im Kundendienst des Eisenacher Automobilwerkes gearbeitet. »Mein Vater, was der Philipp Franz war, der hat dort den kleinen Kessel geheizt. Bevor der für immer die Augen schloß, hat er mir aufgetragen: ›Hermine, ich habe in unserem Heimatdorf die SPD gegründet, und ich bin immer, das weißt du, auf der Seite der Arbeiter gewesen. Versprich mir, daß du mein Leben in Ehren hältst, indem du immer für die Arbeiter, für die kleinen Leute eintrittst.‹ Und deshalb bin ich 1990, damals war ich ja schon 77 Jahre alt, noch Mitglied der Sozialdemokratischen Partei geworden. Wollen Sie mein Mitgliedsbuch sehen?«

Sie kramt in ihrer Tasche.

»Ich lese täglich noch zwei Stunden lang die Zeitung. Die Bomben? Ach, diese Bomben! Das ist schrecklich, das mit den Toten dort in Jugoslawien. Aber das ist ja nicht unsere SPD, die das tut, das sind die von der Regierung.«

Nach dem ersten Bier – ohne Trinkspruch – sagt der stattliche Diplom-Ingenieur Matthias Doht (40), der mit 1043 Stimmen als vierter für die SPD in den Stadtrat gewählt worden ist:

»Wahrscheinlich werde ich den Zirkus nicht noch einmal fünf Jahre mitmachen. Es ist sinnlos! Der Oberbürgermeister läßt von der Mehrheit beschließen, was er will. Wir können nichts verhindern, nichts verändern, sind ohnmächtig.«

Matthias Doht war, als die CDU in Eisenach mit der SPD regierte, Stellvertretender Bürgermeister und Baudezernent.

»Wer, wie ich, schon einmal einen Zipfel der Macht hatte, der leidet unter der Ohnmacht um so schlimmer.«

Bevor ich gehe, sagt einer sehr laut: »Jetzt sind wir nach unserem Höhenflug im Herbst wieder dort, wo wir als SPD im Osten hingehören.«

Und danach, mehr zu sich als zu seinem Gegenüber: »Ich bin nicht einmal unter die ersten 25 gekommen.« Aber wie um sich zu trösten: »Nachdem der CDU-Sieg bei den Europawahlen verkündet worden war, steigen meine Deutsche-Bank-Fondsaktien wieder. Vom Gewinn werde ich mir und meiner Frau eine Woche Billigurlaub in Tunesien schenken.«

Nach Hause fahre ich über Bad Salzungen, denn ich will das vom »Nigger« nicht noch einmal lesen müssen. Auf dem Fahrplan Eisenach–Bad Salzungen hat ein findiger Wahlhelfer der SPD das Parteilogo geklebt. Ein roter Punkt und »SPD« und daneben steht: »Verkehrt vom ... bis ... leider nicht fahrplanmäßig. Schienenersatzverkehr.«

Der Schienenersatzverkehr-Busfahrer sitzt, obwohl die Leute wie die Rohrspatzen schimpfen, auf einer Bank und raucht seine Zigarette in Ruhe zu Ende.

Am nächsten Tag werden die offiziellen Wahlergebnisse veröffentlicht.

In Thüringen sind über 40 Prozent (fast 1 Million) nicht zur Wahl gegangen!

Bei der Europawahl erhält die CDU 42,38 (plus 6,55), die SPD 25,59 (minus 0,36) und die PDS 20,58 (plus 3,67) Prozent. Bei den Kommunalwahlen: CDU 42,4 (plus 5,4), SPD 24,4 (minus 1,7) und PDS 17,9 (plus 2,2) Prozent.

Die Thüringer Sensation: In der PDS-Hochburg Suhl verbessert sich die CDU um 17 Prozent. Aber von den insgesamt 26911 Stimmen für die CDU (43,6 Prozent) hat ihr Scheinkandidat, der Oberbürgermeister Martin Kummer, allein 16508 erhalten. (Und weil zuvor schon klar war, daß er nur als Zugpferd auf der Wahlliste steht, werden Stimmen und sein Mandat sofort an die »nicht gewählten CDU-Kandidaten« weitergereicht.) Der Zweitplazierte, Wolfgang Wehner (also der erste »ordentliche« CDU-Stadtrat), bekommt nicht einmal 2000 Stimmen.

Steffen Harzer (PDS) aus Hildburghausen ist der einzige Bürgermeister einer Thüringer Kreisstadt, der, wie er sagte, »sich aus moralischen Gründen nicht als Scheinkandidat und Stimmenfänger« auf die Liste zur Stadtratswahl setzen ließ.

»Gott sei Dank«, sage ich zu meinem Gartennachbarn, »es gibt noch Moral!«

Aber er, emeritierter Professor und kluger Mensch, lacht mich aus. »Verwechsle bitte Dummheit nicht mit Moral. Wenn sich einer entschieden hat, das politische Spiel mitzuspielen, muß er es auch mit allen Konsequenzen tun. Wer mit der Partei an die Macht will, braucht dazu keine zweifelnden Moralisten!«

Die Suhler Schwarzen lassen nach der Eroberung der roten Stadt Freibier für die Wähler ausschenken, und der CDU-Kreisvorsitzende Wolfgang Wehner steht im Fleischerhemd hinter einem großen dampfenden Rost, verteilt kostenlos Bratwürste und sagt: »Danke schön.«

Der Discjockey ruft zwischen Rennsteig-Lied und der »weißen Rose aus Athen« immer wieder: »Weil das Ergebnis so dufte war: Danke schön.«

Der Oberbürgermeister Kummer läuft freudestrahlend zwischen Bratwurstrost, CDU-Infostand und der mobilen Biertheke hin und her und schüttelt Hände und sagt: »Danke schön.«

Und der Bratwurstduft auf dem Marktplatz läßt die Schlange immer länger werden.

»Kostet schließlich nichts. Ich hab es noch nie erlebt, daß jemand in Suhl Freibier und Bratwürste ausgibt«, sagt der letzte in der Schlange, ein junger glatzköpfiger Mann.

Auch mein pawlowscher Thüringenreflex – Bratwurstduftspeicheltropfen – funktioniert. Doch Wurst und Bier spendiert die CDU als Dankeschön an ihre Wähler, aber ich habe sie nicht gewählt! Und jetzt so tun als ob? Nur wegen Bier und Bratwurst? Nein.

Ich laufe statt dessen die Schlange entlang und frage die Leute: »Haben Sie die CDU gewählt?«

Das gehe mich nichts an. »Oder muß man in Zukunft eine Kopie vom Stimmzettel – wie bei den Maifeiern zu DDR-Zeiten die Teilnahmemarke – vorzeigen, damit man sein wohlverdientes Bier und seine Bratwurst erhält?« Von ganz hinten schreit eine Frau, daß ich mich nicht vordrängeln soll. Die Dame neben mir zischt: »Wenn der nicht schneller brät, schaffe ich meinen Bus nicht mehr!«

Ich verkneife mir jede weitere Frage und beschimpfe wütend meinen Bauch, der nach Bier und Bratwurst lechzt, aber zu blöd ist zu begreifen, was Moral bedeutet.

Am Biertresen steht einer, den ich kenne. Früher war er an der TH Ilmenau Dozent für Marxismus-Leninismus, später Kreissekretär des Kulturbundes und heute, wie er mir sagte, »bei der PDS positioniert«. Manchmal lese ich in den Briefspalten vom »Neuen Deutschland« seine politisch-philosophischen Betrachtungen. Als ich ihn freundlich begrüße und sage: »Mensch, du besäufst dich hier auf Kosten der CDU«, stottert er verlegen: »Ich trinke sozusagen nur … also ich nicht. Aber da drüben, meine Mutter, sie hat ihre Hausärztin als CDU-Stadträtin gewählt. Ich trinke es also sozusagen für meine Mutter …« Er leert den Pappbecher sehr schnell und geht.

Den Männern mit dem freundlichen Kinderlächeln oder dem stieren Blick, unrasiert, in abgetragenen Klamotten, Plastebeutel in der Hand, ist es nicht peinlich. Sie lachen und trinken und freuen sich. Ein guter Tag.

Einer mit wirrem rötlichem Haar erzählt mir, daß er persönlich mit dem »Herrn Oberbürgermeister« Kummer im Fajas gearbeitet hat. »Hab damals zwar schon getrunken, aber in der DDR verlor man wegen ein paar Bier auf der Arbeit nicht gleich den Job.«

Der neugewählte Stadtrat Eisenbach (früher SPD, heute CDU) fragt, ob sie auch ordentlich gewählt haben. Einer von den Obdachlosen lacht und lacht und sagt, am Wahltag sei er unterwegs gewesen. »Unterwegs?«

»Na, auf Tour.«

»Auf Tour?«

»Ja, auf Tour.« Und er imitiert mit einer Schluckbewegung, was er damit meint.

»Aber am 12. September gehste wählen«, sagt der Stadtrat, »und stimmst dann auch für die CDU.«

Ich will dem Stadtrat sagen, daß Obdachlose kein Stimmrecht haben, aber vielleicht weiß er das selbst …

An der Theke verraten mir inzwischen einige der fleißigsten Biertrinker, wen sie gewählt haben. Sie haben überhaupt nicht gewählt. Nicht gewählt und trotzdem Bier trinken und Bratwürste essen!

Karl K., 52 Jahre, Maschinenschlosser, zur Zeit arbeitslos: »Weshalb ich nicht gewählt habe? Weil ich am Sonntag in meinem Garten die Buschbohnen gehäufelt und die Johannisbeersträucher gehackt habe. Für Buschbohnen mußte, wenn's deutsche sind, und ich nehm nur deutsche, nicht diese aus Südafrika, mindestens vier Mark pro Kilo hinlegen. Und für schwarze Johannisbeeren, wenn es deutsche sind, fast acht Mark pro Kilo. Weißte, ich habe was gegen das Billigobst, das sie uns mit dem Flugzeug bringen. Ich will deutsche Johannisbeeren. Aber die werden auch nicht billiger, wenn ich die SPD wähle oder die CDU. Unkraut jäten im Garten, das bringt was … Und was heißt hier, umsonst essen und trinken? Wenn dir heutzutage jemand eine Mark schenkt, holt er sich garantiert 101 Pfennig wieder zurück.«

Ein Vater, der sich ab und an von seinen Kindern zwischen den Bieren eine Bratwurst bringen läßt, proklamiert so laut, daß es die Umstehenden hören können: »Ich habe nicht gewählt! Ich habe schon 1989 nicht gewählt. Und das war der Anfang vom Ende der DDR. Nichts mitmachen! Nur so kann unsereiner in dieser Gesellschaft mitreden! Und ich sag euch, eines Tages werden wir wieder demonstrieren und schreien: Bonzen in die Produktion! … Trinkste ein Bier mit?«

Ich schüttele standhaft mit dem Kopf.

Ich frage vorsichtig Oberbürgermeister Martin Kummer, ob er keine Skrupel hat, den 16508 Suhlern, die für ihn stimmten, zu sagen: »Danke schön, aber ich hab es nicht so gemeint. Und Tschüß.«

Nein, sagt er. »Im CDU-Landesvorstand haben wir zuvor darüber diskutiert. Einige Bürgermeister und Landräte meldeten Bedenken an, aber bei Wahlen kann keiner plötzlich unparteiisch sein.«

Heute dagegen kennt er keine Parteien. Er liebt solche Feiern. »Solche wie in den bayerischen Biergärten, wo Unternehmer, Obdachlose, Bankangestellte und Abgeordnete zusammensitzen und miteinander reden.«

Ein kleines Mädchen schubst ihn an. »Es gibt nur Freibier, Herr Kummer, keine Freibrause. Die Brause kostet 2 Mark.« Der Oberbürgermeister will es nicht glauben, gibt dem Kind eine Mark. Ich lege noch eine dazu. Er fragt seinen immer noch Bratwurst bratenden CDU-Vorsitzenden: »Brause ist nicht kostenlos?«

»Nein«, sagt der.

Darauf ich: »Kinder bringen noch keine Wählerstimmen.«

Da schreit Wolfgang Wehner: »Provozieren Sie hier nicht! Das ist eine CDU-Dankeschön-Feier.«

Ein Behinderter kommt zum Oberbürgermeister, gratuliert und sagt, daß er sich nicht so lange anstellen kann nach einer Bratwurst.

Kummer ruft: »Gib ihm mal eine Wurst von der Seite.«

Einer schleppt gleich drei Würste auf einmal fort. Den kenne ich von einer PDS-Versammlung, und er fragt mich gönnerhaft: »Willst du eine davon?«

»Nein«, sage ich. »Aber daß du dich hier bei der CDU durchfrißt?«

»Man muß den Klassenfeind schädigen, wo man nur kann«, sagt er und grinst.

Einige Frauen schunkeln inzwischen zur Discomusik, und ein Pärchen tanzt. Volksfest.

Dann verlischt die Glut dampfend, und Wolfgang Wehner zieht sein Fleischerhemd aus.

Einer der Biertrinker – das Bier reicht länger als die Bratwürste – schüttelt ihm die Hand, lobt, daß die CDU »als Volkspartei dem Volke Bratwurst und Bier spendiert. Außerdem«, er grient, »bringt es Ihnen ein paar zusätzliche Wählerstimmen für den Herbst.«

Statt sich am Lobe zu erfreuen, bellt der gerade noch freundlich Würste bratende Berufsschullehrer: »Wählerstimmen? Welche Wählerstimmen? Ich bin schließlich schon gewählt.«

»Aber im Herbst wollen Sie doch in den Landtag.«

Da sagt Wehner, daß er sich energisch gegen solche Unterstellungen verwahrt: »Wir wollen heute nur Danke sagen ... Kein Gedanke an Wählerstimmen ... Alles Idealismus, meine Freizeit ... Den Leuten eine Freude machen ... Zum Wohle der Suhler ...«

Der Biertrinker, im Gehen: »Einer, der beim Bierverteilen und Bratwurstverschenken nicht auch an Wählerstimmen denkt ... Nee, da stimmt was nicht. Allzuviel Moral macht heutzutage verdächtig.«

Darauf hole ich mir nun auch ein kostenloses Bier.

Eine Woche später sagt Landtagspräsident Pietzsch »danke schön«, und spendiert Sekt für alle Abgeordneten, die sich am 24. Juni zur 100. Sitzung des Landtages der zweiten Wahlperiode eingefunden haben.

»Ich möchte Sie bitten, immer daran zu denken, daß wir natürlich hier als Vertreter der Thüringer sitzen und im Interesse unseres Thüringer Freistaates zu entscheiden haben.« (Beifall im Hause.)

»Wenn auch der Präsident hier vorn sitzt ... Wir treten in diesem Augenblick in die Mittagspause ein. Ich hoffe, es hat noch niemand vorher getrunken ... Meine Damen und Herren, dann auf Ihr Wohl ...«

Unter anderem haben die Abgeordneten heute zuvor folgende Gesetze beraten oder beschlossen: »ThürKosttrG-BSeuchG« und »ThürKosttrG-GeschlKG«.

Was auf gut deutsch heißen soll: »Thüringer Gesetz über die Kostenträger nach dem Bundes-Seuchengesetz« und »Thüringer Gesetz über die Kostenträger nach dem Gesetz zur Bekämpfung der Geschlechtskrankheiten«.

An diesem Tag gibt es wenig Grund zum Streiten oder gar Beschimpfen. Der Landtagspräsident kann alle gelben Karten (bei drei Verwarnungen Saalverweis für die laufende Tagung) steckenlassen.

In den vorausgegangenen Tagungen wurde unter anderem verwarnt für: »Ein Haufen hellbrennender Giraffenscheiße« (Kurt Wey/SPD über einen PDS-Antrag). »Alte Dreckschleuder« (Pfarrer Andreas Enkelmann/SPD zu Johanna Arenhövel/CDU). »Perfider Sack« (Willibald Böck/CDU zu Michael Gerstenberger/PDS). »Müll-Rudi« (Gabi Zimmer/PDS zu Jörg Schwäblein/CDU). »Blöde Kuh« (Günter Pohl/SPD zu Birgit Klaubert/PDS).

Die meisten Verwarnungen (statistisch gesehen gab es eine halbe pro Sitzung) wurden bei Angriffen auf Steffen Dittes/PDS – »Drecksack«, »Roßtäuscher«, »gottloser Lügenbold«, »Dünnschißredner« – ausgesprochen. Dittes selbst erhielt einen Ordnungsruf für »Weihnachtsmann« (zu Ministerpräsident Bernhard Vogel). Und ein zweites Mal, weil er im Hohen Haus seine Stullen verzehrte, wegen »Essens im Plenarsaal«.

Heute gibt es aber nur »Trinken im Plenarsaal« und auch

keinen Ordnungsruf, als die CDU den PDS-Abgeordneten Konrad Scheringer bei dessen Rede zum Thüringer Jagd-, Wald- und Fischereigesetz mit »Roter Baron« und »Krautjunker« begrüßt.

Dann unterstützt er die SPD, weil auch er das »Reiten im Wald« nicht verbieten möchte. Und obwohl der größte Pferdeliebhaber der SPD, Richard Dewes höchstpersönlich, nicht anwesend ist, kann der Thüringer SPD in der 100. Sitzung der Reitersieg nicht mehr genommen werden. In Thüringen darf weiterhin im Wald geritten werden …

Am nächsten Tag reitet die SPD-Fraktion zwar nicht geschlossen durch den Wald, aber sie wandert. Mit Kind und Kegel und Kamerateams versammeln sich die Genossinnen und Genossen der SPD-Fraktion am Fuße der in Regenwolken gehüllten Burg Ranis.

»Bei schönem Wetter kann jeder wandern«, sagt Lippmann und spannt seinen Regenschirm auf.

Der Regen hat vorerst sein Gutes. Niemand muß über die Wahlniederlage reden, alle können ausführlich auf das Wetter schimpfen.

Die Wanderung beginnt mit einer Busfahrt nach Ziegenrück. Dort begrüßt der Hotelbesitzer, er heißt Marx, die SPD-Wanderer mit Handschlag. »Eigentlich sollte der Chor singen, aber es gibt zur Zeit krankheitsbedingte Ausfälle wichtiger Stimmen.« Also nur Leberwurst und Knacker und Käse.

Der Wanderführer des hiesigen Alpenvereins warnt im voraus: »Die Wegstrecke zur Teufelskralle ist die gefährlichste. Links ein steiler Abhang zur gestauten Saale und rechts Felswände. Dort bitte nicht auf der linken unsicheren Seite gehen, sondern schön rechts, auf der sicheren, bleiben!«

Justizminister Kretschmer sagt: »Aber beim Rechtsgehen immer links denken.«

Minister Schuchardt klatscht.

Weil man so lange beim Frühstück gesessen hat, muß man

danach um so schneller den Aufstieg zum Saaleblick bewältigen. Kurzer Halt für den Fotoreporter, der die Wanderung für den »Spiegel« begleitet und die Minister und den Fraktionsvorsitzenden vor markanten Wegpunkten gemeinsam ablichtet. Er postiert sie geschickt – und sie merken es nicht – vor der Wegtafel »Paß am Lasterpfad«.

Trotz der Gratwanderung am Abgrund versuche ich, die SPD-Chefs in ein Gespräch zu verwickeln. »Falsch gemacht haben wir nichts«, sagt Schuchardt. »Wir haben es nur nicht verstanden, die gute SPD-Politik den Wählern verständlich zu machen.«

»Und Zweifel«, frage ich, »kommen einem überhaupt noch Zweifel, wenn man die Partei und ihre Politik nach außen ständig verteidigen muß? Verliert man dabei nicht die Fähigkeit zur Selbstkritik? Braucht man vielleicht außerhalb der Partei kritische Berater?«

»Nein«, sagt Frieder Lippmann. »Wenn ich zu Hause in Saalfeld am Feierabend einmal über den Marktplatz gehe, weiß ich danach, was das Volk denkt.«

Tief unten der gestaute Fluß, einem See gleichend. Aber je höher wir steigen, um so dichter werden die Wolken, um so schlechter die Sicht an diesem Tag. An der Mittagsraststätte, der Rost dampft schon, wartet im roten Anorak der Vorsitzende Richard Dewes. Er mischt sich in das Gespräch ein und sagt: »Knapp drei Monate vor der Wahl darf man die Gäule nicht mehr scheu machen, sonst kommt man nicht an im Dorf.«

Ich sage, daß es einer der entscheidendsten Fehler der SED war, daß sie nie Fehler zugegeben hat.

Aber Minister Kretschmer, der mit mir Kesselgulasch aus Plasteschalen löffelt, widerspricht. »Wer die Medien heute mit seinen eigenen Fehlern füttert, braucht zur Wahl nicht mehr anzutreten.« Und er kritisiert: »Der Gulasch könnte sämiger sein.« Der Minister kocht gern. Ich erinnere ihn an einen Pressetermin seines Ministeriums: »Kochen im Knast« oder so ähnlich. Die Journalisten waren in die Strafvollzugsanstalt

Ichtershausen eingeladen. Dort hatten junge Häftlinge, die als Köche oder Kellner ausgebildet wurden, den Journalisten (in Häftlingskleidung?) im Beisein des Ministers Proben ihres Könnens vorgeführt. Ich bin damals nicht mitgefahren, weil ich mich beschissen gefühlt hätte. »Von Gefangenen Menüs servieren lassen und fröhlich im Knast tafeln.«

Wahrscheinlich hätte ich recht, sagt er. »Aber als Minister muß ich die Dinge nun mal positiver sehen.«

Einer der Parteiwanderer sieht sie nicht positiv. Der Stadtgärtner von Neustadt/Orla und SPD-Kreistagsabgeordnete Ingo Hentschel verlangt, daß die SPD nicht wie der blühende Landschaftsgärtner Kohl falsche Erwartungen wecken soll. »Wir müssen den Wählern reinen Wein einschenken.« Beispielsweise findet er die Heuchelei wegen der ABM-Stellen abscheulich.

»Jeder weiß, daß dort für viel Geld wenig gearbeitet wird. Ich kenne die Gammelei. Zwei Stunden arbeiten, zwei Stunden Frühstück, zwei Stunden Mittag, zwei Stunden auf den Feierabend vorbereiten. Dort werden die kostbarsten Wegweiser der Welt hergestellt, dort wird das Laub so teuer zusammengeharkt, als ob jedes Blatt einzeln und mit der Hand gefaltet ist. Kein Betrieb, keine Kommune kann so etwas bezahlen. Die Leute sind anschließend fürs Leben geschädigt. Unfähig für einen Job in der Marktwirtschaft. Das wissen die Politiker, aber keiner traut sich, darüber zu reden. Heuchelei, alles nur Heuchelei.«

Die SPD aber müßte über solche Themen reden. »Auch wenn wir dadurch die Hälfte der Wähler verlieren, könnten wir den Leuten danach wenigsten wieder ehrlich in die Augen schauen.« Der Mann, der die Suppe aus der Gulaschkanone verteilt, gibt dem Neustädter Stadtgärtner einen Nachschlag und sagt: »Um den Leuten ehrlich in die Augen gucken zu können, mußt du nicht in eine Partei eintreten, da kannst du auch im Karnickelzüchterverein mitmachen.«

Der »Spiegel«-Fotograf hat Richard Dewes inzwischen hinter dem Bratwurstrost postiert und läßt ihn Würste verteilen. Er schießt die Fotos vorerst nur für das Archiv. Gewinnt Dewes die Landtagswahl, lautet die Bildunterschrift: »Gewinner in Thüringen – Bratwürste und Dewes«, verliert er sie: »Liegen dem Saarländer schwer im Magen: Thüringer Bratwürste«. Und immer dasselbe Foto!

Auf dem Rückweg nach Ranis erzählt mir die SPD-Pressesprecherin Marion Wolf, daß es nach der Kommunalwahl zwei interne Krisensitzungen gegeben habe. Schuchardt sei wie Falschgeld umhergelaufen, und Dewes sei eigentlich immer noch sprachlos. Was nicht das Schlechteste sei, habe der Schuchardt gesagt. »Dann redet er wenigstens in den nächsten Tagen nicht wieder über eine Koalition mit der PDS.«

Grüppchenweiser Zieleinlauf auf Burg Ranis, wo nachmittags die Thüringer Literaturtage beginnen.

Minister Schuchardt, der Schirmherr, zieht sich nicht um und redet zur Eröffnung ohne Schlips, in Wanderanorak und schlammbespritzter Hose.

Und mir scheint, die Zuhörer klatschen lauter als sonst.

Am Abend fahren die SPD-Gelegenheitswanderer müde nach Hause. Sie ahnen nicht, daß zwei Tage später der Tod eines müden Wanderers aus Köln ihre Chance auf einen Sieg bei den Landtagswahlen verringern wird.

Aus einer der ersten Pressemeldungen: »In der Nacht zum Montag haben zwei Zivilbeamte der Nordhäuser Polizei im Heldrunger Hotel ›Zur Erholung‹ den 62jährigen Urlauber Friedhelm Beate aus Köln erschossen. Dem Mann war die Ausstrahlung der MDR-Sendung ›Kripo live‹ zum Verhängnis geworden. Eine Serviererin aus dem Hotel glaubte, den gesuchten ›Mörder von Remagen‹ Dieter Zurwehme erkannt zu haben. Entscheidende Merkmale im Fahndungsaufruf waren Wanderstock und Rucksack. Die Polizisten sollten die Identität des Hotelgastes klären. Als der Unbewaffnete die Tür öffnete, fielen die tödlichen Schüsse.«

In den folgenden Tagen und Wochen wird der Tod des harmlosen Touristen und die Suche nach den Ursachen für den mißglückten Polizeieinsatz zum Medienereignis in ganz Deutschland.

Die beiden vom Dienst suspendierten Polizisten schweigen.

Innenminister und SPD-Vorsitzender Dewes spricht erst 36 Stunden nach den Todesschüssen den Angehörigen sein Beileid aus und wiederholt ansonsten stereotyp: »Wir äußern uns nicht vor den Ermittlungsergebnissen.«

Für die Festnahme des mutmaßlichen Schwerverbrechers hätte ein Sondereinsatzkommando angefordert werden müssen. Das geschah erst, nachdem Friedhelm B. schon 30 Minuten tot war.

Willibald Böck verlangt ein politisches Nachspiel im Landtag. Dewes soll vor dem von Willibald Böck geleiteten Innenausschuß Bericht erstatten.

Die Zivilfahnder vergaßen, dem Hotelwirt ein Foto des »Mörders von Remagen« zu zeigen. Zurwehme und Friedhelm B. hatten nicht die geringste Ähnlichkeit.

Die Thüringer Junge Union fordert Dewes auf zurückzutreten, wie seinerzeit Bundesinnenminister Seiters (CDU) nach den tödlichen Schüssen auf einen Terroristen in Bad Kleinen.

Der Polizei in Nordhausen wurde vor der Identitätskontrolle durch die Kölner Kollegen bestätigt, daß die im Hotel angegebenen Personalien stimmen, ein Friedhelm Beate in Köln polizeilich gemeldet ist.

Richard Dewes sagt die »rückhaltlose Aufklärung« zu, schließt aber persönliche Konsequenzen aus.

Eberhardt Pfeiffer, einer der erfahrensten Journalisten im Thüringer Landtag, sagt mir: »Wenn ich der Dewes wäre, würde ich Vogel meinen Rücktritt anbieten. Dann wäre der Ministerpräsident im Zugzwang und er statt Dewes im Medieninteresse: Soll er den Rücktritt seines Ministers annehmen oder nicht. Und Richard Dewes könnte bei den Ostdeutschen (die in Ermangelung reumütiger DDR-Minister sehr schnell verzeihen werden) wieder Pluspunkte für die Wahl sammeln. Aber ich bin ja nicht Dewes, ich bin nicht einmal sein Berater.«

Seine Berater beraten den Minister nach ihren westdeutschen Erfahrungen.

Drumherum (8)

Von dem Eissportzentrum ausgegrenzt – rechts neben dem Eingang ist die Umzäunung versetzt –, aber baulich dazugehörend: Die Zahnklinik von Frau Dr. Sylvia Krug. In dem langen flachen Gebäude untersuchte, spritzte, massierte und therapierte früher das Personal vom Sportmedizinischen Zentrum des SC Turbine Erfurt. Die heute 44jährige Sylvia Krug arbeitete zu dieser Zeit in der Erfurter Poliklinik …

Nach 1990 wurde dort allen Mitarbeitern gekündigt. »Wir liefen wie aufgescheuchte Hühner umher und suchten gackernd eine Privatpraxis. Ansonsten konnten Zahnärzte bestenfalls um eine Stelle im Gesundheitsamt kämpfen. Dort durfte man, solange es diese DDR-Vorsorge noch gab, Löcher bei Reihenuntersuchungen zählen.«

Frau Dr. Krug war damals mit Dietmar Krug, dem Chef des Eishockeyklubs, verheiratet. »Deshalb erhielt ich – der Sportmedizinische Dienst war wie die Spartakiadebewegung erst einmal abgeschafft worden – diese Räume hier als Zahnarztpraxis. Wir haben sie selbst umgebaut und renoviert, dadurch blieb die Miete erschwinglich. Ich war plötzlich freie Unternehmerin in einer freien Marktwirtschaft, dachte ich.«

Mit dem Standortnachteil, abgelegen und versteckt im Eissportzentrum, hatte sie gerechnet. Zuerst kamen die Sportler in ihre Praxis. Dann die Leute vom Feierabendheim gegenüber. Schließlich die Abgeordneten, die Angestellten und die Beamten der umliegenden Ministerien, sogar Hermann Ströbel, der Staatssekretär des Kultusministeriums. »Wenn der Staatssekretär sich höchstpersönlich einen Termin bei Frau Dr. Krug geben läßt, kommen natürlich auch seine Mitarbeiter und Sekretärinnen.«

Wer von den Abgeordneten jammert und wer die Schmerzen tapfer erträgt, erzählt sie mir nicht. Arztgeheimnis. »Und Reden können die hier ja auch keine halten.« Was sie nicht bedauert. »Denn Reden halten ist das eine und etwas tun das andere. Genau wie das Märchen vom freien Unternehmer in einer freien Marktwirtschaft. Theoretisch stimmt alles, aber in der Praxis ... Beispielsweise ist für uns ehemalige DDR-Zahnärzte (ich bin kein Großverdiener, ich nehme mir monatlich 1500 DM zum Leben aus der Kasse) die regierungsamtlich angeordnete und von den Parlamenten legalisierte strenge Limitierung – bei soundsoviel Patienten soundsoviel Füllungen, Extraktionen – existenzgefährdend. Aber daß die Patienten in meinem Viertel, die Abgeordneten und Ministeriumsbeamten, vielleicht ungesünder leben – wenig Gemüse, viele Lutschbonbons – und ich deshalb mehr Löcher füllen muß, das interessiert die Limitwächter überhaupt nicht. Aber ich muß mich wie eine Angeklagte vor dem ›Limitierungsgericht‹ verantworten. Gestern habe ich ein Rezept von 1994 – Tausende gut bezahlte Kassenmitarbeiter kontrollieren lediglich Rezepte – nachträglich selbst bezahlen müssen, weil ich einer Patientin nach einer Zahnbehandlung ein Mittel gegen Kopfschmerzen und Migräne verschrieben hatte.«

Sie redet sich in Rage, berichtet von einem Medikament, mit dem sie hochsensible Zahnhälse behandelt. »Doch da wird genau gezählt, wie viele Tropfen ich für wie viele Patienten verwenden darf ... Aber wenn ich das den Abgeordneten erzähle, staunen sie nur, und wenn sie den Mund wieder aufmachen können, sagen sie: ›Das ist ja unmöglich.‹«

Ihr Honorar berechnet sie monatlich nach dem gleichen Punktsystem wie die Westzahnärzte. »Aber die Kassen ziehen uns regelmäßig 14 Prozent vom Honorar ab. Ost-Reduzierung. Das Material, das aus dem Westen kommt, erhalten wir jedoch nicht mit 14 Prozent Ost-Rabatt. Für unsere Füllungen müssen wir zwei Jahre Garantie geben. Ein Westauto oder ein Bosch-Staubsauber muß nur ein Jahr halten.«

Natürlich würde sie durch ihre Arbeit gerne einmal reich werden. Sie grient. »Reich sein bedeutet für mich 100000 DM auf dem Konto und ein eigenes kleines Häuschen.«

Im Moment hat sie 400000 DM Schulden.

Bevor Frau Dr. Krug den nächsten Patienten – »Nein, leider kein Abgeordneter für Sie« – auf den Behandlungsstuhl bittet, sagt sie: »Ich würde als Zahnärztin auch wieder, wie in der DDR, für ein festes monatliches Gehalt arbeiten.«

Der Interregio kommt verspätet um 10.15 Uhr in Gera an, aber der Wahlparteitag der Thüringer CDU im protzigen Kulturpalast beginnt schon um 10 Uhr. Mit mir rennt Johanna Köhler, CDU-Landtagsabgeordnete, Lehrerin für Französisch und Englisch und Vorsitzende vom Petitionsausschuß, zum Taxistand. Bevor wir losfahren, läßt sich noch jemand schwergewichtig auf den Rücksitz fallen, der ehemalige Staatssekretär im Innenministerium Lippert, ein guter Freund von Willibald Böck. (Er wollte mit ihm nicht nur einen »wertkonservativen Kreis«, das Wachsenburgforum, gegen die CDU-Spitzen Vogel und Schwäblein gründen, sondern hatte vor den letzten Landtagswahlen auch Dossiers vom Saarländischen Verfassungsschutz über Richard Dewes angefordert.)

»Endlich kann man diesen Dewes aus seinem Mauseloch heraustreiben. Ganz Deutschland hat Angst, noch Urlaub in Thüringen zu machen, dort wo Dewes-Polizisten mir nichts dir nichts Wanderer erschießen dürfen. Absetzen! Sofort absetzen diesen Mann!« beginnt Lippert das Gespräch ohne Einleitung.

Die Fahrt dauert nur 7 DM mit Trinkgeld. Johanna Köhler bezahlt für alle, auch für Lippert, der inzwischen wieder einen guten Job bei der Ruhr-Kohle-AG gefunden hat und weiterhin die Thüringer CDU berät.

Wir haben nichts verpaßt. Vogel hat sich keinen Boxer-Einmarsch inszenieren lassen. Dafür prangt über den alten Reliefskulpturen im Kulturpalast ein großer, furchterregender, prächtiger Löwe. »Der Thüringer Löwe brüllt wieder. CDU.« Hinter dem Präsidium, in dem auch Dagmar Schipanski sitzt, ist zu lesen: »Klare Verhältnisse! Top, Thüringen! CDU.«

Top, CDU! Zu Beginn läßt man (dafür gibt es eine »Tradition«, denn auch bei SED-Parteitagen durften Parteilose Huldigungen ausbringen) einen parteilosen Unionsfreund sprechen.

»Ich bin nicht in Thüringen geboren, und ich bin parteilos.« Gunter Brüß ist Direktor der Dresdner Bank AG in Erfurt und Mitglied des Bundesvorstandes des »Wirtschaftsrates der CDU e. V.«. Außerdem ist er Vorsitzender der Bürgerinitiative »Thüringen für Dr. Vogel e. V.«.

Während der parteilose Unionsfreund seine Rede vorträgt, erliege ich einer Sinnestäuschung. In die Originalsätze des Chefs der Dresdner-Bank-Landeshauptstadtfiliale schleichen sich für »Thüringen« die »Deutsche Demokratische Republik«, für »Ministerpräsident Dr. Vogel« unser hochverehrter »Staatsratsvorsitzender Erich Honecker« und der »Aufbau-Ost« und die CDU werden durch den »Aufbau des Sozialismus« beziehungsweise die SED unterwandert.

Ansonsten alles Originalton.

»... mein Herz hängt an diesem Land. Ich habe vom ersten Tage an begeistert an unserer gemeinsamen Aufgabe, dem Aufbau des Sozialismus, mitgearbeitet – und ich bin wie jeder DDR-Bürger stolz auf das, was hier geleistet worden ist. Wenngleich ich der SED sehr nahe stehe, habe ich in den letzten Jahren ... nicht die Notwendigkeit gesehen, mich politisch zu engagieren, auch weil ich unser Schiff auf gutem Kurs und in ruhigen Gewässern glaubte. Heute weiß ich ... daß meine Einstellung falsch war ... Nein, es ist die falsche Zeit und die DDR der falsche Ort, um zweifelhafte politische Experimente zu starten ... Und habe mir selbst fest versprochen, alles in meiner Kraft Stehende zu tun, um dazu beizutragen, die DDR vor solchen Fehlentwicklungen zu schützen. In der DDR gibt es nur einen Garanten für eine sichere, zukunftsorientierte und verläßliche Politik: unseren Staatsratsvorsitzenden Erich Honecker. Ihm verdanken wir, wo die DDR heute steht. Und unsere Aufgabe ist es, dafür zu sorgen, daß dies die nächsten

Jahre so bleibt … Das Richtige für unser Land, das Richtige für unsere Zukunft und das Richtige für unsere Menschen.«

Und der Garant für eine sichere Zukunft, Ministerpräsident Bernhard Vogel, klatscht begeistert in seiner unnachahmlichen Art: er öffnet die Arme weit, wie bei einer Gymnastikübung, und schlägt sie dann auf und nieder wie Ikarus. Das tut er auch bei der nächsten Rednerin, Angela Merkel. Die prophezeit, daß »unsere Menschen« sich die neuen sozialen Ungerechtigkeiten der rot-grünen Regierung nicht gefallen lassen, »denn wir haben vierzig Jahre Erfahrungen, wie die Grundrechenarten außer Kraft gesetzt werden«. Sie verspricht, alles zu tun, damit Bernhard Vogel als »strahlender Sieger den Thüringer Löwen mit Gebrüll wieder nach Bonn tragen kann«.

Der Ministerpräsident liest seine kurze, aber kämpferische Rede zwar ab, doch er ändert sie beim Vortrag.

Aus »nicht nur Erfurt erblüht, das ganze Land erblüht« macht er die vollendete Tatsache »nicht nur Erfurt blüht, das ganze Land blüht«. Er bleibt volksliedhaft, als er auf die selbstgestellte Koalitionsfrage »Was will die SPD wirklich?« nicht singt, aber zitiert: »Die Dame, die ich liebe, die nenn' ich nicht, doch hab ich ihre Farben mir erkoren.« Den Angriff auf Dewes liest er ohne Veränderung ab: »Klare Verhältnisse in den Ministerien. Ich erwarte von einem Minister, daß er nicht Kollegen ins Handwerk pfuscht, sondern seinen eigenen Laden in Ordnung hält.« Am Ende seiner Rede angekommen, stellt er die elf Mitglieder seines »Schattenkabinetts« – nein, mit ihnen wolle er schließlich »das Licht durchsetzen«, Lichtgestalten also – den Delegierten vor. Streng nach dem ABC geordnet, aber auch da ist der als Kronprinz gehandelte Dieter Althaus der erste.

»Minister Dieter Althaus – die Verläßlichkeit und Integrität in Person.« Verläßlich war der Diplomlehrer für Physik und Mathematik wohl schon immer, sonst hätte man ihn – 1985 CDU-Eintritt, 1987 Stellvertretender Direktor der POS Geismar – nicht zur Lobpreisung des sozialistischen Schulsystems (das der Minister Althaus nun verdammen muß) zum letzten pädagogischen Kongreß der DDR delegiert. Auch um für besondere Leistungen bei der wehrpolitischen Erziehung gelobt zu werden, mußte man verläßlich sein …

Aber muß, wer verläßlich ist, auch integer sein?

Für Dagmar Schipanski wirbt Vogel mit stimmigeren Argumenten. »Eine Frau mit Statur, die ihrem Heimatland Ehre gemacht hat, die sich bei Freund und Gegner Respekt erworben hat und deren Botschaften auf der politischen Tagesordnung bleiben müssen.«

Und danach das größte Lob der Elferriege für den umstrittenen Förderbescheid-Minister Franz Schuster. »Wer arbeitet härter als er – je mehr Straßen, je mehr Schienen, um so besser. Wir brauchen Franz, den Achsenschmied.«

Franz ist wohl auch des Glückes Schmied. Kürzlich beispielsweise in einem Neustädter Betrieb, der einen computergesteuerten PKW-Außenspiegel entwickeln will. Dafür fehlen allerdings 1,5 Millionen DM Förderung. Werden die nicht bewilligt, droht der Unternehmer, wird er 60 Leute entlassen müssen. Aber der »Achsenschmied« sagt, daß er im SPD-Ministerium für Wissenschaft, Forschung und Kultur noch Beziehungen zu einigen Verantwortlichen hat und daß er hofft, das Geld dort besorgen zu können.

Glück für den Unternehmer: Das Risiko zahlt die Gesellschaft, den Gewinn kassiert er allein.

»Elf Frauen und Männer! Elf Freunde müßt ihr sein … Laßt uns weiter von Tür zu Tür gehen. Laßt uns den Menschen sagen, eure Sorge ist auch unsere Sorge. Laßt uns um jede Stimme kämpfen. Aber nicht, damit Vogel und Althaus an der Macht bleiben und Schipanski und andere vielleicht an die Macht kommen: Es geht nicht um uns, sondern um die Zukunft unseres Landes.«

Applaus. Applaus. Alles im Saal erhebt sich. Die meisten euphorisch mit automatisch militärisch funktionierendem Huldigungskniegelenkdurchdrücken. Andere erst, nachdem sie rechts und links und vorn und hinten geäugt haben, ein Knieanspannen, einen Moment in der Hocke bleiben, sozusagen Schwebezustand zwischen Gefühl und Gehorsam. Aber dann wird auch das andere Knie durchgedrückt. Schließlich stehen alle bei dieser kultischen Handlung.

Nur zwei Frauen, oben von der Pressetribüne deutlich zu sehen, bleiben sitzen. Die eine mit einem langen schwarzen Pferdeschwanz. Die andere mit einem blau-weiß gepunkteten Kleid.

In der Mittagspause suche ich lange, bis ich sie im Vestibül finde. Die mit dem Pferdeschwanz ist Mitglied der Jungen Union in Gera, studiert in Jena. »Ich finde es affig, vor einem Politiker aufzustehen, weil er eine gute Rede vorgelesen hat. Das mache ich selbst bei einem Professor für eine Supervorlesung nicht und erst recht nicht vor dessen Wahl zum Dekan.« Doch das Sitzenbleiben sei ihr nicht leichtgefallen. »Die Nachbarn gucken vorwurfsvoll oder strafend von oben auf einen herunter.«

Sie ist in die Junge Union gegangen, weil sie eine andere Politik als die Alten machen will. Inzwischen hat sie Illusionen verloren.

Ich frage sie nach ihrem Namen: »Kathrin, mit h. Den Nachnamen lassen wir lieber weg, falls ich doch noch einmal eine politische Karriere mache.«

Die zweite, im blau-weiß gepunkteten Kleid, ist älter, spricht »Summbarcher« Dialekt und stellt sich als Frau Landtagsabgeordnete Christine Zitzmann vor.

Weshalb sie nicht aufgestanden ist zu den standing ovations?

»Weil ich nur vor einem, vor unserem Herrn, aufstehe!«

Sie versuche immer das zu machen, was ihr gemäß sei. »Nicht was die Partei von mir verlangt.«

Regierungssprecher Hans Kaiser sitzt aufgekratzt und gut gelaunt im Presseraum. Eigentlich ist er heute auf dem CDU-Parteitag nicht im Dienst, doch er erinnert sich sofort an meinen Interviewtermin bei Vogel und meint zuversichtlich: »Ich denke, es wird bald klappen.« Dann vertraut er mir an, daß er früher Features für den Rundfunk gemacht hat, und plaudert über seinen Chef aus dem Nähkästchen: »Manchmal wünschte ich mir einen Ministerpräsidenten mit Familie. Einen, der am Wochenende wie unsereiner noch was Besseres zu tun hat, als Tag und Nacht zu arbeiten, damit die Mitarbeiter am Montag keinen leeren Schreibtisch vorfinden.«

Im Vestibül versuchen zwei Ostthüringer Delegierte Dagmar Schipanski zu überzeugen, daß sie (»Wenn Sie Minister Schuchardt abgelöst haben ...«) in Gera eine Hochschule gründet.

Ich erinnere die Professorin, daß wir miteinander reden wollten, wenn sie die Wahl für das Amt des Bundespräsidenten verloren hat, die Medien sich nicht mehr für sie interessieren und sie wieder an der TU in Ilmenau arbeitet.

»Manchmal kommt es anders«, sagt sie lachend. »Wenn man erst einmal drinsteckt in der Politik.« Aber der wichtigste Grund, weshalb sie nach der Niederlage gegen Johannes Rau das Angebot von Bernhard Vogel angenommen hat: »Ich möchte der CDU helfen, eine rot-rote Regierung in Thüringen zu verhindern.«

»Auch ohne daß Sie Mitglied der CDU werden?«

»Ja, außerhalb einer Partei ist man gedanklich unabhängiger.«

Schließlich blättert sie im Terminkalender und verspricht mir einen Interviewtermin vor der Wahl im September.

Claudia Nolte, die Bundesfamilienministerin a. D. aus Ilmenau, kommt in Minirock und modisch grauem T-Shirt und gratuliert der Landesministerkandidatin aus Ilmenau. Sie gehört nicht zu den »elf Freunden« von Vogel.

Wer wie sie vor ihrem Versprecher zur Erhöhung der Mehrwertsteuer und der Trennung von ihrem Mann schon als zukünftige Thüringer CDU-Ministerpräsidentin gehandelt worden war, wird enttäuscht sein, nun nicht einmal mehr zur Wahlmannschaft zu gehören.

Aber ihre Kulleraugen lachen. Wohl von der euphorischen

Stimmung der CDU-Delegierten ermutigt, sage ich der katholischen Ministerin a. D., daß ich sie beim ersten Bundestagswahlkampf Kaugummi kauend und nicht sehr klug redend in unserer Gemeindevertretung erlebt und später als gegen die Schwangerschaftsunterbrechung geifernde Ministerin nicht gerade geschätzt habe. Sie ist nicht beleidigt.

Doch ich provoziere weiter, frage, weshalb die »Bild«-Zeitung sie nicht auf Schritt und Tritt verfolgt, um wenigstens ein Foto vom »neuen Lebens- und Liebesglück der Claudia N.« zu schießen.

»Da gibt es nichts zu schießen«, antwortet sie kurz und barsch.

Worauf ich vorsichtig frage, ob sie die Forderung der katholischen Kirche nach immerwährender Treue und immerwährender Ehe inzwischen anders beurteilt.

»Nein, ich halte diese Ideale auch dann für richtig, wenn ich sie selbst nicht schaffe.«

Im Gegensatz zur Politikerin Nolte. »Als Politikerin muß man Kompromisse eingehen.«

Als im Saal die Nationalhymne erklingt, rennt Claudia Nolte hinein und steht bei »Einigkeit und Recht und Freiheit« ordentlich an ihrem Platz.

Ich hole mir am Info-Stand vom »Pro-Vogel-Verein« das Hochglanzfaltblatt »Für Thüringen. Für unsere Zukunft. Für Bernhard Vogel«, dem eine abtrennbare Beitrittserklärung und Informationsmaterial beiliegt. Außerdem gibt es einen Werbetext »Wandern mit Bernhard Vogel«. Sechs Wanderungen, an einigen will der MP persönlich teilnehmen.

CDU-Fraktionschef Christian Köckert, dem ich es zeige, sagt: »Bloß gut, daß Vogel nicht allein wandern muß.«

Auf der Fahrt nach Hause lese ich einen Wahlkampftext, den man unter dem Dewes-Bild im Internet abrufen kann:

»Worüber ich mich richtig ärgern kann.

Ich könnte schon mal in die Luft gehen ... wenn ich sehe, wie rücksichtslos auf unseren Straßen immer öfter der Kampf

PKW gegen PKW geführt wird und monatlich neue kleine Kreuze an der Straße stehen …

Ich könnte schon mal in die Luft gehen … wenn ich erfahre, daß es unseren Thüringer Bundeswehrsoldaten, die zur Zeit im Kosovo stehen, an einfachsten Schutzausrüstungen fehlt …

Ich könnte schon mal in die Luft gehen … wenn über politischen Zwistigkeiten, sinnlosen demagogischen Debatten und Eigenbeschäftigungen die Sorgen und Anliegen der Bürger auf die Warteliste geschoben werden …

Wissen Sie was, die Hunde bellen, und die Karawane zieht weiter. Die SPD hat keinen Grund, den Kopf einzuziehen. Sie kann auf schwierigem Weg nur gewinnen – mehr Gerechtigkeit, mehr Demokratie und mehr Sicherheit für die Bevölkerung. Basta!«

Könnte es sein, denke ich, daß die SPD-Wahlkampfwerbemanager von der CDU bezahlt werden?

Schlagzeilen Juli 1999

Die Betriebe in Thüringen bieten im Mai rund 13000 Ausbildungsplätze an. Das sind knapp 2000 weniger als im Vorjahr.

Als erster deutscher Ministerpräsident hat Dr. Bernhard Vogel einen »Internet-Führerschein« erworben.

Aus Bischofferode, wo vor sechs Jahren die Bergleute ihre Grube durch einen Hungerstreik vergeblich zu retten versuchten, sind inzwischen von den 2800 Einwohnern 600 weggezogen. 115 Wohnungen und 12 Häuser stehen leer.

Die Thüringer PDS ist weiterhin für eine Regierungskoalition mit der SPD offen, obwohl die Meinungen auf ihrem Parteitag von »in einigen Sachfragen totale Übereinstimmung« (Bodo Ramelow) bis zur »totalen Verweigerung des Zusammengehens mit der SPD« (Steffen Dittes) reichen.

Die Zahl der Hasen im Freistaat Thüringen (rund 60000) steigt wieder. In einigen Gebieten wurden 15 Hasen auf 100 Hektar (4 mehr als bei der letzten Zählung) registriert.

In Thüringen zahlen Frauen, die Zuflucht in Frauenhäusern suchen, bundesweit die niedrigsten Übernachtungsgebühren (5 bis 9 DM). In Ulm dagegen bis zu 79 DM.

Das Thüringer Kultusministerium hat 40466 Beschäftigte des Schuldienstes auf Stasiverbindungen überprüfen lassen. Bei 1280 wurde die Gauck-Behörde fündig. 721 schieden daraufhin aus dem Schuldienst aus, 270 von ihnen durch Kündigung.

Auf dem Jakobfriedhof in Weimar beschädigen Unbekannte sechs von acht Skulpturen, die dort zur Erinnerung an die Häftlinge des KZ Buchenwald aufgestellt worden waren.

Nach monatelangem Streit zwischen Befürworter Schuchardt (SPD) und Gegner Trautvetter (CDU) wird das unter Leitung von Prof. Wahlers aus Hannover arbeitende neunköpfige Spezialistenteam für das neue herzchirurgische Zentrum der Friedrich-Schiller-Universität Jena, wie gefordert, rund 100 Prozent Westtarif erhalten.

In Thüringen steigt der Anteil der brachliegenden Ackerflächen um 3600 Hektar auf 26000 Hektar.

Bundeskanzler Schröder lobt bei einem kurzen Weimarer Wahlkampfabstecher in Begleitung von Dewes die Thüringer Bratwurst »als schon landsmannschaftlich«. Und bekleckert sich seinen Designeranzug mit Senf.

Drei Tage nach dem CDU-Parteitag, am 7. Juli, verkündet Bundesverkehrsminister Franz Müntefering (SPD), daß die Bundesregierung entschieden hat, den 8 Milliarden teuren ICE-Strekken-Neubau von Erfurt nach Nürnberg (mit Anbindung an Berlin) zu streichen. Die Zeitungen überschlagen sich in Protest und Trauer: »Schwarzer Tag für Erfurt« – »Bahn schiebt Thüringen auf das Abstellgleis« – »Dolchstoß gegen wirtschaftliche Entwicklung Thüringens« – »ICE-Wahlbetrüger Dewes«

Einen Tag später trifft sich der Innenausschuß des Landtages zur öffentlichen Anhörung des »4. Gesetzes zur Änderung des Thüringer Beamtengesetzes« im Plenarsaal. Und weil die Ausschußsitzungen, gleich ob zur Berufsvormündervergütung, zur Geflügelfleischhygiene oder zur Theaterfinanzierung – anders als sich das die Thüringer Demokraten der ersten Stunde vorgestellt hatten –, nicht öffentlich sind und weil mir Landtagspräsident Pietzsch auf meinen Bittbrief, ausnahmsweise, um das neue demokratische Prinzip auch bei der Erarbeitung der Gesetze studieren zu können, an einer Ausschußsitzung teilnehmen zu dürfen, geantwortet hatte: »Bezugnehmend auf Ihr Schreiben müssen wir Ihnen mitteilen, daß eine Teilnahme nicht möglich ist«, will ich wenigstens zu einer öffentlichen Anhörung gehen.

Willibald Böck – im Gegensatz zum »Achsenschmied« Franz Schuster gehört der »Hammer-Willi« nicht zum Schattenkabinett und hat auch beim CDU-Parteitag gefehlt – leitet den Innenausschuß. Als ich ihm sage, daß ich mich zur Anhörung in den Saal setzen möchte, um zu erleben, wie Gesetze entstehen, grinst er und fragt mich, ob ich immer noch nicht begriffen habe, daß Gesetze nicht öffentlich gemacht werden.

Ich sei doch dabeigewesen, als er mit dem ehemaligen Staatssekretär Lippert und einigen Experten den Schlachtplan zur Änderung des Kommunalgesetzes – also darüber, daß Stadtwerke auch über kommunale Grenzen hinweg ihren Strom verkaufen können – aufgestellt hat. »Zuerst in der eigenen Fraktion die Frage klären, dann das Problem durch Presseveröffentlichungen hochspielen und den Pohl von der SPD mit in das Boot holen …«

Gesetze würden in der Staatskanzlei und den Ministerien gemacht. »Das heißt, die Beamten dort schreiben die bekannten Gesetze aus den alten Bundesländern ab. Den Ausschüssen bleiben einige Nachbesserungen, aber das geschieht nicht öffentlich. Außerdem«, er grinst, »außerdem wird es erst gegen Mittag nach der Anhörung richtig spannend.«

Dann muß Richard Dewes dem Innenausschuß Rede und Antwort stehen und über die Todesschüsse von Heldrungen berichten. Wenn Dewes erscheint, wird Willibald Böck ein Schild vor die Tagungstür hängen: »Sitzung des Innenausschusses. Kein Zugang für die Öffentlichkeit!«

Trotzdem lauern schon am Vormittag an die hundert Kameraleute, Rundfunkreporter und Zeitungsredakteure auf dem Flur vor dem Plenarsaal. Einige sitzen vorsorglich auf dem Fußboden. Keiner will den langen, langen Gang, den Richard Dewes bis zur Tür des Plenarsaales gehen muß, verpassen.

Ich setze mich in der Kantine zu denen, die dort sitzen, wo sie immer sitzen. Sie denken sich Schlagzeilen aus. Wer die »bildhafteste« findet, darf für alle Kaffee holen. Pfeiffer siegt mit »Thüringen: ICE gestorben. Letzter Tourist erschossen.«

Dr. Dr. Dietz beehrt die Presseleute und lobt: »Ich bin mit Ihrer Berichterstattung über den skandalösen ICE-Beschluß der SPD-Regierung sehr, sehr zufrieden.«

Da gucken sie sich an, und einer sagt: »Da müssen wir was falsch gemacht haben.« Denn in diesem Fall konnten sie wirklich alles schreiben, was sie wollten. Bei anderen politischen Themen ist es schwieriger.

Beispielsweise beim SPD-Gesetz zur Besteuerung der 630-DM-Jobs. Ich hatte den Chefredakteur einer der drei großen Thüringer Tageszeitungen gefragt, weshalb sie lediglich die Gegenargumente der CDU veröffentlichen, aber beispielsweise nicht ein einziges Mal darüber geschrieben haben, daß Kaufhausketten Millionen daran verdienen, an den Kassen alle steuer- und sozialabgabepflichtigen Festangestellten entlassen und durch abgabefreie billige 630-DM-Aushilfskräfte ersetzt zu haben.

»Du brauchst nur die Zeitung aufzuschlagen, kein Tag, an dem wir nicht mindestens eine ganzseitige 40000-DM-Anzeige einer Kaufhauskette veröffentlichen. Da schreibst du keinen Kommentar gegen Billiglöhne und 630-DM-Abzockerei in den Supermärkten. Wenn dich eine Kaufhauskette sechs Monate boykottiert, bist du ökonomisch am Ende der Fahnenstange. Ganz zu schweigen von den eigenen Aushilfskräften, den Zeitungsausträgern.«

Dewes ist noch nicht erschienen. Böck zupft an seinem Schnauzbart und meint augenzwinkernd: »Der kann einem leid tun. Erst die Sache mit Heldrungen, nun der ICE – das steht keiner durch. Wir müssen höllisch aufpassen, daß die Leute ihn nicht noch aus Mitleid wählen.«

Gegen 12 Uhr kommt Dewes, wie immer mit rotem Schlips.

Der lange Gang zum Plenarsaal. Keine Einzugsmusik. Kein Händeschütteln. Die Kameraleute rennen, stoßen und fluchen. Die Mikrophone drückt er schweigend zur Seite. Erreicht wortlos die Tür.

Nach einer reichlichen Stunde wird die Tür wieder geöffnet.

Danach Pressekonferenz im hoffnungslos überfüllten Landespressekonferenzraum (die Tür läßt sich nicht mehr schließen). Neben Innenminister Richard Dewes sitzt der Dienststellenleiter der Polizei von Nordhausen, der Vier-Sterne-Polizeihauptkommissar Wolfgang Ruske. Noch einmal die schon dutzendmal wiederholte Geschichte: Der »Mörder von Remagen« ist angeblich im Hotel. Vier Polizisten der zivilen Einsatztruppe werden hinbeordert. Ein Schwerverbrecher, obendrein bewaffnet, ist eindeutig ein Fall für das Sondereinsatzkommando (SEK). Doch, so argumentiert der Nordhäuser Dienststellenleiter vor der Presse, es war »keine SEK-Lage«, weil nur die Identität festgestellt werden sollte. Aber Identität feststellen bedeutet laut Polizeiauftrag: von Angesicht zu Angesicht dem Mann gegenüberstehen. In diesem Fall einem bewaffneten Mörder …

Die zwei Polizisten, die geschossen haben, schweigen. Sie werden, so versichert Wolfgang Ruske immer wieder, in »seelsorgerische und psychologische Obhut gegeben«.

Innenminister Dewes antwortet auf konkrete Fragen zum Tathergang stereotyp: »Das ist originärer Teil der staatsanwaltschaftlichen Ermittlungen. Deshalb kann ich dazu nichts sagen.«

Polizeihauptkommissar Wolfgang Ruske, »ein erfahrener Beamter«, wie Dewes erklärt, beendete seine Mitgliedschaft in der CDU, als die SPD bei den Bundestagswahlen gesiegt hatte und sein oberster Chef, SPD-Innenminister Dewes, in Nordhausen als Direktkandidat für die Landtagswahl nominiert wurde. Doch nach den dramatischen Abstürzen der SPD bei den Frühjahrsumfragen, dem Wahlsieg der CDU in Hessen und der Ankündigung von Richard Dewes, daß er bei einer Niederlage der SPD auf keinen Fall mehr in einer Vogel-Regierung als Minister zur Verfügung steht, trat Polizeihauptkommissar Wolfgang Ruske wieder in die CDU ein …

Nur wenige Journalisten bleiben, um sich anzuhören, was Dewes zum ICE zu sagen hat.

Am nächsten Tag ist der Ministerpräsident auf Gratulationstour in Meiningen und Suhl unterwegs. In Suhl feiert »Auma-Tec«, heute eine Baufirma, früher Kesselherstellerin, ihr neunzigjähriges Betriebsjubiläum, in Meiningen die Telekommunikationsgeräte produzierende ADAU ihr fünfjähriges.

Der »italienische Graf Capulet«, Auma-Tec-Geschäftsführer

Klaus-Peter Riedel, empfängt vor dem außerhalb Suhls im Wald gelegenen »Waldfrieden« (früher Betriebskinderferienlager, dann Aussiedlerheim, nun Eigentum des Jugendweihe e. V.) mit seinem Kompagnon Klaus-Peter Endter die Ehrengäste an der Tür. Riedel ist für die CDU als Parteiloser zur Stadtratswahl angetreten, aber nicht gewählt worden. »Visionäre sind als Politiker heute nicht gefragt, denn Visionen verhelfen nicht zur Macht. Nur Tagespolitik entscheidet über Sein oder Nichtsein.«

Der Noch-Landtagsabgeordnete Werner Ulbrich geht einige Schritte hinter der Doppelspitze Vogel/Wehner, und Oberbürgermeister Martin Kummer erscheint, seine alte zerknautschte Aktentasche unter dem Arm, als alle schon sitzen.

Die über hundert Arbeiter und Angestellten der Firma, sie haben für den Festakt zwei Stunden eher Feierabend machen dürfen, schielen sehnsüchtig nach draußen, wo inzwischen das Büfett aufgebaut und der Bratwurstrost angezündet wird.

Beim Flötenspiel von Suhler Musikschülerinnen herrscht angemahnte Stille. Nur der Ministerpräsident fragt immer wieder Geschäftsführer Endter: »Wie heißt der Mann? ... Wie alt? ... Wie lange leitete er den Betrieb?« Und streicht und verbessert hastig, wie ein Schüler fünf Minuten vor dem Abgabetermin des Abituraufsatzes, seine von der Staatskanzlei verfaßte Rede. (Zuvor hatte man ihm den ältesten Ehrengast, den 96jährigen Louis Endter, den Vater des Geschäftsführers, vorgestellt, der als Geselle 1927 im Betrieb begonnen hatte und ihn von 1950 bis 1974 als Chef leitete.)

Nach Ehrungen, Ansprache, Arbeiterdank an die Geschäftsleitung, »weil trotz aller Schwierigkeiten Löhne und Gehälter immer pünktlich an uns bezahlt worden sind«, erneutem Flötenkonzert und Grußworten (der ehemalige Chef der Arbeiter- und Bauerninspektion des Bezirkes Suhl, Dr. Horst Babor, hat die Veranstaltung minutengenau organisiert) geht Ministerpräsident Vogel nach vorn. Das heißt, er rennt, als wolle er versichern, daß es nicht lange dauert, denn inzwischen ist auch die Luft im Saal »bratwurstgeschwängert«.

»Ich freue mich, daß heute nicht die Zahl 90 die höchste Zahl ist, sondern die 96. Unter uns ist der 96jährige Herr Endter … Ein Beispiel für den unermüdlichen Fleiß der Menschen … Zu Ihrem 100. Geburtstag, lieber Herr Endter, sehen wir uns wieder.« Stürmischer Beifall von Arbeitern und Ehrengästen. Es folgt das Lob für den neunzigjährigen Betrieb und für den Wirtschaftsaufschwung in Thüringen. »Ohne Mauer und Sozialismus würde Thüringen den Platz in Deutschland einnehmen, der ihm gebührt, nämlich einen der ersten fünf.«

Mitten in der Erfolgsbilanz heißt es plötzlich: »Ich verstehe meinen Posten als Ministerpräsident als Wächteramt für das Wohlergehen Thüringens. Und ich werde es zum Wohle Thüringens nicht zulassen, daß Thüringen als einziges Land in Deutschland vom europäischen Schienennetz abgekoppelt wird. Wir werden im schon fertiggestellten ICE-Eisenbahntunnel von Behringen nicht, wie die SPD das will, Champignons züchten.«

Lachen und Beifall.

Sonne und Bier und Bratwurst und Kartoffelsalat mit Rostbrätel draußen auf der Terrasse. In der Bratwurstschlange frage ich die Leute vor und hinter mir nach dem ICE.

Aber wahrscheinlich hätte ich sie lieber nach den Marken ihrer Autos fragen sollen. »Ist mir zu teuer. Ich bin noch nie ICE gefahren.«

»Wozu soll ich mit dem Bummelzug eine reichliche Stunde rauf nach Erfurt und dann mit dem schnellen ICE wieder an Suhl vorbei nach Bamberg fahren?«

Ich setze mich mit meiner Bratwurst zu Werner Ulbrich, der den ICE verteidigt. »Selbst wenn er in Thüringen nur in Erfurt hält, bringt er Unternehmer und Touristen ins Land. Außerdem werden alle, die mit dem Zug nur durchfahren, sehen, wie schön Thüringen ist, und vielleicht als Touristen wiederkommen.«

Aber ein Bauleiter, den ich schon als Hochseefischer vor Labrador kennenlernte, entgegnet: »9 Milliarden, nur damit Manager und Bosse schneller von Berlin nach München fahren! Außerdem machen die Züge auch jetzt keinen Bogen um

Thüringen und seine Schönheit. Man müßte die Scheiben vielleicht nur besser putzen.«

Der Ministerpräsident ist zum nächsten Jubiläum nach Meiningen weitergefahren.

Am Tag darauf lese ich in der Zeitung: »Ministerpräsident Vogel sagte unter dem Beifall der Anwesenden: ›Wir werden im Eisenbahntunnel von Behringen nicht, wie die SPD das will, Champignons züchten.‹«

Wahlkampfzeit.

Insgesamt bewerben sich, wie inzwischen offiziell mitgeteilt wurde, 340 Kandidaten von 13 Parteien und Verbänden für die 88 Mandate bei den Wahlen zum 3. Thüringer Landtag.

Zwei Tage bevor sich die Abgeordneten des 2. Thüringer Landtages zu ihrer letzten Plenarsitzung treffen, geben die Fraktionsvorsitzenden vor der Presse ihre Statements zur kommenden Tagung und den vergangenen fünf Jahren Parlamentsarbeit ab.

Christian Köckert verkündet, die Regierungserklärung werde deutlich machen, daß es fünf Jahre eine »zähneknirschende«, aber ersprießliche Zusammenarbeit zwischen CDU und SPD gegeben hat. Trotzdem werde die CDU mit aller Schärfe gegen den ICE-Beschluß der SPD vorgehen.

Frieder Lippmann findet es dagegen unverantwortlich, daß die Regierung nach fünf Jahren gemeinsamer Arbeit die abschließende Regierungserklärung erst 48 Stunden vor Ultimo der SPD zur Kenntnis gibt. Aber so viel sei nach der ersten Durchsicht sicher: »Wir werden morgen früh im Koalitionsausschuß auf Korrekturen bestehen. Beispielsweise ist die Arbeit der A-Ministerien im Vergleich zu den B-Ministerien völlig unterbelichtet.«

Bislang kannte ich nur die DDR-Gemüseklassifizierung in A- und B-Qualität. Lippmann weiß auch nichts Genaueres, lediglich, daß in der alten BRD die von der SPD geführten Ministerien als A-Ministerien und die von der CDU geführten als B-Ministerien bezeichnet werden.

Die PDS hat noch keine C-Ministerien.

Fraktionschefin Birgit Klaubert beklagt den Schaden für die Demokratie, der durch die Kungelei in der großen Koalition von SPD und CDU entstanden ist. »Alle wichtigen Entscheidungen wurden bereits in den Sitzungen des Koalitionsausschusses gefällt, das Parlament mußte nur noch abnicken. Nicht ein parlamentarischer Untersuchungsausschuß in fünf Jahren. Die CDU drückte die Augen beim Computerdiebstahl im SPD-Innenministerium zu, und dafür hatte die SPD bei allen Unregelmäßigkeiten im CDU-Wirtschaftsministerium die Blindenbrille auf. Von über hundert Anträgen der PDS, gleich, welche Bereiche sie betrafen, wurden alle, bis auf einen, von CDU und SPD abgeschmettert. Die Ausnahme war ein Dank an alle Ehrenamtlichen in Thüringen.«

An diesem Abend ist auch Richard Dewes ein Ehrenamtlicher. Er brät im Hof seines alten Solsdorfer Hauses Bratwürste für hungrige Journalisten, die er zu einem Grillfest eingeladen hat.

Solsdorf, in der Nähe von Saalfeld gelegen, riecht nach einer Mischung von Silage und Lindenblüten. Unter der großen Linde neben der Kirche steht ein Brunnen und davor ein tönernes Brunnenmännchen. Doch das Brunnenmännchen hat das Wasser schlecht bewacht. Wahrscheinlich hat es zuviel mit den Plaste-Gartenzwergen im Nachbargarten geredet. Der Brunnen ist leer.

Am Gemeindebrett der Kirchenspruch des Monats »Jesus Christus spricht: Euch muß es zuerst um Gottes Reich und um seine Gerechtigkeit gehen, dann wird Euch alles andere dazu gegeben.«

Daneben hängen die Preise für den dörflichen Friedhof aus. Ein Einzel-Erdreihengrab für 30 Jahre kostet 200 DM. Ein Doppelreihengrab 400 DM. Ein Urnengrab für 20 Jahre 100 DM. Ein Doppelurnengrab 200 DM.

Ich gehe die Dorfstraße entlang. Ein vielleicht 40jähriger Mann sitzt im durchschwitzten blauen Turnhemd auf der Holzbank vor seinem Haus. Der Hund liegt daneben. Die Sense hängt an der Schuppenwand. Es riecht nach frisch gemähtem Gras. Als ich bei meinem Rundgang das zweitemal an diesem Haus vorbeilaufe, sitzt der Mann immer noch auf seiner Bank. Der Hund liegt neben ihm in der Sonne.

Richard Dewes wohnt seit drei Jahren in Solsdorf. Ein »naturbelassenes« Grundstück, eine knarrende Hoftür. Nur das Dach des Hauses, einer alten Schule, ist erneuert. Die Journalisten sitzen auf langen, niedrigen Holzbänken, wie sie früher in den DDR-Turnhallen standen. Dewes hockt vor dem Grill und wischt sich den Schweiß von der Stirn. Er ist erst vor einer guten Stunde aus Erfurt gekommen und hat von dort Bratwürste, Brätel, Tomaten, saure Gurken und Brot mitgebracht und das Bier aus der nahegelegenen Watzdorfer Brauerei geholt. Am langen Tisch trinken und lärmen die Journalisten wie ausgelassene Kinder im Ferienlager. Ich denke, jeden Moment werden sie auf die Tische trommeln, und einer wird anstimmen: »Wir haben Hunger, Hunger, Hunger, haben Hunger, Hunger, Hunger, haben Durst. Wo bleibt das Essen, Essen, Essen …«

Aber Frieder Lippmann, der einzige SPD-Genosse am Tisch, lenkt sie mit politischen Häppchen ab. »Die letzte Koalitionsrunde beginnt morgen um 8.30 Uhr. Wir werden Vogels Regierungserklärung in dieser Form auf keinen Fall durchgehen lassen.«

Ich frage schlitzohrig: »Und welchen Satz, der jetzt noch drinsteht, wird Vogel einen Tag später dann nicht mehr vorlesen können?«

Lippmann lacht und sagt ausweichend, daß er in diesem Jahr schon Pilze gefunden hat.

Und ich sage ihm, daß ich gerade das erste Johanniskraut getrocknet habe. »Vielleicht schenke ich dem Richard Dewes nach dem 12. September ein Tütchen davon.«

»Wogegen hilft es?« fragt er.

»Gegen Depressionen.«

Richard Dewes, der keinen Helfer an den Grill läßt, bringt die ersten Teller mit Bratwürsten und Rostbräteln. Brennesseln wachsen neben seinem Haus, und zwischen Schuppen und Koppel stehen viele Holunderbüsche. Die Samen verteilen die Vögel mit den Beeren. Die Sense hängt an der Scheune.

»Dengeln kann ich sie nicht«, sagt Dewes. »Das macht mir der Nachbar.«

Nur eine Haflinger-Stute grast in der Koppel. »Die anderen vier sind draußen auf der Weide.«

»Eine Einzelgängerin?«

»Nein, Sonja ist schon 29 Jahre alt, sie will ihre Ruhe. Sie lebt seit zwanzig Jahren bei mir. Überallhin, wo ich arbeitete, habe ich sie mitgenommen. Nun ist sie dankbar, wenn ich sie im Sommer am Haus in Ruhe weiden lasse.«

Ich frage ihn, in welchem Zimmer die Bodyguards schlafen.

»Die schlafen zu Hause bei ihren Frauen. Hier bin ich sicher.«

Es ist noch hell, als ich mich verabschiede und die Dorfstraße hinunterlaufe. Der Mann hat nun einen Pullover über das verschwitzte blaue Turnhemd gezogen, sitzt auf der Bank und trinkt sein Bier aus der Flasche. Der Hund liegt noch neben ihm.

Ich sage: »Tschüß! Ich muß morgen frühzeitig zur Arbeit.«

»Ich nicht«, sagt der 40jährige. »Ich könnte jeden Tag bis Mittag schlafen. Aber ich kann nicht mehr schlafen.«

Am Donnerstag, dem 15. Juli, um 9.04 Uhr beginnen die letzten beiden Sitzungstage des 1994 gewählten Thüringer Landesparlamentes.

Ministerpräsident Vogel geht nach vorn, um den Abgeordneten den »Rechenschaftsbericht«, die abschließende Regierungserklärung, vorzutragen.

Einen freundlichen Blick in den Saal und einen fragenden auf das Rednerpult mit einem nur halb gefüllten Wasserglas. Für eine Regierungserklärung sei es wohl etwas wenig Wasser, meint Vogel. »Doch das ist eines der wenigen Dinge, für die die Landesregierung nicht verantwortlich ist.«

Spontan entgegnet der Präsident des Landtages: »Herr Ministerpräsident, wir wollten doch auch einmal zeigen, daß wir« (das Parlament) »für etwas zuständig sind.«

Kürzer und treffender kann ich es auch nicht formulieren! Und eigentlich sollte ich an dieser Stelle meine Beobachtungen über den Landtag beenden. Aber der Präsident vermasselt mir die Tour, denn er merkt, welche Wahrheit er unbewußt ausgesprochen hat, und berichtigt, daß er mit »wir« selbstverständlich nicht das Parlament, sondern nur die Landtagsverwaltung gemeint hat.

Nach Vogels Erfolgsbilanz – die Koalitionsgenossen rühren keine Hand zum Beifall – bedauert Richard Dewes, daß es in diesem Haus zum erstenmal seit 1990 bei der Regierungserklärung zu keinem Konsens gekommen ist. Verschwiegen worden sei, daß in Thüringen nach wie vor die niedrigsten Löhne und Gehälter Deutschlands gezahlt werden, daß die Vergabepraxis von Fördermitteln durch das Wirtschaftsministerium nicht einmal für den Landtag durchschaubar ist, daß im letzten Jahr 60 Millionen DM Steuergelder an Spaßbadinvestoren gezahlt wurden, mehr als das Doppelte von dem, was das Land für den Neubau bzw. die Renovierung sämtlicher Thüringer Frei- und Hallenbäder bewilligte …

Während Dewes den Dissens aufzählt, hat der Ministerpräsident seine Brille abgenommen, läßt sie am Bügel zwischen Daumen und Zeigefinger baumeln, knabbert am gebogenen Hornteil und lacht selbstsicher und ausdauernd mit hocherhobenem Kopf und offenem Mund.

Am darauffolgenden Tag stellt Richard Dewes in der Mittagspause seine Kernmannschaft für die Landtagswahl vor. Alle bisherigen Minister sind dabei, Vizepräsident Döring und Fraktionschef Lippmann gehören dazu. Heiko Gentzel nicht. Zwar erzählt er ununterbrochen Witze, aber ich sehe ihm die Enttäuschung an. »Unter Schuchardt als SPD-Chef hätte das anders ausgesehen«, offenbart er mir.

Im Landtag dann noch einmal medienwirksamer Protest der

CDU gegen den ICE-Baustop, und beim Thema Todesschüsse in Heldrungen verlangt der ehemalige Kaliforschungsingenieur und DDR-Widerstandskämpfer, das frühere Kampfgruppenmitglied, der CDU-Abgeordnete Dr. Hans-Peter Häfner: »Herr Innenminister ... Treten Sie zurück!«

In der Küche werden inzwischen die Platten für das vom Landtagspräsidenten Pietzsch angekündigte gemeinsame Abschlußbüfett angerichtet. Der Kantinenkassierer, der frühere Abteilungsleiter Finanzen in der TEAG, deckt ungelenk weiße Tücher auf die langen Tische im Gang zum Plenarsaal, streicht sie glatt, holt Gläser. Er war einmal, erzählt er mir, in der LDPD und nach der Wende in der FDP. Aber er hat sein Parteibuch inzwischen wieder abgegeben.

»Wozu sind Parteien nutze, und weshalb muß ich in einer drin sein? Ich erlebe die Abgeordneten doch jeden Tag. Streiten sich im Landtag, als ginge es um Leben und Tod, und in der Kantine sind sie die besten Kumpel, meist noch in den gleichen Vereinen. Alles nur Theater.«

Während die Abgeordneten von CDU, SPD und PDS mit Sekt anstoßen und Lachshäppchen genießen, bringt er die schmutzigen Teller in die Küche.

»In der DDR wußte ich, daß ich, weil ich kein Mitglied der SED war, niemals höher als bis zum Abteilungsleiter aufsteigen würde. Aber ich wußte auch, daß ich nie so tief fallen würde und einmal Geschirr abräume.«

Nach dem Häppchen-Bankett fahre ich mit Hans-Jürgen Döring in seinen Eichsfelder Wohnort Worbis. Unterwegs schimpft er wie ein Rohrspatz über die »Schweinebacken von der CDU«, die am Ende der Koalitionszeit (siehe ICE und Heldrungen und Verweigerung eines Kompromisses zur Regierungserklärung) »ihr wahres Gesicht zeigen«.

Er kann sich eine neue Koalition mit den Schwarzen nicht vorstellen.

Wird er Vizepräsident des Landes bleiben oder vielleicht zum Präsidenten aufsteigen?

Er schüttelt den Kopf. »Es ist unwahrscheinlich, daß wir die stärkste der Parteien werden.«

Abends lesen wir gemeinsam im Worbiser Literaturcafé. Nach meinen Wünschen zur Landtagswahl befragt, lese ich ein fast dreihundert Jahre altes Gebet.

Lieber Gott und Herr
setzte dem Überfluß Grenzen
und laß die Grenzen überflüssig
werden.
Gib den Regierenden ein besseres
Deutsch
und den Deutschen eine bessere
Regierung.
Schenke uns und unseren Freunden
die Wahrheit
und der Wahrheit mehr Freunde.
Bessere solche Beamte, die wohl
tätig,
aber nicht wohltätig sind,
und laß die, die rechtschaffen sind,
auch Recht schaffen.
Sorge dafür, daß wir alle in den Himmel
kommen,
aber wenn Du willst, noch nicht
gleich.

Der Betriebsrat der einmal weltgrößten Zweiradfahrzeugfirma Simson Suhl hat im Namen der noch 123 Mitarbeiter zwei dringende Briefe an den Ministerpräsidenten geschrieben. Dem zu 49 Prozent über seine Industriebeteiligungsgesellschaft dem Freistaat gehörenden Betrieb droht der Konkurs.

Als ich Regierungssprecher Hans Kaiser frage, ob der Ministerpräsident schon auf den Brief geantwortet hat, sagt er, daß er nicht sofort auf jeden Brief antworten kann.

Statt dessen fährt Richard Dewes in seiner Funktion als

SPD-Vorsitzender nach Suhl und verkündet: »Die Regierung muß alles tun, um die Tradition und die Zukunft von Simson zu retten.« Zudem verrät er, daß im Erfurter Kabinett bereits überlegt wurde, wie man den Betrieb still und leise schrittweise auflösen und die Belegschaft in Strukturanpassungsmaßnahmen unterbringen könne.

Der Ministerpräsident kritisiert Dewes, er solle sich um seine eigenen Aufgaben kümmern und nicht um die anderer Ministerien. Zwei Tage später fährt er zu einem langgeplanten Interviewtermin in die Chefredaktion »Freies Wort« nach Suhl. Die Simson-Werker hoffen, daß er eine Stunde Zeit hat, um bei ihnen vorbeizukommen. Aber weil er dringende Verpflichtungen hat, laden sie ihre Mopeds auf einen LKW und karren sie in den Hof der Redaktion. Kurzer Halt des Ministerpräsidenten. Er setzt sich zum Fototermin auf eines der Simson-Mopeds, lacht und winkt. Am nächsten Tag das Bild auf den Titelseiten. »Simson hofft auf Vogel als Retter.« Er verspricht Finanzspritzen und sagt, die Beschäftigten müßten sich kurz- und mittelfristig keine Sorgen um ihre Arbeitsplätze machen.

Aber der Hubschrauber steht bereit, und irgend jemand weiß, wohin er damit fliegt.

»Er muß pünktlich in Kulmbach sein, um dort einen Bierorden in Empfang zu nehmen.«

Die Thüringer Verfassungsschützer sitzen im Erfurter Hochhaus der Mikroelektronik-Firma »THESYS«. Ein freundliches »Willkommen« hängt an der mit stilisierten DDR-Mikrochips verschönerten Wand. Aber das darf man nicht wörtlich nehmen. Die Pförtnerin muß erst einen Wachhabenden herunterrufen, der mit mir im separaten Fahrstuhl in die Verfassungsschutzzentrale fährt. Am Fahrstuhl steht, daß es verboten ist, die Räume des Verfassungsschutzes mit Videorecordern, Computern, Diskettenlaufwerken und Radios mit Kassettendeck in der Tasche zu betreten.

Bevor wir nach oben fahren, will der Wachmann meinen Ausweis sehen. »Ich muß schließlich kontrollieren, ob Sie ein anständiger Deutscher sind.«

»Sieht man am Ausweis, ob ich ein anständiger oder unanständiger Deutscher bin?«

Er nickt.

Sein Chef Helmut Roewer sieht auch in seinem Büro immer noch nicht wie ein »anständiger Deutscher« aus. Zu den Jesuslatschen trägt er heute zwar Strümpfe, aber über den Jeans nur ein ausgewaschenes T-Shirt.

Er meint, daß von den drei zur Wahl in Thüringen angetretenen rechtsradikalen Parteien, wenn überhaupt, lediglich die DVU eine Chance hat, in den Landtag einzuziehen. Sie hat etwa 200 Mitglieder. Die genaue Zahl weiß allerdings nicht einmal Helmut Roewer, denn die Mitgliederkartei kennt nur der millionenschwere Verleger und DVU-Chef Gerhard Frey in München. Dessen Geld ermöglicht es der Partei, Wahlwerbebriefe an alle Haushalte zu schicken und die Häuserwände, gleich den großen Parteien, mit Plakaten zuzukleben.

Herr Frey dulde kein politisches Talent neben sich, kein Mitdenken. »Die Marschrichtung kommt auch für die Gefolgsleute in Thüringen aus München.«

Spitzenkandidat ist der Bauunternehmer Otto Reißig, jener DVU-Mann, der in Frauenwald fast Bürgermeister geworden ist.

Aber am gefährlichsten operiere zur Zeit die NPD. Aus der Partei für die alten Kameraden ist eine »Jugendpartei« geworden. In Thüringen hat sie in den letzten zwei Jahren über 200 junge Mitglieder bekommen. »Sobald extreme neonazistische Splittergruppen verboten werden, flüchten die jungen Leute in die schützenden Arme der NPD, der ordentlich zugelassenen Partei, und nutzen ihre Infrastruktur, um dort – eine Partei ist ungleich schwerer zu verbieten als eine Gruppierung – legal ihre früheren illegalen Ziele zu verfolgen.« Die Partei ist in Thüringen bereits so stark und gut organisiert, daß sie in kürzester Zeit 500 junge Neonazis zu Demonstrationen oder anderen Aktionen versammeln kann. Das schaffen die linken Autonomen wegen der fehlenden Zentrale nicht.

Die Parolen der NPD: »Ausländer klauen den Deutschen die Arbeitsplätze.« – »Banken und Schlüsselindustrien in Deutschland verstaatlichen!« – »Die wirtschaftlichen und wissenschaftlichen DDR-Eliten, die Opfer der Wende wurden, müssen wieder Verantwortung erhalten!«

Durch die jungen Leute hat sich die Ideologie der NPD verändert. »Noch vor wenigen Jahren war es beispielsweise ihr Ziel, mit Hilfe von Wissenschaftlern zu beweisen, daß in Auschwitz nur an Krankheiten verstorbene Häftlinge verbrannt worden sind. Man leugnete die Verbrechen der Nationalsozialisten. Mit diesen Leuten konnte man noch diskutieren. Heute, wo junge Leute die Öffentlichkeit kaum noch mit ihren Flegeleien schocken können, ist es cool, zu sagen: ›Natürlich haben sie in Auschwitz Millionen vergast und verbrannt! Aber das war gut so! Es war gut für Deutschland!‹ Die Schockwirkung beim Gegenüber ist nicht mehr zu steigern. Und mit diesen grinsend triumphierenden jungen Leuten kann man kaum noch diskutieren.«

Seine Generation der 68er hätte sich nicht mit dem Faschismus identifizieren können, weil die Väter Faschisten waren. »Nun aber waren die Opas Faschisten. Und Opas sind freundliche, gutmütige Begleiter der Kindheit gewesen.«

Ich frage Roewer, ob er mir die Adressen der Thüringer Landeschefs von NPD, Republikanern und DVU geben könne. Ich will mit deren Spitzenkandidaten sprechen.

»Sie werden nicht antworten. Die meiden das Licht der Öffentlichkeit wie die Nachteulen«, prophezeit er mir.

Republikaner und NPD antworten nicht. Vom DVU-Vorsitzenden Gerhard Konrad erhalte ich mit einer Arnstädter Postfachnummer einen freundlichen Brief. »Sie sind mir als Schriftsteller bekannt, wie auch Ihre politisch konträre Einstellung zu nationalen Parteien … Nach einigen Überlegungen habe ich mir dennoch vorgenommen, Sie hinsichtlich Ihrer Recherchen zu unterstützen … Sie erhalten die Namen und Wohnorte der Kandidaten für die Landtagswahl. Auch kann ich mit Partei- und Wahlprogramm dienlich sein, doch Termine für Wahlveranstaltungen würde ich erst unmittelbar davor nennen, durch frühzeitiges Bekanntwerden hätten wir erfahrungsgemäß Probleme mit linksautonomen Chaoten zu erwarten …«

Über die im DVU-Briefkopfbogen angegebene Handynummer erhalte ich später auch die genaue Anschrift und die Telefonnummer von Otto Reißig.

Drumherum (9)

Um den größten Koloß der Gegend um den Landtag, das lange dreistöckige Gebäude gegenüber mit den fetten roten AEG-Leuchtbuchstaben auf dem Dach, habe ich bei meinen Erkundungen bisher immer einen Bogen gemacht. Ich wußte nicht, ob ich durch den rechten Eingang – AEG und Mercedes – hineingehen sollte oder durch den linken, an dem über zwanzig Firmennamen stehen, von Unternehmensberatung über Reinigungsdienst bis zum Gerichtsvollzieher. Vor dem linken Eingang steht eine Lore mit Berggestein und dem Gruß »Glück auf«. Früher saßen in dem Großplattenbürogebäude die Wissenschaftler und Leiter des DDR-Kalibergbaus.

Es ist schon nach 17 Uhr. Bei AEG und Mercedes ist wahrscheinlich um diese Zeit längst Feierabend. Also der linke Eingang. Ich klopfe wahllos an verschlossene Türen. Bei »Gerichtsvollzieher« habe ich Glück. Erwartet habe ich einen älteren griesgrämigen Beamten und frage deswegen zweimal, ob ich richtig bin beim »Gerichtsvollzieher«. Die junge, attraktive Frau nickt. Sie sortiert, auch während sie fragt, was sie für mich tun kann, einen Stapel Briefe, korrigiert und unterschreibt wie am Fließband, steckt die Bögen in Kuverts und klebt sie zu. Fast an jedem der sorgfältig manikürten Finger trägt sie einen Ring mit glitzernden Steinen. Ich denke nicht an eine Gerichtsvollzieherin, sondern an eine Bardame.

»Fast jeden Tag Überstunden«, stöhnt sie. Deshalb könne sie mit mir weder heute noch in nächster Zeit sprechen. Außerdem müßte ich für ein Interview zuvor die Genehmigung ihrer vorgesetzten Dienststelle, des Amtsgerichtes in Erfurt, einholen.

Aber weil ich unbedingt wissen will, wie sie es verkraftet,

wenn sie den Leuten den Kuckuck an die Tür klebt, schlage ich vor, daß ich beim Eintüten der fertigen Briefe helfe und wir währenddessen reden.

Sie nickt. Gerichtsvollzieher, hier irre ich schon wieder, arbeiten nicht als private graue Eminenzen, sondern sind Angestellte der Justiz. Die Frau ist seit zwei Jahren Gerichtsvollzieherin, zuvor war sie 18 Monate für diesen Job geschult worden.

In Thüringen stieg die Zahl der Gerichtsvollzieher in den letzten drei Jahren von 87 auf 122. Darunter sind 54 Frauen. Jährlich erledigen sie 300000 Aufträge, durchschnittlich brauchen sie vom Auftragseingang bis zum ersten Vollstreckungsversuch sechs bis acht Wochen.

»Ich bin für das umliegende Wohnviertel verantwortlich. Hier haben viele Leute nach der Wende ein Häuschen gebaut, und einige können den Kredit nicht mehr abzahlen.« Räumung. Zuvor darf aus der Wohnung – wenn nicht gerade ein Mercedes vor der Tür steht – nichts gepfändet werden, auch der Fernseher nicht. »Und das Meißner Porzellan und wertvolle Gemälde verstecken sie ohnehin, bevor ich komme. Die meiste Arbeit machen mir Baufirmen, die Pleite gehen. Die ziehen einen ganzen Rattenschwanz von Pleiten hinter sich her. Beispielsweise bekommt ein Elektriker dann seine 200000-DM-Rechnung nicht bezahlt, viele kleine Handwerker sind eben betroffen.«

Als sie zum erstenmal einen Kuckuck ankleben mußte, sei es ihr sehr unangenehm gewesen. »Inzwischen habe ich mich an meine Arbeit gewöhnt. Mitleid ist tödlich für diesen Job. Und ich muß ihn so gut wie möglich machen.« Mit 27 wird sie verbeamtet. Ein Kind hat sie noch nicht, will sie auch nicht.

Als ich eine Viertelstunde Briefe geklebt habe, sagt sie, daß es gut wäre, in Deutschland das amerikanische Modell einzuführen. »Wer nicht arbeitet, bekommt auch vom Staat kein Geld.«

Wozu sonst schuftet sie? Doch nicht, um mit ihrer Arbeit Müßiggänger zu ernähren. Sie schmeißt die Leute als Gerichtsvollzieherin aus der Wohnung raus. »Doch das Obdachlosenheim, in das sie kommen, bezahlt der Staat, also ich mit meiner Arbeit. Schließlich vielleicht Sozialwohnung mit billiger Miete. Die bezahle ich wieder mit, wie auch das Geld für die Sozialhilfe.« Man sollte die Leute zwingen, selbst etwas für sich zu tun. »Wer seine Miete nicht bezahlen kann, den muß man auf die Straße setzen.«

»Also Slums einrichten?«

»Ja, dann eben Slums wie in den USA. Man sollte endlich die Sozialhilfe abschaffen. Dazu braucht man auch kein Parlament und keine Abgeordneten. Das kann einfach durch einen Volksentscheid geschehen. Denn die Leute denken wie ich. Wer nicht arbeitet, soll nichts von denen kriegen, die Tag und Nacht schuften.«

Denen, die keine Arbeit haben, gehe es zu gut. »Das Geld reicht ihnen, und sie haben täglich ihre drei Serien im Fernsehen: die Früh-, die Mittags- und die Abendserie. Ich kann mir nicht mal die Nachtserie angucken.«

Oder die Erhöhung des Kindergeldes! Wozu? »Mich betrifft es nicht.«

Ich verabschiede mich schon, bevor alle Briefe, Mahnungen, Ankündigungen von Vollstreckungen und allgemeinen Hinweise bei Überschuldung abgearbeitet sind.

Parlamentsferien. Das Fehlen der Abgeordneten ist ein Verlust. Die Landtagskantine verkürzt ihre Öffnungszeiten, und die Landtagsverwaltung ist ohne die geschwätzige Geschäftigkeit der Abgeordneten nur noch ein Amt wie alle anderen.

Allerdings hat jede Fraktion einen oder zwei Abgeordnete im wahrsten Sinne des Wortes abgeordnet. Sie halten die Stellung im Landtag. In der DDR nannte man das »politischer Dienst«, heute heißen sie »Stallwachen« und müssen auf aktuelle Ereignisse selbständig reagieren, die Chefs informieren, notfalls die Abgeordneten aus dem Urlaub holen. Beispielsweise falls die Bundesregierung überraschend den Weiterbau der ICE-Strecke beschließt. Oder die CDU eine neue Attacke gegen Mann und Roß in den Thüringer Wäldern reitet. Oder plötzlich die Todesschüsse von Heldrungen aufgeklärt sind …

Bei der CDU finde ich keine der »Stallwachen«. Bei der SPD sitzt Heiko Gentzel höchstpersönlich und gewichtig auf dem Posten. Bei der PDS erwische ich statt eines Abgeordneten den Pressesprecher Holger Elias.

Er ist um die vierzig, war zuvor Thüringenkorrespondent beim »ND«. Jetzt räumt er seinen Schreibtisch aus. Er sagt nicht traurig, sondern wütend, daß nach der Landtagswahl für ihn Schluß ist. Jeden Morgen sei er als erster früh um 7 Uhr in »diesem Laden« gewesen, damit die »verehrten PDS-Abgeordneten« um 8 Uhr einen eigenen Pressespiegel in den Händen hielten. »Die wichtigsten Themen der Landes- und Bundespolitik kreuzte ich ihnen sogar an, sie hätten also sofort darauf reagieren können. Aber kaum einer tat es. Die denken immer noch, daß es unanständig ist, sich für die Presse aus dem Fenster zu lehnen. Statt dessen macht jeder sein spezielles Ding: der Dittes seine Antifa-Aktionen und sein Kontra gegen Polizei und Verfassungsschutz, der Hahnemann seine Jugendgruppen und Bürgerinitiativen. Aber ich kann nun mal nichts mit dem feinen Spruch: ›Wir sind alle Individualisten‹ anfangen. Besser wäre es gewesen, man hätte gemeinsam als Opposition eine wirksame öffentliche Politik gemacht. Zum Beispiel Unterschriftensammlungen gegen die Millionenverschwendung der Regierung bei der Spaßbadförderung oder von Vogel fordern, sein Wahlversprechen, 100000 neue Arbeitsplätze schaffen zu wollen, einzulösen.«

Nichts hätte die Fraktion ordentlich zu Ende gebracht. Aber nun würde er seins zu Ende bringen. »Vielleicht eröffne ich in Gera ein Café.«

Als er Pressesprecher wurde, hätte er sich gesagt: »Elias, du trittst jetzt in die PDS ein.« Aber nachdem er in der Fraktion gearbeitet habe, will er nicht mehr. »Es gibt keine bessere Partei für soziale Gerechtigkeit als die PDS, doch die macht es eben schlecht.«

Im »Stallwachen-Büro« von Heiko Gentzel riecht es wie im Kaffeehaus. »Der Papierkram, den ich sonst von einem Stapel auf den anderen lege, ist nur mit literweise Kaffee zu besiegen.«

Über die Wahlprognosen reden wir nicht. Ich frage nur, ob es besser gewesen wäre, wenn anstelle von Richard Dewes der PDS-Gegner und frühere SPD-Vorsitzende Gerd Schuchardt die Partei in den Wahlkampf geführt hätte. Gentzel zuckt mit den Schultern.

»Beide lieben die Macht. Als Gerd seine Abteilungsleiter begrüßte, ließ er einen von ihnen aufstehen, weil der auf ›seinem‹ Platz saß. Und den persönlichen Fahrer, der ihm die Autotür öffnete und lachend fragte: ›Wo soll es denn hingehen, Genosse Minister?‹, den hätte er fast entlassen.«

Doch »Ritschi« reiche dieses Oben-Unten-Machtgefühl wahrscheinlich nicht. »Der will, wennschon-dennschon, nach ganz oben und es sich ganz oben leisten, trotzdem Mensch zu sein: der freundliche, volksverbundene Richard, der im Dorf wohnt. Er braucht beides. Und wenn es mit der Macht und dem Ministerium in Erfurt schlecht läuft, bessert er eben seine Dachrinnen aus.«

»Und du, vom Reparaturschlosser zum Minister?«

»Für den Minister fehlt mir wahrscheinlich die Diplomatie, das Feingefühl. Als Innenminister beispielsweise hätte ich den zwei Polizisten, die in Heldrungen geschossen haben und anschließend wie schüchterne Jungfern nicht reden wollten, denen hätte ich erst mal eins in die F... gehaun.«

Ja, das sei Machtmißbrauch. »Aber, wenn man immerzu darüber nachdenkt, was man darf und was man nicht darf ... Der Vater hatte mit uns Kindern einmal wild im Wald gezeltet, da kam der Förster und wollte uns bestrafen. Er war im Recht, und er hatte die Macht. Aber mein Vater schrie: ›Wir sind eine kinderreiche Familie, wissen Sie nicht, daß kinderreiche Familien vom Staat gefördert und geschützt werden?!‹ Und der Förster zog ab.«

Wenn man die Macht besäße, müßte man sie auch richtig gebrauchen. In ihrer Fraktion gäbe es auch einige solcher »Förster«, immerzu abwägende Intellektuelle, wie zum Beispiel der Hans-Jürgen Döring. »Die entschuldigen sich dafür, daß sie nun die Macht haben, als sei das etwas Unanständiges.«

Er nimmt die Papierstapel, bringt sie zur Sekretärin, die »den Kram« für ihn noch einmal aufbereiten muß. Er gehe mal kurz in die Kneipe. Dann schließt er sein »Stallwachen-Büro« und lädt mich ein.

Christine Zitzmann, die Frau mit dem blau-schwarz-weiß gepunkteten Kleid, die während des CDU-Parteitages sitzen blieb, als alle Ministerpräsident Bernhard Vogel huldigten, nutzt die Parlamentsferien für den Wahlkampf in ihrer Heimatstadt Sonneberg.

Sie kommt aufgekratzt aus dem Seniorenheim und erzählt, daß sie für die alten Leute das Rennsteig-Lied auf österreichischen Alpenschellen gespielt hat. Die 45jährige, die mit ihren wasserblauen Augen und den sandfarbenen Haaren eher von der Küste stammen könnte, wurde im tiefsten Thüringer Wald zwischen Sonneberg und Neuhaus, in Steinach, geboren. Sie hat zwar keine Beziehungen zu Alpen und Kuhglocken, ist aber seit langem Fördermitglied im »Alpenecho e. V.« von Hönbach, einem Sonneberger Ortsteil. »Als der Chef eines Tages außer Alphorn und Dudelsack auch noch österreichische Alpenschellen mitbrachte, diese Glocken aber niemand spielen konnte oder wollte, habe ich gesagt: ›Einer muß sie spielen, ich werde es probieren.‹« Nun ist sie wahrscheinlich die einzige Thüringer Landtagsabgeordnete, die mit österreichischen Alpenschellen klingeln kann.

Auch sonst tanzt Christine Zitzmann aus der CDU-Reihe. Im Herbst 1998 stimmte sie mit der PDS gegen das Kommunalabgabegesetz. Noch nie hatte ein CDU-Abgeordneter mit der PDS gegen die eigene Fraktion gestimmt. »Durch das Gesetz sollten den kleinen Leuten unverhältnismäßig hohe Kosten aufgebrummt werden. Ich hätte meinen Nachbarn nicht begründen können, weshalb ich dafür bin.«

Danach hat sie allerdings geheult wie ein Schloßhund, und in all die Vorhaltungen, mit den Altkommunisten gemeinsame Sache zu machen, sagte ihr einer: »Als Abgeordneter mußt du einstecken können, ohne zu heulen, auch ohne Mitleid austeilen können.«

Ein anderer tröstete: »Gott erhalte dir deine Ideale.«

Das öffentliche Reden fällt der ehemaligen Krankenschwester immer noch schwer. »Jedesmal, wenn ich nach vorn gehe, habe ich eiskalte Hände. Ich müßte als bildungspolitische Sprecherin der CDU-Fraktion aggressiv reagieren, aber ich kann nicht beißen ... Nur einmal bin ich am Rednerpult wütend geworden und habe in Richtung PDS geschrien: ›Aba wu labbtr de bloos.‹ Allerdings hat das unten im Saal außer der Frau Dr. Fischer von der PDS, die nämlich auch in Steinach geboren ist, wohl niemand verstanden.« Für das Protokoll mußte sie es im nachhinein übersetzen: »Aber wo lebt ihr denn bloß?«

Abends gehe ich mit ihr zur Versammlung vom »Alpenecho«-Verein. Der beleibte Chef verliest gewissenhaft das Protokoll der letzten Zusammenkunft und kann freudig über zwei Neuaufnahmen berichten: eine »Summbarcher« Mundartsprecherin und ein elfjähriger Trompeter. Der Kleine hat seine Eltern mitgebracht, sie sind dankbar, denn die Kosten für den Trompetenunterricht an der Musikschule übernimmt das »Alpenecho«. Damit besitzt das Ensemble nun Alphorn, Orgel, Dudelsack, Trompete, Ziehharmonika, Alpenschellen, Posaune, Peitschen, Susaphon.

Im kommenden Jahr wollen sie eine CD einspielen und Verbindungen zum Fernsehen aufnehmen.

Ob die Christine sich kümmert? Sie nickt.

Bei der Fahrt zum letzten Konzert hat man den Tisch für die Alpenschellen vom Auto herunter verloren. Man müßte einen Anhänger für die Technik bekommen. Ob die Christine sich kümmert? Die Alpenschellensolistin nickt auch diesmal.

Auf dem Rückweg frage ich sie nach ihrem Mann.

Er war 27 Jahre Ingenieur im Elektrokeramischen Werk Sonneberg. 1991 war dort Schluß. Seitdem hat er keine »anständige« Arbeit gefunden, ist mutlos geworden.

Beide waren 1982 in die CDU eingetreten. »Wir wollten Ruhe vor den SED-Werbern. Arbeitsmäßig war er dagegen heimisch in der DDR, er hatte ein erfülltes Arbeitsleben.« In der BRD sei er jetzt politisch zu Hause, aber nicht was die Arbeit betrifft.

»Wenn man hier arbeitsmäßig nicht angekommen ist, kann man auch das politische Zuhause irgendwann wieder verlieren.«

Als wir über Armut und die »heutige Jugend« reden, scheint plötzlich eine völlig andere Frau mit mir zu sprechen.

»Ich habe einigen von ihnen Jobs organisiert. Aber früh um 6 Uhr anfangen, das war dem einen jungen Mann zu zeitig.

Einen anderen mit extrem langen Haaren bat der Malermeister, bei der Arbeit wegen der Kunden die Haare zusammenzubinden. Da sagte der was von Freiheit des Individuums und verschwand auf Nimmerwiedersehen.

Wer jung ist, zwei gesunde Hände hat und ein bißchen Grips im Kopf, der kann sich hier überall durchbeißen.«

Sie, die sonst fürsorgliche Samariterin, läßt sich bei diesem Thema auf keine Diskussion ein. Erst als sie von ihrer Kindheit erzählt, begreife ich …

Ihren Vater kennt sie nicht. Die ersten zwei Jahre nach der Geburt lebte sie bei der Mutter. Der Stiefvater trank. Die Jugendhilfe kontrollierte wöchentlich. 1956 heiratete die Mutter. Die zweijährige Tochter kam zur Großmutter. Die Großmutter war damals 63 Jahre alt, hatte keinen Beruf, schlug sich als Hausmädchen, Saubermachfrau und Wäscherin durch. Weil niemand für sie geklebt hatte, erhielt sie 275 Mark Rente. Damit mußten das Mädchen und die Großmutter leben. Die Kindheit von Christine Zitzmann: Kirchgang. Holz und Beeren sammeln. Kohlen tragen. Andere Kinder beaufsichtigen. Im Fleischerladen helfen. Eine kleine verrußte Küche. Das Klo um die Ecke über den Hof. »Wenn ich nicht mehr singe, Oma, mußt du mich holen«, bat sie, weil sie Angst im Dunkeln hatte.

Aus Bosheit drehte ihnen der Stiefvater den Strom ab. »Wir saßen bei Kerzenlicht. Manchmal hatten wir nicht einmal mehr Brot. Der Pfarrer brachte ein Kleid oder ein Mäntelchen.«

Die Verbindung zu ihrer Mutter, dem Stiefvater und dem nach ihr geborenen Bruder brach sie ab. »Sie waren verrufen in Steinach.«

Als Achtzehnjährige packte sie ihre Sachen, die Bettwäsche und das Federbett auf einen Handwagen und zog in zwei Zimmer am Bahnhof. Kämpfte sich alleine durch. Begann eine Lehre als Sprechstundenhilfe. Hilfsschwester. Krankenschwester. Leitende Schwester …

1978 ist sie mit ihrem Mann nach Sonneberg gezogen. Aber wenn sie heute durch Steinach geht, sagen einige nicht: »Das ist doch die Christine Zitzmann«, sondern flüstern: »Ist das etwa DIE ...«, und dann stecken sie die Köpfe zusammen.

Nach der Wende starb der Mann ihrer Mutter. Sie erfuhr es nicht, erhielt nur eine gerichtliche Vorladung: Christine Zitzmann hätte innerhalb von sechs Wochen keinen Einspruch gegen das Erbe erhoben und sollte es antreten: 15000 DM Schulden. »Alles wäre rechtlich gegen mich, die Erstgeborene, gelaufen. Doch zu meinem Glück erfuhr ich, daß der Mann mich nie adoptiert hat.«

Beim Verabschieden umarme ich die fremde, zerbrechlich aussehende Frau, tue es auch ein paar Wochen später, als wir uns nach der Wahl in der Landtagskantine wieder treffen. »Umarmungen sind selten im Hohen Haus«, sagt Christine Zitzmann.

Außer der CDU-Abgeordneten habe ich beim ersten Zusammentreffen im Landtag spontan nur die PDS-Vorsitzende Gabi Zimmer umarmt.

Sie kenne ich seit Ende des Jahres 1989. Damals fuhren wir zusammen zum letzten Parteitag der SED nach Berlin. Ich war für ihre Auflösung und die Gründung einer neuen Partei, und ich wollte sie »Glasnost« oder »Perestroika« nennen. Die Mitglieder sollten nicht automatisch übernommen werden, sondern sich bewerben müssen ... Gabi Zimmer wollte eine neue Partei aus der alten SED formen.

Die wichtigsten Gespräche dieser zwei Tage hatte ich, weil es sich dort ungestört reden ließ, auf der Toilette, eines mit Modrow und eines mit Gysi. Ich erzählte Gysi von meinen Vorstellungen, aber er antwortete: »Wenn wir die SED auflösen und eine neue Partei gründen, sind wir nicht nur den Namen und die Vergangenheit los, sondern auch jeden Pfennig. Doch ohne Kapital brauchst du nicht anzutreten in dieser Gesellschaft. Es geht um die nackte Existenz, um die materielle Gewalt der Idee.« Modrow nickte.

Als wir zurückfuhren, waren Gabi Zimmer und ich in den Bundesvorstand der PDS-SED gewählt.

Vier Monate später, als einer der alten Parteibürokraten 17 Millionen »für den Notfall« in der Schweiz deponieren ließ, trat ich, die Geldkungelei verurteilend, aus der PDS aus.

Gabi Zimmer blieb. »Ich will die Partei reformieren. Wenn ich mit meinem Eheleben nicht zurechtkomme, kann ich, wenn ich mich scheiden lasse, zwar mein Leben, aber nicht die Ehe verändern.«

Ich habe sie auf keinem öffentlichen Landtagsfoto und auf keinem Wahlplakat anbiederisch lächeln sehen. Nur ernst und grübelnd ...

Gabi Zimmer ist 1955, ein Jahr später als Christine Zitzmann, geboren. Ihre Mutter war Pionierleiterin in der Pionierrepublik »Wilhelm Pieck«. Nach der Geburt der Tochter zog sie nach Schleusingen, arbeitete als Unterstufenlehrerin. »Sie hat mich allein großgezogen. Meinen Vater kenne ich nicht. Ich habe die Mutter nach dem Vater gefragt, aber ich merkte, sie wollte nicht darüber reden. Irgendwann habe ich ein Foto gefunden, das hätte er sein können, das Datum stimmte und gewisse äußerliche Ähnlichkeiten zu mir habe ich auch entdeckt. Aber ich sagte mir, wenn sie es nicht möchte, daß du es weißt, dann mußt du es akzeptieren. Als ich acht war, hat die Mutter wieder geheiratet. Er arbeitete als Bauarbeiter, hatte sein Studium abgebrochen. Meist kam er nur am Wochenende heim, dann war er oft betrunken. Als Heranwachsende hatte ich vor allem einen Wunsch: So schnell wie möglich weg von zu Hause und für mich selbst entscheiden können ...«

Gabi Zimmer weiß nichts über die Kindheit von Christine Zitzmann. Christine Zitzmann weiß nichts von Gabi Zimmer.

Die Sonnebergerin meint, es sei gut, daß sich die Abgeordneten der unterschiedlichen Parteien ihre Lebensgeschichten nicht erzählen müßten. Eine Art Selbstschutz.

»Den Gegner als Mensch sympathisch finden, vielleicht sogar Freundschaft mit ihm halten und ihn dann wegen der unterschiedlichen Parteiideologie öffentlich zu Schnecke machen müssen? Wie das?«

Mit ihrer direkten Sonneberger Gegenkandidatin für die Wahl zum Landtag, Almuth Beck, hat sie diese Probleme nicht.

»Guten Tag, aber nicht einmal guten Weg – das ist alles.«

Mit einer, die ihre Stasizeit frech als Normalität bezeichnet, weder schuldbewußt noch reumütig ist, hätte sie nicht einmal in der eigenen Partei Mitleid. »Ich kenne zwei Leute, denen hat die Beck durch ihre IM-Berichte geschadet. Aber sie wollen aus Angst ihre Namen nicht nennen.«

Almuth Beck wirbt mit der ehemaligen Speerwurfweltrekordlerin Ruth Fuchs in der Sonneberger Einkaufsmeile am PDS-Stand um Wählerstimmen. Die Weltmeisterin gibt Autogramme, und Almuth Beck verteilt Werbegeschenke, fragt die Leute nach ihren Sorgen. Einige machen einen Bogen, wenn sie am Stand vorbeigehen müssen.

Seit drei Wochen klappert Almuth Beck Sonneberg und Umgebung ab. »Drei Leute haben mich direkt angegriffen, zwei Männer schrien ›Stasihure‹, und eine Frau schimpfte, daß solche Unverbesserlichen wie ich eine Schande für die BRD sind.«

Im Bürogebäude des nach der Wahl stillgelegten Stern-Radio-Betriebes, im Sonneberger Bildungs- und Förderverein e. V., Projekt »Freie Kulturarbeit«, macht niemand einen Bogen um die aus dem Landtag entfernte Abgeordnete, denn das Projekt hat sie erkämpft. Ein Dutzend Sonneberger – vor allem ehemalige Mitarbeiter aus dem Elektrokeramischen Werk und den anderen Sonneberger Großbetrieben – nähen, schnitzen, malern und kunsthandwerkeln in fünf oder sechs Räumen. Im größten steht eine Nachbildung der »Burg Sonneberg um das Jahr 1555«. Mit der Detailgenauigkeit bayrischer Krippenschnitzer haben die Frauen vom festen Gemäuer der Burg bis zu den Zwiebeln im Gewürzgarten und der Wolle der ausgetriebenen Schafe das mittelalterliche Leben getreu nachgestaltet.

Almuth Beck fühlt sich, seitdem die PDS-Fraktion sich von ihr distanziert und die PDS-Delegierten sie auf dem Listenparteitag in Erfurt »abgewählt haben«, wieder frei. »Wahrscheinlich sind die Genossen nicht nur wegen der Stasi-Geschichte froh, mich loszuwerden. Ich war auch sonst unbequem, habe, weil die CDU die bessere Forstwirtschaftspolitik macht, bei der Abstimmung über den Nationalpark Hainich mit den Schwarzen die Hand gehoben.« Und sie habe auch gegen das von ihrer PDS-Fraktion verlangte generelle Bleiberecht für alle Ausländer votiert.

Es gehe ihr nachträglich nicht darum, ob sie ein bewußter Stasiinformant oder ein unbewußter gewesen sei. »Das können andere sowieso nicht entscheiden. Ich bin schuldig geworden, wie andere übrigens auch, weil ich in der DDR Macht hatte und diese Macht gebrauchte. Wenn ich nicht zustimmte, bekam jemand keinen Orden oder wurde nicht befördert. Ich konnte aber auch helfen, wenn einer an eine andere Schule wollte, oder dafür sorgen, daß er richtig eingesetzt worden ist. Wahrscheinlich ist mit mir alles viel zu schnell gegangen. Mit 17 Abitur, mit 21 Diplomlehrerin, mit 24 Kaderchefin. Es blieb mir keine Zeit zur Reife, nur revolutionäre Gärung ...«

Ihre Tochter dagegen, auch Lehrerin, sei klüger und bewußter gewesen. Sie ist 1989 noch vor der Wende aus der SED ausgetreten, hat es als Lehrerin gewagt, in das Neue Forum einzutreten und wurde in Hildburghausen zu einer der konsequentesten Gegnerinnen der DDR-Volksbildung. »Aber Weihnachten sitzt sie wie die anderen Kinder bei mir unter dem Weihnachtsbaum.«

Zur Zeit bemüht sich Almuth Beck um »Lustgewinn im Rahmen meiner Katastrophe. Für jemand einen Kuchen bakken kann besser sein, als Sprüche im Parlament zu machen.« Seit einigen Jahren reist sie auch nur noch in Urlaubsländer, in die sie nicht fliegen muß, weil sie Angst hat vor Terroristen. Das heißt, sie hat keine Angst vor ihnen. »Aber ich würde wütend werden, wenn sie mir eine Knarre vor die Nase hielten, und würde nichts befolgen, was diese Kanaken mir befehlen. Wahrscheinlich müßten sie mich deshalb als erste abknallen.«

Ihr Mann bestätigt, daß es ernst gemeint ist.

Sie wüßte auch, sagt sie, wie sie aus der Stasi-Geschichte herauskäme. »Ich müßte nur endlich wortreich bereuen, im Landtag öffentlich um Entschuldigung bitten, die Büßerin spielen.«

Doch sie will nichts davon wissen. »Ich kann Kühe melken und auch Scheiße fahren.«

Demnächst werde sie gegen den »ungesetzlichen Rausschmiß aus dem Landtag« vor dem Thüringer Verfassungsgericht klagen. »Egal ob es meiner Partei paßt oder nicht und ob das die anderen Parteien zur Landtagswahl gegen die PDS ausnutzen!«

Vielleicht werde sie sich im Mai 2000 als Kandidatin zur Bürgermeisterwahl in ihrem Dorf stellen.

Schlagzeilen August 1999

Justizminister Kretschmer befürwortet, daß Frauen in der Bundeswehr zum Dienst an der Waffe zugelassen werden, denn sie »sind weniger wehleidig und schmerzunempfindlicher als Männer«.

1,1 Millionen, gut die Hälfte aller Stimmzettel für die Landtagswahl, müssen für rund 70000 DM noch einmal gedruckt werden, weil ein von der Landeswahlliste gestrichener Kandidat der NPD noch daraufsteht.

Die ehemals volkseigenen Wälder in Thüringen sind trotz des von der Bundesregierung verhängten vorläufigen Verkaufsstops überdurchschnittlich begehrt. Pro Waldstück gibt es in Thüringen 20 Bewerber, in den übrigen neuen Bundesländern nur zwei bis drei.

In sechs Thüringer Läden ist Spielzeug mit Hakenkreuzen gefunden und beschlagnahmt worden.

Ministerpräsident Vogel bittet die Wähler, ihn »von der Notwendigkeit einer großen Koalition zu erlösen«. Und Richard Dewes mahnt: »Thüringen darf nicht rabenschwarz werden.«

Mit 10,2 Prozent gibt es in Thüringen den zweithöchsten Anstieg der Ehescheidungen in Deutschland.

Bisher haben sich 600 Journalisten und Techniker zur Landtagswahl akkreditieren lassen.

Die DVU will knapp 1 Million DM für den Wahlkampf in Thüringen ausgeben und rund 50000 Plakate kleben.

Die Aktentaschenträger der Mächtigen werden um so bedeutender, je häufiger sie Außenstehenden ein Gespräch mit ihrem Chef verwehren und sie zwingen, wegen eines Termins wieder und wieder höflich nachzufragen. Darin gleichen sich die Berater von Vogel und Dewes. Nach dem fünften oder sechsten Mal kann ich die Ausreden von Andreas Jung jedoch nicht mehr ernst nehmen, und als wieder ein Termin verschoben werden soll, weil »Richard Dewes dringend in der Werbeagentur Neumeister zu Fotoaufnahmen, bei denen er selbstredend allein sein möchte, erwartet wird«, stelle ich mich vor die Tür der Agentur. (Sie hat auch das Einmarschritual zur Eröffnung des SPD-Landesparteitages in Erfurt erarbeitet, und ich weiß immer noch nicht, was dabei gespielt worden war.)

Im ersten Auto sitzen die Sicherheitsleute. Als Dewes aus dem zweiten steigt und ich auf ihn zugehe, stellt sich einer zwischen uns. Nach dem freundlichen Kopfnicken des Ministers und der Einladung zum Fototermin ist der Weg frei.

Am Ende eines langen, irren Spiegelganges wartet der Werbechef. Fahrige Handbewegungen, wirres Haar, der Blick des jungen Mannes hetzt von einem zum anderen. Ein Flackern in den Augen. Schließlich starrt er Dewes an, als müsse er ihn hypnotisieren. Mir scheint, daß ich ihn bereits irgendwo irgendwann gesehen habe.

Während er mit Dewes in sein Büro verschwindet, trinke ich mit den beiden Bodyguards Kaffee. Sie haben schon alle bisherigen Thüringer Innenminister beschützt: Willibald Böck, Franz Schuster und nun Richard Dewes. Böck und Dewes wären in ihrer Art ähnlich. Sehr volkstümlich, kontaktfreudig.

Schlimmer sei es mit Schuster gewesen. Meist Schweigen im Walde.

Eine junge Frau holt Bürsten und Pinsel, Puder und Pinzetten, Kämme und Colorstifte aus ihrem Koffer. Kathrin Heinemann aus Mühlhausen hat Fotografin gelernt, weil ihr aber ordentliches Fotogerät zu teuer ist, arbeitet sie als Maskenbildnerin für Agenturen. Die SPD-Wahlwerbung von Neumeister sei für sie ein Glücksfall. »Bei solch einem Großauftrag bekommt jeder etwas vom Kuchen.«

Richard Dewes ist kein leichter Fall. Er will »naturell bleiben«, am liebsten ohne Schminke. »Vor den ersten Aufnahmen haben wir ihm einen Schlips und den passenden Anzug gekauft, danach ging es zum Friseur. Er hat störrische Wirbel, die das Haar stehen lassen, als ob er gerade aus dem Bett aufgestanden ist. Es bleibt nur ein Igelschnitt. Seine Augenbrauen sind zu dick und buschig, deshalb wirken auch seine Augen so klein. Doch er läßt sich die Brauen nicht stutzen. Auf der Nase hat er extrem große Poren, die man wegpudern muß.«

Sie zückt die Puderquaste. Er hält still.

Dann stellt ihn der Fotograf vor eine weiße Wand und verlangt für seine Inszenierung »Action«. Instinktiv hebt Dewes die Hände wie ein angeschlagener Boxer.

»Eine Holzkiste, holt mir sofort eine Holzkiste«, schreit der Fotograf. Als man Dewes eine Stiege vor die Füße stellt, schimpft er. »Nicht der Minister, ich muß erhöht werden.« Er steigt auf die Kiste und versucht es von oben.

Neumeister springt um den Fotografen herum und suggeriert Dewes, staatsmännisch zu blicken. Er braucht ein staatsmännisches Plakat und eines, auf dem der SPD-Vorsitzende die Leute auffordert: »Gehen Sie unbedingt zur Wahl!« Er macht ihm vor, wie er dabei schauen muß. »Wie ein Polizist, der droht: ›Bei Rot die Straße nicht betreten!‹«

Dewes versucht sich vergeblich als Verkehrspolizist.

»Oder stellen Sie sich vor, daß Sie einen Bekannten treffen, der Ihnen schon lange 1000 DM schuldet. ›Gibt mir sofort meine 1000 DM zurück!‹ verlangen Sie energisch.«

Doch Dewes kennt wohl keinen, der ihm 1000 DM schuldet.

Letzter Versuch mit: »Es brennt! Es brennt! Feuer! Feuer!« Dabei springt Werbechef Neumeister von einer Seite zur anderen, so als ob er selbst zündeln würde ... »Feuer! Feuer!« Sein Blick hetzt zwischen Fotograf und Dewes hin und her, dann wieder ruft er hypnotisierend »Feuer! Feuer!« ... Plötzlich weiß ich, woher ich ihn kenne. Der Film über den Reichstagsbrand. Hellseher Hanussen! »Ich sehe Feuer, ich sehe Feuer ...« Die Maskenbildnerin wischt Dewes den Schweiß von der Stirn und tupft die glänzende Nase.

Ronald Neumeister schwört, daß er die Aufnahmen im Computer nachbessern kann. »Ich bringe den Dewes ganz groß raus, gleich wie der in die Linse guckt.«

Der Werbechef hat in Meißen die Fachschule für Kulturhausleiter absolviert und danach viele Jahre das Erfurter Betriebskulturhaus vom VEB Mikroelektronik (dem Betrieb, in dessen Bürohaus jetzt auch der Verfassungsschutzchef Helmut Roewer residiert) gemanagt. Noch in der DDR hat er die erste »Miß Erfurt« wählen lassen. »Der Saal übervoll, die Mädels hochmongolisch zugeknöpft im Badeanzug, außerdem mußte jede noch mindestens einen klugen Satz sagen. Das nächstemal gab es dann echten Striptease, ich glaube, es war eine Polin. Normalerweise geht, wenn die Stripperin nackt ist, das Scheinwerferlicht aus. Aber einige von meinen Leuten, die mich nicht leiden konnten, ließen das Licht an! Totenstille im Saal – nur ihre großen Möpse haste gehört, wenn sie sich bewegte. Der FDGB-Vorsitzende sprach mich anschließend nicht mehr mit Kollege an, sondern sagte ›Herr Neumeister‹ zu mir. Und die Hofarbeiter haben mir einen Vogel gezeigt, als ich ihnen sagte, daß sie die Kohlen in den Keller schippen sollen. Ich war kein Chef mehr.«

Der geschaßte Kulturhausleiter hat dann als Reprofotograf

gearbeitet, eine kleine private Offset-Druckerei gegründet, nach der Wende die Werbeagentur Neumeister. Inzwischen beschäftigt er elf Mitarbeiter.

Ich frage nach dem SPD-Wahlwerbeauftrag. Ronald Neumeister versichert, daß er den Wahlwerbeetat in Millionenhöhe mit größter Effektivität verwenden wird. Mehrere Agenturen hatten sich um diesen Auftrag beworben. »Ein Wessi sagte, ich mach es umsonst, aber für jede SPD-Wählerstimme über 30 Prozent berechne ich einen Fünfziger.« Er dagegen hätte klipp und klar gesagt: »Ich bringe Ideen und Qualität, das kostet auch was.«

Ich frage ihn, wer den Dewes-Internet-Text »Was mich nun mal aufregt …« geschrieben hat.

»Ich selbst«, antwortet er stolz. Die Seite koste die SPD bei ihm allerdings viel weniger als bei professionellen Textern.

Auch für die Fernsehwahlspots engagiert er keine teuren Drehbuchautoren, das Geld dafür, sagt er, könne er selbst verdienen. Für eine Minute Drehbuch zahle die SPD bei ihm lediglich 4000 DM.

Als ich ihn nach der Eingangsmusik zum SPD-Wahlparteitag frage, druckst er. Dann sagt er, daß er sich nach tagelangem Suchen für eine Filmmusik entschieden hätte, aber der Presse – »Bild« schrieb es auch – mitteilen ließ, es sei das schottische Nationalorchester mit »The Long«.

»Und in Wirklichkeit?«

»In Wirklichkeit war es die Filmmusik zu ›Apollo 13‹.«

»›Apollo 13‹? Die mißglückte US-Weltraummission?«

Er nickt und lacht.

Bevor ich gehe, zeigt er mir auf einem winzigen Dia das nächste Großplakat für die SPD. Ein kleiner Junge zieht Dewes an seinem roten Schlips und sagt: »Ich werde Computerer!« Dewes antwortet: »Und ich helfe dir dabei.«

Ich frage, ob das ein Witz sein soll, denn der größte Skandal der Amtszeit von Dewes war der unaufgeklärte Diebstahl von zwei Computern aus seinem Innenministerium.

»Nein«, sagt er, »kein Witz, sondern Wahlwerbepsychologie.«

Richard Dewes will die Wahl als Direktkandidat in Nordhausen gewinnen. Der Saarländer tritt gegen Dr. Klaus Zeh an, der dort zu Hause ist, Vorsitzender des 1990 von der CDU übernommenen »Demokratischen Aufbruchs« war und von 1990 bis 1994 Thüringer Finanzminister. In der DDR eine beachtliche Karriere: EOS, Informationstechnik-Studium an der TU Dresden, Dozent bei »Robotron«, Zusatzstudium für Ingenieurpädagogik, Entwurfsingenieur im Funkwerk Erfurt, Theologie-Fernstudium, Außerplanmäßige Aspirantur an der Akademie der Wissenschaften in Dresden …

Sekundiert wird Richard Dewes beim Wahlkampf von der Nordhäuser Landtagsabgeordneten Dagmar Becker, die früher Elektromontiererin, dann Fleischverkäuferin im Konsum war und nach 1990 eine eigene Fleischerei hatte. Die 44jährige wartet in Nordhausen, der Stadt des Doppelkorns, des Tabaks, des Kalis, der Kräne und der Fahrräder am SPD-Wahlstand auf Dewes. Aber der fährt sofort zur Betriebsbesichtigung in die Fahrradfabrik. Dagmar Becker schimpft: »Meist hört er auf meinen Rat, aber dann flüstern ihm seine Westberater wieder was anderes ins Ohr.«

Sie fährt mit mir im Feuerwehrtempo zur Fahrradfabrik. Neben dem Betriebstor hängen CDU-Plakate »Thüringen hat Vorfahrt«. Der Geschäftsleiter sagt etwas von »geehrt« und »Freude, daß der Innenminister persönlich sich auch über die Wirtschaft informiert«. Es folgen 60 Minuten Betriebsrundgang: 245 Beschäftigte. Täglich werden 1100 Fahrräder, vor allem für den Versandhandel, hergestellt. Der Geschäftsführer kommt aus Schweinfurt, hat dort aber sein Stammunternehmen »wegen zu hoher Löhne« aufgegeben.

Während wir uns durch den Hallenlärm schreien, bleiben die Personenschützer dicht bei Dewes, taxieren jeden im Begleitertroß und die Kollegen an den Maschinen. Ich laufe eine Zeitlang vorsichtshalber mit offenen Schnürsenkeln, dann bücke ich mich möglichst unauffällig, doch einer der Bodyguards guckt trotzdem mißtrauisch.

Manchmal fragt Dewes die Arbeiter: »Seid ihr zufrieden mit eurer Arbeit?« Und sie nicken. Viel Handarbeit. Wenig Automatik. Beispielsweise fädelt ein sehr großer Mann mit sehr großen Händen die dünnen Kabelschnüre in die Rahmen, 700mal in der Schicht. Dewes fragt, ob es dafür keine Maschinen gebe. »Sonst macht das eine Frau«, entschuldigt sich der Geschäftsführer. Natürlich könnte man auch Roboter kaufen, aber die wären unsinnig teuer. Wenn Dewes fragt, was die Arbeiter verdienen, sagen sie stereotyp: »Wir verdienen gut.«

Ich lasse den Troß einen Moment alleine weiterziehen und frage den sehr großen Mann mit den sehr großen Händen, neben dem ein Grimassengesicht mit der Aufschrift »Schluß mit lustig« an der Wand hängt, wie hoch sein Stundenlohn ist. 11,80 DM und manchmal bis zu 2 DM Akkord dazu …

Der Geschäftsführer beklagt sich bei Richard Dewes, daß sie trotz Eisenbahnanschluß die Fahrräder mit dem LKW transportieren müssen, weil die Bahn »zu teuer und zu unflexibel ist«. Dewes nickt.

Mich an gleichartige Betriebsbesuche in der DDR erinnernd, schaue ich, wer von seinen Begleitern das Problem zwecks späterer Klärung aufschreibt. Niemand!

Immer wieder geht Richard Dewes zu den Arbeitern und drückt ihnen die Hand. Einige zucken zurück. Sie sind ölverschmiert und schmutzig. Aber Dewes sagt: »Arbeiterschmutz ehrt.« Und wäscht sich die Hände nicht einmal vor dem Mittagessen im Nordhäuser »Ratskeller«.

Während des Rundganges in der Fahrradfabrik hat sich als SPD-Wahlkampfschützenhelfer Manfred Stolpes Umweltminister Matthias Platzeck (bekannt von seinem Einsatz gegen das Oder-Hochwasser) zum Troß gesellt und tauscht im »Ratskeller« seine Brandenburger Erfahrungen mit Dewes aus.

Er rät, die PDS möglichst bei allen sozialen Themen außen vor zu lassen, denn »die reden den kleinen Leuten nur nach dem Munde«.

Dewes widerspricht. Er werde die PDS auch bei solchen Fragen »nicht am Katzentisch sitzenlassen«.

Ein sehr alter Nordhäuser Genosse mit vielen Falten im lederhäutigen Gesicht sagt zu Platzeck: »Matthias, dein Urgroßvater, der ja auch Tabakarbeiter war, hat in Nordhausen die SPD gegründet, damit sie die Interessen der Arbeitsleute vertritt.« SPD und PDS müßten sich deshalb als Vertreter der Arbeiter zusammenschließen und miteinander gegen die Konservativen antreten. »So wie mein Vater und dein Vater, Matthias.«

Als Dewes von »der neuen Mitte der SPD« spricht, sagt der Alte: »Richard, wir sind die Arbeiterpartei. Du mußt mit den Arbeitern über deren Sorgen sprechen. Die müssen dich wählen, nicht diese feinen Pinkel in den Banken und Büros.«

Richard Dewes nickt. Er habe heute über eine Stunde mit den Arbeitern in der Fahrradfabrik gesprochen.

Dann kommt das Essen und abschließend nach »alter Arbeiterart« ein Nordhäuser Doppelkorn.

Andreas Enkelmann, der 41jährige Landtagsabgeordnete, läuft trotz seines gewichtigen Bauches noch flink vom Ilmenauer SPD-Büro zum davor parkenden Auto und lädt mit zwei Studenten Wahlplakate und Faltblätter mit seinem Porträt ein, danach T-Shirts und Kugelschreiber mit seinem Namen und Visitenkarten. Das Rennen hat er sich, erzählt der Pfarrer schnaufend, angewöhnt, als er drei Kirchgemeinden gleichzeitig betreuen mußte. »Damals wog ich allerdings noch um die 80 Kilo.«

Er schimpft wegen der schlecht gedruckten Plakate, denn über seinem Kopf schwebt der Schimmer eines Heiligenscheins. »Die werde ich auf keinen Fall bezahlen.«

Als ich sage, daß es doch nicht sein Geld ist, guckt er mich groß an. »Mit dem Geld aus der Parteikasse könnte ich mir weder die Studenten als Wahlhelfer noch die Großplakate leisten. Ich habe über 40000 DM zugeschustert.«

Wegen des aussichtslosen Parteilistenplatzes geht es für ihn bei dieser Wahl als Direktkandidat in Ilmenau um Sein oder Nichtsein. »Der politische Dünnbrettbohrer Dewes und seine Gefolgsleute haben mir nicht verziehen, daß ich den Parteivorstand um die Hälfte reduzieren und einige hauptamtliche Funktionäre einsparen wollte.«

Er braucht mehr Stimmen als der Ilmenauer CDU-Direktkandidat Siegfried Jaschke. »Geistig wahrlich keine Leuchte, aber volkstümlich. Er trinkt und quatscht, wie es den Leuten gefällt. Diesen Volkstribun muß ich trotz Schützenhilfe von Claudia Nolte, Dagmar Schipanski und Staatssekretär Michael Krapp in Ilmenau schlagen. Koste es, was es wolle.«

Andreas Enkelmann ist am letzten Tag des Jahres 1958 in Jena geboren. Sein Vater, ein begabter Feinmechaniker, war bei Zeiss an der Entwicklung der legendären Spektralkamera beteiligt, mit der vom Weltall aus die Erde systematisch erforscht werden konnte. Andreas trat nicht in die wissenschaftlichen Fußstapfen des Vaters. Schon seit er dreizehn war, hatte er seine an multipler Sklerose leidende Mutter gepflegt. Dabei lernte er viele hilfreiche Christen kennen, verschrieb sich deshalb der Theologie, erhielt aber keinen Studienplatz, und um in der DDR nicht als asozial zu gelten, also ohne Arbeit zu sein, besorgte ihm der Bischof eine Anstellung im Verein christlicher junger Männer. Nach dem Studium an der Friedrich-Schiller-Universität Jena war er Diplomtheologe, 1985 Ordination zum Pfarrer der evangelisch-lutherischen Kirche in Thüringen, Pfarrstelle in Graitschen bei Bürgel.

Dort Prediger und Helfer in der Not (»Ein Mädchen rettete ich vor dem Russen-Strich«), Hilfsbauingenieur bei der Sanierung der Kirche, Oppositioneller (»Während des Taufunterrichts in den Kirchenveranstaltungen haben wir Gorbatschow vorgelesen«) und Pazifist, der sich für die Spatensoldaten in der DDR und in der »Schwerter zu Pflugscharen«-Aktion engagierte.

1989 zum Studentenpfarrer in Ilmenau gewählt. Nach der Wende ist er nicht mit dem »Demokratischen Aufbruch« in die CDU eingetreten, sondern in die SPD gegangen. Als Stellvertretender Landrat im Ilmkreis wurde er als »Zuchtmeister Gottes« bezeichnet, denn »die eigentliche Revolution war nicht das Anzünden von Kerzen, sondern das erbarmungslose Säubern der Verwaltungsstrukturen von den belasteten SED-Kadern. Das war schwerer und unangenehmer als das Gelabere am Runden Tisch.«

Verheiratet ist Andreas Enkelmann mit einer Norwegerin aus Trondheim. Er hatte sie bei einer Konferenz für missionarische Studentenarbeit kennengelernt und als Germanistikstudentin an die Universität Jena vermittelt. Nachdem sie beantragt hatten, heiraten zu dürfen, mußte sie die DDR verlassen. Zwar reiste sie erneut ein, aber sie durften nicht heiraten, nicht einmal kirchlich. Der Landesbischof verbot, daß die junge Frau mit Enkelmann in der Pfarrerswohnung von Graitschen lebte. (Enkelmanns Vorgänger hatte Ehebruch begangen.) Da traute der Gemeindekirchenrat die beiden ohne bischöfliche Genehmigung.

Sie haben drei Kinder, alle gehen inzwischen zum Gymnasium. »Schon deshalb muß ich auf Gedeih und Verderb in Ilmenau bleiben. Aber wenn ich den Job im Landtag verliere, die Pfarrstellen sind alle besetzt ...«

Wir fahren zum Wahlkampf nach Neustadt. Richtfest für das neue Feuerwehrhaus. »Da kommt die Presse, und wer an den Tagen vor der Wahl öfter mit Foto in der Zeitung erscheint, hat bessere Chancen, gewählt zu werden.« Bislang liegt Siegfried Jaschke vorn. »Der geht zu jedem Dorffest und zu jedem Bieranstich.«

Das Feuerwehrhaus, von wo man einen herrlichen Blick hat, sieht wie eine Ferienpension aus. Auf dem Dachgerüst steht der Feuerwehrchef und begrüßt zuerst die zwei Landtagsabgeordneten, die »durch Fördergelder Anteil am Bau des Hauses haben«. Es folgt der Richtspruch und schließlich: »Kamerad, schenk ein!«

Siegfried Jaschke strahlt wie ein Honigkuchenpferdchen. Er strahlt immer, wenn ich ihn sehe. Er hat Lachfalten um die Augen und freundliche rotgeäderte Wangen, und nicht einmal der Schnauzer und die im preußischen Beamtenstil kurz und ordentlich gescheitelten und gebürsteten Haare vermögen sein Gesicht streng zu machen. Er nimmt ein Glas Sekt, geht zu Enkelmann, beide tragen Schlips und Anzug, und sagt: »Ich hoffe, es geht dir gut, Andreas. Warst in der letzten Woche ja öfter als ich in der Zeitung.«

Das Handy von Andreas Enkelmann klingelt zum viertenmal, seit wir vor 15 Minuten in Neustadt angekommen sind. Jaschke hat kein Handy. Er trinkt jetzt Bier aus dem Literglas mit den Feuerwehrleuten, kniet dann besorgt vor einem Langhaardackel, der aus einer schmutzigen Pfütze säuft und auf einer Pfote hinkt. Klopft den Alten auf die Schulter, bei den Jungen erkundigt er sich nach Weib und Kind und der Gesundheit. Er erzählt mir, daß es wahrscheinlich keinen Verein in seinem Wahlkreis gibt, wo er nicht schon gefeiert oder geredet hat. »Den meisten muß man nur ein bißchen Geld organisieren, damit sie ihre Jahrestagung ordentlich vorbereiten können. Mehr Politik wollen die Leute doch gar nicht.«

Als das Handy von Andreas Enkelmann zum fünftenmal klingelt, muß er zurück nach Ilmenau. Ein Problem mit der Bürgschaft für die komplizierte Geschäftsübernahme eines angeschlagenen Betriebes. »Als Landtagsabgeordneter kann ich wirtschaftliche Entscheidungen anschieben. Allerdings nur in der Regierungskoalition, nicht in der Opposition, und deshalb möchte ich die Koalition mit der CDU nach der Wahl auf alle Fälle fortsetzen. Denn wenn die SPD sich nicht um die Förderung der Wirtschaft in Thüringen kümmert, kann sie einpacken. Alles Gequatsche von der Arbeiterpartei ist der Schnee von gestern.«

In Ilmenau bauen inzwischen die Wahlhelfer der Jungen Union von Siegfried Jaschke und die von Andreas Enkelmann bezahlten Studenten die Stände von CDU und SPD fast nebeneinander in der Mitte der Einkaufszone auf. Touristengruppen sind nicht beliebt an den Parteiständen. Ein Fremdenführer läuft schon zum drittenmal mit neuen Besuchern vorbei. Jeder holt sich von jedem Stand Kugelschreiber und Notizblöcke. Und der Fremdenführer erzählt seinen Gästen jedesmal, daß am gegenüberliegenden Haus wie an einigen anderen dieser Straße Schilder angebracht waren, auf denen stand: »Hier hat Goethe nicht gewohnt.«

Jedesmal lacht Siegfried Jaschke darüber und verteilt sein Bild und seinen persönlichen Waschzettel auch an die fremden Nichtwähler.

Andreas Enkelmann wird indessen von einer sehr lauten und energischen Frau agitiert. Die hohen Bäume vor ihrem AWG-Block müßten gefällt werden. Auf der freien Fläche könnte man einen zusätzlichen Parkplatz bauen. »Wissen Sie, ich bin ein sparsamer Mensch, und ich will wegen dieser Bäume im Sommer nicht schon nachmittags um vier Uhr das Licht einschalten müssen. Außerdem nistet in den Bäumen jede Menge Ungeziefer, Fliegen und Käfer.«

Sie stutzt, weil er nicht sofort nickt. »Oder bin ich hier etwa falsch, gehören Sie vielleicht zu den Grünen?«

»Nein«, sagt er, um Himmels willen, er sei kein Grüner, er wäre selbstverständlich auch für den Autoparkplatz vor dem AWG-Block.

Ein Kind mustert ihn immer wieder und vergleicht ihn mit den Plakaten an den Laternen.

»Ist das ein Foto von Ihnen?«

Dieses Mal nickt er sofort.

»Geil!«

Eine Frau studiert das SPD-Wahlplakat »Neue Wege braucht das Land«. Sie sagt, daß sie gegen die nutzlose Zerstörung des Thüringer Waldes durch die Autobahn protestieren möchte.

Enkelmann meint versöhnlerisch: »Aber auf Autobahnen kommt man schneller zur Arbeit.«

Sie sagt: »Ich habe keine Arbeit.«

Inzwischen spielt an Siegfried Jaschkes Stand ein Musikant: »Wenn die Nordseewellen ...« Siegfried Jaschke sagt zu jedem Vorüberlaufenden lachend: »Wählen Sie mich, bitte!«

Einer von der Jungen Union hat ihm ein Bier geholt. Ein älterer Mann fragt: »Kriegt Ihr auch nur 80 Prozent von den Westdiäten?«

»Wir Landtagsabgeordneten kriegen auch nur 80 Prozent«, sagt Jaschke.

»Da muß die CDU was dagegen tun«, mahnt der Mann.

»Das wird sie«, sagt Jaschke.

Andreas Enkelmann hat, um Geld für die Renovierung der Kirche in Großbreitenbach (seinem Wahlkreis) zu sammeln, Hunderte Einladungen für ein Benefizkonzert der Thüringischen Philharmonie Gotha-Suhl in der Kirche verschickt. Daß er die Philharmonie gewinnen konnte, kurzfristig und kostenlos in Großbreitenbach zu spielen, verdankt er auch seiner norwegischen Frau, denn der Dirigent ist der Norweger Terje Mikkelsen.

Ich frage Andreas Enkelmann, ob seine Frau nach zwanzig Jahren deutsche Staatsbürgerin geworden ist.

»Nein, sie will Norwegerin bleiben.«

Sie hätte Vorbehalte gegen das Ur-Deutsche, gegen die Primitivität, die schnell in Ausländerhaß umschlägt. »Sie sagt: ›Wenn die Deutschen zuviel Bier getrunken haben, beschimpfen sie die Ausländer, weil sie betrunken sind. Und wenn sie kein Geld haben, um Bier zu trinken, beschimpfen sie die Ausländer, weil die angeblich das Geld kriegen, das ihnen für das Bier fehlt.‹«

Die bunten Plakate von Siegfried Jaschke und Andreas Enkelmann und selbst die des DVU-Spitzenkandidaten Otto Reißig aus Frauenwald haben Ende August die Vorherrschaft über die besten Straßenplätze in und um Ilmenau gewonnen. Das Porträt des Ilmenauer PDS-Kandidaten Eckhard Bauerschmidt ist seltener zu finden. Ich hatte ein schwarzweißes Foto von ihm schon in der Mappe mit den 72 Kandidaten der PDS auf deren Landeswahlparteitag gesehen. Es war das häßlichste von allen, schien aus den Archiven der Kriminalpolizei zu stammen. Das Gesicht grau wie bei einer Bleistiftzeichnung. Brille, Schnauzer, die kurzen Haare und die starr nach links guckenden Augen auch grau. Nur der Pullover war kräftig schwarz.

»Ich hatte mich vor der Abfahrt schnell noch an einem Paßbildautomaten auf dem Bahnhof ablichten lassen.« Vielleicht hätte er mit einem besseren Foto auch einen besseren als den 38. Listenplatz erhalten. Aber er sei kein politischer Karriereprofi. Der Wahlkampf ist für ihn lediglich Hobby oder sportlicher Wettstreit. »Ich weiß, daß ich als Direktkandidat in Ilmenau null Chancen habe. Aber ich will mit meiner Person wenigstens ein paar zusätzliche Stimmen für die PDS erringen, sozusagen als ›Amateurwahlkämpfer‹.«

Profimäßig dagegen sieht das PDS-Wahlkampfgefährt aus. Es ist größer als das von Jaschke und Enkelmann zusammen. Ein Schiff von einem Wohnwagen. Aus dem Lautsprecher plärren Westschlager der sechziger Jahre. »Ecki« Bauerschmidt, der in natura wie ein großer Kindskopf mit Schnauzer aussieht, macht mit Fahrer Frank und Wahlhelferin Sonja eine »Probewahlkampfspritztour«. Ich darf mitfahren.

Betten. Eßecke. Dusche. Tassen. Töpfe. Klopapier. In einem Schrank findet der PDS-Kandidat noch eine halbvolle Flasche Korn, und weil die Gläser wegen der noch nicht auf Westniveau befindlichen Straßen hin und her rumpeln, legt er wie ein erfahrener Seemann nasse Lappen auf den Tisch des Wohnmobils, das, so sagt er, »bestimmt an die 50000 gekostet hat«.

Aber es gehört nicht der PDS, sondern einer Rentnerin, die sich damit in der Welt umherkutschieren läßt. Für jeden Wahlkampf verborgt die alte Antifaschistin, Paula Bilay aus Ilmenau, das Gefährt vier Wochen an die PDS.

»War Ihr Sohn Redakteur beim ›Freien Wort‹?«

Bauerschmidt nickt. Ich kenne ihn, er war Wirtschaftsredakteur und ehrenamtlicher Parteisekretär. Nach der Wende hat er sich umgebracht. Private Gründe hatte er wohl keine, er liebte Frau und Kinder.

Wir sprechen nicht darüber. Statt dessen mäkelt Eckhard Bauerschmidt an der PDS, für die er in den Wahlkampf zieht.

»Wir würden uns umgucken, wenn wir als Partei in Thüringen plötzlich an der Regierung beteiligt wären. Wir würden uns noch dämlicher anstellen als die Grünen in Bonn.«

Beispiel ICE.

»In Gera zum Programmparteitag stimmten unsere Genossen Stadträte aus Ilmenau gegen den ICE, und ein paar Tage danach unterschrieben sie im Stadtratsausschuß einen Brief für den Weiterbau der ICE-Strecke. Und wenn, mal übertrieben gesagt, Gabi Zimmer erklären würde: ›Wir sind entschieden gegen den ICE‹, sprächen auch sie wieder dagegen.«

Erster Halt in Neustadt vor dem Supermarkt. »Ecki« hat Heimvorteil, weil er hier zur Schule gegangen ist und fast jeden kennt, der am Stand vorbeiläuft. Frank und Sonja, ebenfalls ehemalige Mitarbeiter der SED-Kreisleitung in Ilmenau, verteilen seine Bilder. Als der frühere 1. Kreissekretär der Ilmenauer SED Wolfgang Störmer 1990 seine politischen Ämter abgab, um als Südthüringer Verlagsvertreter mit »Super-Illu«, »Praline« und anderen Presseprodukten seinen Lebensunterhalt zu verdienen, wurde der ehemalige Betriebsschlosser und spätere selbständige Wirtschaftsingenieur Eckhard Bauerschmidt (»Es wird Zeit, daß der Wahlkampf zu Ende geht und ich wieder ein paar Pfennige verdienen kann.«) für fünf Jahre zum PDS-Kreisvorsitzenden gewählt.

Gleichaltrige Neustädter klopfen ihm auf die Schulter. »Ecki, warst immer ein feiner Kerl, bist auch noch ein feiner Kerl, aber eben in der falschen Partei!«

Die für ihn sind, sagen meist nicht viel, sie wünschen nur Glück. Ein Schulfreund, inzwischen kleiner Bauunternehmer, entwickelt dem »lieben Freund und Genossen« die Theorie, daß die PDS, bevor er sie wählt, erst einmal mit an der Regierung sein muß, »sonst kann man von euch doch keinen Pfennig kriegen. Also strengt euch an, und wenn ihr einen Wirtschaftsminister habt, wähle ich euch auch.«

Bauerschmidt versucht erst verzweifelt und dann lachend zu erklären, daß man sie aber erst mal wählen müßte ...

Neben dem PDS-Stand brutzelt ein hemdsärmliger Mann in einem Grillwagen Hühner- und Putenschenkel. Nach zwei Stunden kapitulieren wir vor der permanenten Versuchung. Nur Eckhard Bauerschmidt bleibt standhaft. Sein Mütterlein, sagt er, wohnt in Neustadt. Es sei schon schlimm, daß er sie nicht besucht habe. »Aber wenn jemand erzählt: Der Ecki hat einen Broiler gegessen ... daß ich nicht bei Muttern zum Mittag gewesen bin ...«

Weiterfahrt nach Großbreitenbach. Besuch im Rathaus. Als ich die PDS-Bürgermeisterin sehe, ergeht es mir wie bei der Gerichtsvollzieherin – so stelle ich mir keine PDS-Bürgermeisterin vor. Minirock, ein schwarzes, eine Schulter und den Brustansatz freilassendes T-Shirt, ein winziger Schmuck am Hals, eine Perle an unsichtbarem Faden. Sie könnte zwanzig sein oder auch dreißig. In Großbreitenbach, wo der ehemalige Frauengroßbetrieb Relais-Technik nach der Wende schließen mußte, wurde ein Frauenverband mit 28 Beschäftigten gegründet. Unter der Bürgermeisterin arbeiten inzwischen an die hundert Frauen in den sich teilweise schon selbst finanzierenden Abteilungen. Mietwagenservice, Pflegedienst, Kräutergartenlehrgänge, Altenbetreuung. Sogar eine eigene Zeitung haben sie.

»Die Ministerien, gleich ob von der CDU oder der SPD geleitet, wagen es nicht, sich wichtigen sozialen Fragen zu entziehen. Nicht einmal, wenn die PDS auf sie zukommt. Man muß es nur tun.«

Sie besprechen den Wahlkampfbesuch von Gabi Zimmer in Großbreitenbach, dann fährt Bauerschmidt weiter nach Altenfeld.

Nicht einmal Wahlplakate hängen hier. Sonja und Frank sausen von Lichtmast zu Lichtmast und von Briefkasten zu Briefkasten. Zum guten Schluß Besuch im Klub der Volkssolidarität. Etwa zwanzig ältere Frauen häkeln, malen und basteln hier unter der Anleitung von zwei Frauen des Großbreitenbacher Frauenverbandes.

Ecki Bauerschmidt stellt sich vor. Er sei von der PDS und kandidiere für den Landtag. Sie legen die Häkelnadeln zur Seite, und eine, die ihn als Kind kannte, sagt, daß er wieder einmal zum Friseur gehen muß. Eine will wissen, ob er sich dafür einsetzen wird, daß sie ihre Altenabende weitermachen dürfen.

Dann fragt eine: »Bist du verheiratet?«

»Ja«, sagt er und fügt stolz hinzu: »Ich habe drei Kinder.«

Da schreit die vielleicht Achtzigjährige: »Verheiratet? Was sollen wir hier mit einem verheirateten Mann? Wir sind alles Witfrauen, wir brauchen nur ledige Männer ...«

Damit ist die Wahlversammlung bei den alten Damen von Altenfeld beendet.

Auf der Rückfahrt von der »Wahlkampfübungsspritztour« kocht der PDS-Mann im Wohnmobil Kaffee für alle. Schließlich Halt im Wald und pinkeln im Dreierpack.

Bei der nächsten Tour mit dem Wohnmobil soll richtig Wahlpower gemacht werden, sagt Eckhard Bauerschmidt. Mit kubanischer Musik und Rocksongs von Rio Reiser.

In Frauenwald hängen weder Plakate von Jaschke oder Enkelmann noch von Bauerschmidt. In Frauenwald hängen nur DVU-Plakate mit dem Konterfei von Otto Reißig. Blond ist er. Blauäugig? Ich habe versäumt, ihm in die Augen zu schauen. Vor dreißig Jahren, in seiner legendären Berliner Zeit, hatte man ihn »den blonden Thüringer« genannt ...

An einem Augusttag ist er, der Bauunternehmer und Thüringer DVU-Spitzenkandidat, nicht unterwegs, um Wahlplakate im Ilmkreis zu kleben. (Mit LKW und ausziehbarer Aluminiumleiter hängt er sie so hoch, »daß die Linken sie schlecht wieder herunterreißen können«.) Der untersetzte etwa fünfzigjährige Mann wartet auf mich im Garten.

Vorsorglich, sagt er, wegen des Hundes, der sonst frei im Garten herumläuft. Das sei nötig, seitdem sich linke Chaoten bis zu seinem Grundstück vorwagen.

Als er mich zur Gartenpforte hereinläßt, schaut er auf die Uhr und lobt mich überschwenglich. »Sie sind auf die Minute pünktlich.«

Pünktlichkeit ist eine Tugend, auf die »wir Deutschen stolz seien können«. Überhaupt sei die Zeit reif, daß die Deutschen wieder stolz auf ihre Nation sind. Wir seien schließlich die Zahlmeister für halb Europa, hätten mit der EU und dem Euro solche Armeleute-Länder wie Italien und Griechenland am Hals, müßten für die mitblechen. »Zahlen dürfen die Deutschen, aber wehe, sie sind auch noch stolz, Deutsche zu sein! Wer verbietet beispielsweise den Franzosen, stolz auf Frankreich zu sein?«

Aber die Deutschen sind, so Otto Reißig, nach dem letzten Krieg nur fremdbestimmt gewesen. »Die in Bonn von den Dollars aus den USA. Und wir, also, wenn wir in Frauenwald ein Buswartehäuschen bauen wollten, mußten wir das in Suhl beantragen, in Berlin genehmigen und schließlich in Moskau bestätigen lassen.«

Als wir ins Haus hineingehen, sagt er vorsorglich, daß er nichts gegen Ausländer habe. »Das heißt, nichts gegen Ausländer, die ihre Steuern hier ordentlich zahlen. Ich gehe auch beim Italiener und beim Griechen essen. Trotzdem brauchen wir einen gesunden Anteil der Ausländer zu den Deutschen, und diesen Anteil muß das deutsche Volk selbst bestimmen können.«

Er vertraue dabei auf das Volksempfinden. »In den etablierten Parteien wird wieder gestunken und gelogen. Aber die Ostdeutschen hinterfragen die Politik, und deshalb werden sie die einzige Partei wählen, die nicht lügt, bei der Wort und Tat noch übereinstimmen, die DVU.«

Das sei in Frauenwald deutlich geworden. Er wäre fast Bürgermeister geworden – nur 10 Stimmen weniger als Ortsbrandmeister Kurt Wagner –, weil die Menschen der DVU vertrauten. (Zuvor hatte die CDU-Kreistagsabgeordnete in einem an alle Einwohner verteilten Brief die Wähler aufgefordert, für den DVU-Mann Reißig zu stimmen.)

Ich sage, daß mir der Wirt in einer Frauenwalder Gaststätte erzählt hat, daß die Frauenwalder nicht die DVU oder die Neonazis, sondern Otto Reißig gewählt haben. »Auch weil der oft am Stammtisch sitzt und sich nicht lumpen läßt, wenn eine Runde bezahlt werden muß.«

Otto Reißig widerspricht heftig. Es sei nicht das Freibier gewesen, sondern die Politik der DVU.

Also zur Politik der DVU:

Mehr Volksabstimmungen zu wichtigen Lebensfragen in Thüringen.

Kein Abgeordneter – und erst recht kein Bundeskanzler wie Schröder bei VW – darf im Vorstand eines Unternehmens sitzen. »Denn wes Brot ich ess', des Lied ich sing.«

Ehrlichkeit bei der Beurteilung der deutschen Geschichte. Krieg ist Krieg, aber Auschwitz ist nicht gleich die Wehrmacht. »Oder behaupten Sie etwa, daß Ihr Vater als Soldat der Wehrmacht ein Verbrecher war?«

Die DVU verlangt, daß kriminelle Ausländer abgeschoben werden und es keinen Freigang für Verbrecher im Gefängnis gibt, statt dessen Schutz der Bevölkerung …

Er persönlich findet Karl Marx gut. »Die Ökonomie des Kapitalismus, die er entwickelt hat, ist richtig. Das Kapital bestimmt immer noch, wo es in unserer Gesellschaft langgeht.«

In dieser Sache spreche er wie die PDS. Ansonsten wären die alten SED-Leute das Hinterletzte …

Ich frage ihn, wie viele Mitglieder die DVU in Thüringen hat.

Von 700 sei die Anzahl auf 1200 gestiegen, sagt er. Monatlicher Mitgliedsbeitrag: 6 DM. Arbeitslose nur 3 DM. Sie hätten viele Arbeitslose …

Die jungen »Heilhitlergrußchaoten« möchte er nicht in die DVU aufnehmen. »Die bringen uns schnell in einen schlechten Ruf.« Und Rufmord gegen DVU-Leute sei an der Tagesordnung. Beispielsweise gegen den unbescholtenen Gemeindevertreter Gögel in Dillstädt, der für die DVU kandidiert. »Viele Jahre war der ein angesehenes Mitglied der Gemeindevertretung, ein guter Demokrat. Nun aber, als bekannt wurde, er kandidiert für die DVU, ist der plötzlich ein undemokratischer Neonazi, eine Schande für die Kommunalvertretung geworden.«

Nein, Gerechtigkeit gäbe es keine in diesem Land, zumindestens keine für Andersdenkende.

Seine Wahlveranstaltungen hat er alle abgesagt. »Ich habe Angst vor Pflastersteinen, die in die Gaststätten fliegen. Busunternehmen fahren uns nicht mehr, und Wirte weisen uns ab.«

Trotzdem glaubt er, daß er mit der DVU die Fünf-Prozent-Hürde überspringen und in den Thüringer Landtag einziehen wird. »Wir müssen nur noch die Nichtwähler zum Protest mobilisieren.«

Die hintere Wand seines Büros ist mit einem bunten Südtiroler Bergweltmotiv tapeziert. »Meine Lieblingsgegend. Die Menschen dort sind offen und ehrlich, und sie stehen stolz zu ihrer deutschen Sprache, zu ihrem Deutschtum.« Wie er selbst. »Das deutsche Hemd ist mir nun mal näher als die französische Hose oder die amerikanische Zwangsjacke.«

Otto Reißig stammt aus dem südthüringischen Zillbach und hat immer auf dem Bau gearbeitet. Bis zur Wende war er der Chef des Bauhofes in Suhl und dort auch ehrenamtlicher SED-Parteisekretär. Außerdem hatte er extern in Weimar Staatswissenschaft studiert, er sollte schon in der DDR Bürgermeister von Frauenwald werden.

Seine beste Zeit jedoch sei die als »blonder Thüringer« in Berlin gewesen. Die Otto-Reißig-Jugendbrigade, eine der vorbildlichsten beim Aufbau Marzahns, »schrieb DDR-Geschichte. Von 1976 bis 1979 haben wir den Berlinern, die mit ihrer

S-Bahn als letzte auf der Baustelle eintrudelten, aber als erste wieder wegfuhren, vorgemacht, wie ordentlich gearbeitet wird.«

Der Genosse und Jugendfreund Otto Reißig mit seiner vorbildlichen Brigade durfte stolz die einmillionste Neubauwohnung an Genossen Erich Honecker übergeben.

Die Orden hat er nicht weggeschmissen.

Als ich freundlich verabschiedet werde und wieder durch den Garten gehe, ist der Hund immer noch vorsorglich eingesperrt.

Drumherum (10)

Der rechte Eingang des riesigen Bürokomplexes mit den roten Leuchtbuchstaben AEG auf dem Dach, in dessen linkem Bereich auch die Gerichtsvollzieherin sitzt, blieb lange Zeit für mich uneinnehmbar.

An zwei Tagen hatte ich zu unterschiedlichen Zeiten bei AEG, bei Mercedes-Leasing und bei Allstrom vergeblich an den Sprechanlagen geklingelt. Nun versuche ich es noch einmal. Als ich bereits gehen will, erscheint ein junger, dynamischer Mann in langem schwarzem Mantel, der aber wahrscheinlich nicht allzu hochgestellt ist, denn er schleppt seine schweren Kartons selbst. Er gehört zum Mercedes-Leasing-Team und läßt mich hinein. Sein Büro ist vollgepackt mit Umzugskartons. Die Zimmer hier sind, wie er sagt, zu alt, zu klein, nicht zentral gelegen. Mercedes-Leasing zieht um. »Neben die Hypo-Bank.« Das sei auch günstiger wegen der Nähe zum Geld. Er lacht.

Früher, im Westen, hätten die Mercedes-Kunden ein dickes Bündel Banknoten auf den Tisch gelegt oder einen Scheck ausgeschrieben und im vornehmen Auslieferungssalon mit stolzgeschwellter Brust ihren Mercedes in Empfang genommen. Heute würde man sich einen Kredit geben lassen, um den Mercedes zu bezahlen. »Allerdings schaut die Bank, wenn ein Ossi einen Mercedes-Kredit braucht, viel mißtrauischer als bei Wessis.«

Holger Schlepps ist Ossi, zuvor war er Angestellter in der Verwaltung. Unter der Glasscheibe seines Schreibtisches ein Aufkleber: »Ich kämpfe für meine Sache.«

Und was ist seine Sache?

»Möglichst viele Autos über Kredit verkaufen.« Dabei wäre ihm schon geholfen, wenn die Regierung dafür sorgte, daß der Kauf von Luxuswagen von der Steuer begünstigt abgesetzt werden könnte. Außerdem träume er von einem kleinen billigen Ost-Mercedes, so einer Art Mercedes-Trabi für die Ossis. »Das würde unser Selbstbewußtsein steigern.«

Politisch unterstützt er Vogel, denn Vogel hätte die Thüringer Waldautobahn durchgesetzt.

»Aber Vogel hat in Thüringen Ihren Konkurrenten Opel großzügig fördern lassen.«

»Macht nichts, der Vogel tut, wenn es nötig ist, auch was für Mercedes. Und Mercedes tut dann was für die Wirtschaft, und die Wirtschaft tut etwas für die kleinen Leute, die sich keinen Mercedes leisten können.«

Er gibt mir für den Fall, daß auch ich einmal zur Mercedes-Gesellschaft gehören möchte, Prospekte und seine Handynummer mit und verspricht mir einen guten Rabatt.

Einmal drin im sonst verschlossenen Haus, gehe ich ein Stockwerk höher zu AEG. Dort klärt mich die Sekretärin auf, daß AEG nicht mehr aktuell ist. Alles ändere sich sehr schnell in diesem neuen Leben. Sie beispielsweise wäre früher Lehrerin gewesen und ist nun Sekretärin.

Den AEG-Bereich für Energietechnik, Transformatorenhäuser, Umspannwerke usw. hat der französische Konzern Allstrom gekauft. Für die Beschäftigten hätte sich vorerst noch nichts geändert. Aber die Lage könnte sehr schnell schlechter werden, wenn die ostdeutschen Energieanlagen nachgerüstet sind. Außerdem befürchtet sie, daß mit dem Billigstrom aus Osteuropa auch bald billige Trafostationen und Umspannwerke geliefert werden. Dann wüßten sie nicht, was die Franzosen mit den ehemaligen AEG-Filialen in Deutschland machen würden.

Ein junger Mann im Monteuranzug (immer noch mit AEG-Schild auf der Montur) sagt, als er erfährt, daß ich über den Landtag schreibe, daß im Parlament die Arbeiter wieder was zu sagen haben sollten, nicht nur die Unternehmer, Lehrer und Rechtsanwälte. Er fragt, ob im Thüringer Parlament noch Arbeiter als Abgeordnete sitzen. Ich weiß es nicht genau, nur Heiko Gentzel fällt mir ein.

Schlagzeilen September 1999

Der 67jährige Bernhard Vogel will, sollte er erneut als Ministerpräsident gewählt werden, im Jahre 2004 nicht wieder für dieses Amt kandidieren. Bei einer Koalition zwischen SPD und PDS werde er sich sofort aus der Landespolitik zurückziehen.

Bei dem, in Thüringen wegen der Wahl eine Woche vor allen anderen Ländern in Europa begangenen, »Tag des offenen Denkmals« konnten in 300 Thüringer Orten 500 Denkmäler besichtigt werden.

Nach den letzten Umfrageergebnissen würden 73 Prozent der Thüringer Vogel zum Ministerpräsidenten wählen, Dewes lediglich 21 Prozent.

Die umstrittene Ausstellung in Weimar, »Aufstieg und Fall der Moderne«, mit Hitlers Gemäldesammlung und einem wahllos zusammengestellten Teil DDR-Kunst wird vorfristig geschlossen.

Kohl spricht in Saalfeld vor 2500 Wählern: »Sie alle haben blühende Landschaften geschaffen ... Bernhard Vogel ist ein Glücksfall für Thüringen.«

Die DVU verschickt in knallroten, wahlamtlich aussehenden Kuverts ihre Wahlpropaganda mit der Aufschrift: »Persönliche Zustellung« ... »Wahlbüro Erfurt« ... »an die Bürger und Bürgerinnen in Thüringen. Wichtige Unterlagen zur Landtagswahl.«

Bei der Landtagswahl in Brandenburg verliert die SPD unter Manfred Stolpe ihre absolute Mehrheit. 52 Prozent gehen zur

Wahl, 39,8 wählen die SPD, 26,2 Prozent die CDU, 23,5 Prozent die PDS, und die DVU kommt mit 5,1 Prozent in den Landtag.

Thüringens FDP-Chef Heinrich Arens ruft die Wähler persönlich zur Wahl der CDU auf. FDP-Landesvize Bohn: »Ich gebe beide Stimmen für die CDU.«

Nach über acht Monaten erfolgloser Versuche geht alles sehr schnell. Pressesprecher Kaiser läßt mitteilen, daß ich Ministerpräsident Vogel begleiten darf: am Vormittag beim zweiten Internationalen Symposium für nachwachsende Rohstoffe in der Erfurter Messehalle mit dem MP als Schirmherr. Und am Nachmittag bei Wahlterminen und anderen Veranstaltungen in Rudisleben, Arnstadt und Eisenach. Zur Messe solle ich mit dem eigenen Auto kommen. Nachmittags könne ich von der Staatskanzlei aus im Wagen des Ministerpräsidenten mitfahren.

Auf das Messegelände gelange ich mit Chipkarte durch eine elektronische Schranke. Der Mitarbeiter der Staatskanzlei, der mich vor dem Tagungsgebäude in Empfang nimmt, versichert mir, daß wir nach der schnellen Abfahrt des Ministerpräsidenten problemlos durch die elektronische Schranke wieder herausgelassen würden, denn er kenne den Sprechcode zur Wachzentrale, und »da ist die Staatskanzlei schon avisiert, schließlich gehören wir auch zur Regierung«.

Und weil er von der Regierung ist, hat er die Eröffnungsrede des Ministerpräsidenten schon in der Tasche. Er bemüht sich, ordentlich einzutragen, was der Chef vom Ausgearbeiteten bei seiner Rede übrigläßt oder was er Neues hinzufügt. Geblieben ist unter anderem: »Thüringen ein Land im Aufbruch. Mit 48000 Hektar nachwachsender Rohstoffe steht es mit an der Spitze ... Wir entwickeln uns zu einem Rohstofflieferland ... Denke global und handle lokal. Victor Hugo sagte: ›Die Zukunft hat viele Namen. Für die Schwachen ist sie das Unerreichbare, für die Furchtsamen das Unbekannte, für die Tapferen die Chance.‹«

Neu in der Rede: »Wenn man die jungen Leute in den USA fragt, was wollt ihr werden, antworten sie: Unternehmer! In Deutschland sagen sie: Beamter oder Bankangestellter. Ich habe nichts gegen Beamte und Bankangestellte. Aber wenn an ostdeutschen Schulen Unternehmer immer noch als Blutsauger beschimpft werden, darf man sich nicht wundern, wenn keiner Unternehmer werden möchte.«

Dabei sehen die Unternehmer in ihren ordentlich geknöpften Westen und den maßgeschneiderten Anzügen sehr gut aus. So warten sie an ihren Ständen und werden dem Ministerpräsidenten vorgestellt. Sie dürfen seine Fragen beantworten. Beispielsweise, ob der Hanf aus Thüringen zum Füllen von Autotüren verwendet wird. In Greiz hätte der Ministerpräsident gesehen, daß 30000 Türfüllungen mit Hanf ausgepolstert worden wären, leider kein Hanf aus Thüringen.

»Sie müssen mit dem Anbau nachwachsender Rohstoffe nicht nur fortschrittlich sein«, rät er, »sondern auch wirtschaftlich.«

Am Stand einer über hundert Jahre alten Thüringer Maschinenfabrik, die eine Anlage entwickelt hat, mit der aus Hanf ein Granulat hergestellt werden kann, bekommt er eine blaue Rose überreicht, die er gleich am Nachbarstand liegenläßt. Dort erzählt ihm ein Professor der TU Dresden, daß man dieses Thüringer Hanfgranulat zu Tüten verarbeiten kann.

»Wissen Sie, ich müßte mich ja gar nicht mehr mit diesen Problemen herumschlagen, ich könnte mich auf meinem Altenteil zurücklehnen, ich bin schon jenseits von Gut und Böse.«

»Wie alt sind Sie denn?« fragt Vogel.

Und als der Professor sagt: »Schon 66«, meint der MP: »Wieso schon, das ist doch ein sehr gutes Alter für die Kreativität.« Er geht und lacht nicht einmal wie über einen guten Witz …

Nach der Veranstaltung braust der Regierungswagen durch den ansonsten gesperrten Vordereingang der Messe. Der Mitarbeiter der Staatskanzlei und ich müssen durch die elektronische Schranke.

»Bleiben Sie ruhig sitzen«, sagt der Mitarbeiter. »Ich spreche mit der Zentrale, dann öffnet man uns die Schranke.«

Er versucht es zuerst aus dem heruntergelassenen Wagenfenster. Dann steigt er aus. Schließlich nimmt er sein Handy zu Hilfe.

Niemand hört. Die Schranke öffnet sich nicht für die »zur Regierung Gehörenden«. Wir kramen unser letztes Kleingeld aus sämtlichen Taschen, legen zusammen und können uns damit auslösen.

Ich habe noch zwei Stunden Zeit bis zur Abfahrt von der Staatskanzlei. Beim Italiener gegenüber sitzt Willibald Böck. Ich möchte ein Eis. Willibald Böck erzählt, daß er hier vor drei Wochen, am 14. August, »himmlisches Eis« mit frischen Waldheidelbeeren gegessen hat. Ja, er hätte mit seinen fast 53 noch jedes Datum im Kopf wie ein Vierzigjähriger.

Ich frage ihn, wie das nun wirklich war, seinerzeit, als er vor einem knappen Jahr mit Michael Heym aus Rohr gegen Vogels Doppelherrschaft als Ministerpräsident und CDU-Landesvorsitzender revoltieren wollte.

»Nachdem feststand, daß wir keine Mehrheit erhalten, habe ich Michael geraten, es seinzulassen. Aber der sagte nur: Was richtig ist, kann nicht davon abhängig sein, ob man im Moment die Mehrheit bekommt. Ich beschwor ihn: Sag, daß du Dünnschiß hast, aber rede nicht. Doch er hat geredet.«

Das sei einer der wenigen Momente gewesen, in denen er Bernhard Vogel unbeherrscht und ohne Maske gesehen hätte.

Der Ministerpräsident begrüßt mich wie einen lang erwarteten Gast. Ich hatte angenommen, er würde sich, wegen der Sicherheit, hinter den Fahrer setzen, aber er steigt vorn ein. »Da sieht man besser, was auf einen zukommt.«

Hinten sitzt ein sehr zerbrechlich aussehender durchgeistigter junger Mann. Ich muß an das Wachsfigurenkabinett denken oder an einen verliebten Dichter der Romantik. Aber dafür hat er zu akkurat und glatt gescheiteltes Haar, und er läßt die Anzugjacke auch dann noch an, als Vogel sein olivgrünes Jackett auszieht, sich mit einer Bürste sorgfältig die weißen Haare frisiert, Duftwässerchen im Gesicht verteilt und allen im Auto Pfefferminzpastillen anbietet.

Gut riechend und mit frischem Atem steigen wir im Gewerbegebiet von Rudisleben aus und finden zwischen alten Fabrikhallen auch die neue Halle von Antec-Solar.

Vogel fragt die vor der Tür Stehenden: »Sind wir hier richtig?« Der Geschäftsführer erwidert schlagfertig: »Sie, Herr Vogel, sind hier immer richtig.«

Weniger schlagfertig ist der Geschäftsführer, als noch ein Auto vorfährt, aus dem Dagmar Schipanski steigt. Er hätte, äh, von keiner Seite, äh, Infos erhalten, daß der Herr Ministerpräsident heute von Frau Schimanski begleitetet wird. »Entschuldigen Sie, Frau Schimanski, daß wir keinen Blumenstrauß ... bitte, Frau Schimanski...« Den fehlenden Blumenstrauß entschuldigt sie bestimmt.

Im kleinen Konferenzzimmer der frisch gemalerten Halle hat man vier oder fünf Stuhlreihen für vielleicht 25 Leute aufgestellt und davor ein Rednerpult. Wenn der Geschäftsführer laut spricht, muß er aufpassen, daß er die in der ersten Reihe Sitzenden nicht bespuckt. Aber er spricht sehr leise und sehr ausführlich. Weltweit die erste vollautomatische Solardünnschichttechnik ... Nach zwei Jahren aus den Solarzellen mehr Strom, als für deren Produktion benötigt worden ist ... zwanzig Mitarbeiter ... Investition von 65 Millionen DM, davon 20 Millionen Fördergelder ... Dankeschön an den Ministerpräsidenten ...

Nach etwa fünf Minuten sehe ich, daß der Ministerpräsident mit sich kämpft. Er kämpft den Kampf, den auch ich sehr gut kenne. Erst blinzelt er sehr heftig, dann reißt er die Augen weit auf und schließt sie einen Moment, als denke er scharf nach. Reißt sie noch einmal auf ... Blinzelt. Dann sackt das Kinn nach unten ... Der Ministerpräsident verliert seinen Kampf.

Dagmar Schipanski (die mich zwei Tage vor der Wahl noch zum Gespräch in ihre Wohnung eingeladen hat) schubst ihn auch nicht an. Wäre da nicht der Redner, gäbe das ein selten schönes, friedliches Bild: ein schlafender alter Mann. Ich mag ihn plötzlich.

Nach etwa zwanzig Minuten vom Rednerpult der Hinweis, daß man die Produktionshalle nicht wie geplant zuerst auf einer Diafolie erläutern wird, sondern sie sofort besichtigt. »Wir bitten Sie allerdings, auf unabgedeckte Kabelgräben zu achten.«

Jemand von der Geschäftsleitung hat, als der Troß sich in Bewegung setzt, einen Pappkarton in der Hand und verteilt an alle Leitungskräfte, die das Abzeichen noch nicht am Revers tragen, den Anstecker vom »Pro-Vogel-Verein«. Wenn sie ihn anheften, tun sie es so, daß Vogel, inzwischen wieder hellwach, sie dabei nicht sieht.

Nach dem Rundgang Häppchen und Sekt.

Der Geschäftsführer möchte auf die Zukunft anstoßen. »Danke nochmals, Herr Ministerpräsident, für die Förderung und die Ehre.«

Danach spricht Vogel. Er sei hierhergekommen, weil hier eine Weltneuheit entstehe. »Auch wenn ich nicht alles verstanden habe, bin ich froh, daß hier mutige Wege gegangen werden. Denn Thüringen muß wieder auf den Platz gelangen, den es ohne Sozialismus und Diktatur eingenommen hätte, einen unter den ersten fünf in Deutschland.«

Während der kurzen Fahrt nach Arnstadt informiert ihn sein Persönlicher, daß sich Siegfried Jaschke beschwert hat, er werde von der Prominenz, also auch von Vogel, zu wenig beim Wahlkampf unterstützt.

»Wer hat Ihnen denn das gesagt?«

»Seine Frau hat es meiner Frau gesagt.«

»Dann muß es wohl stimmen. Ich werde heute etwas zu seiner Unterstützung sagen.«

Bier, Musik, überdachte Freilichtbühne in Arnstadt. Vom

Moderator werden die Spitzenpolitiker wie Stars der Volksmusik begrüßt und schön in Reih und Glied aufgestellt. Claudia Nolte gerahmt von vier Männern, dem Landtagskandidaten Klaus von der Krone, CDU-Direktkandidat in Arnstadt, Siegfried Jaschke, Michael Krapp, CDU-Staatssekretär, und dem Ministerpräsidenten. Bevor der Ministerpräsident zu den unten im Sonnenschein Biertrinkenden spricht, sagt Klaus von der Krone, bislang Bürgermeister in Ichtershausen, seinen Wählern, daß es bei der Wahl um Deutschland gehe, und stellt die Alternative: »Chaos oder Aufschwung für Thüringen.« Chaos mit der SPD, Aufschwung mit ihm und der CDU. Dann: »Meine Damen und Herren, ich trete ein für … ich trete ein für …« Er stockt und kramt seinen Zettel heraus, um abzulesen, wofür er eintritt …

Der Ministerpräsident schaut beim Reden kaum auf seinen Spickzettel.

»Wir werden im ICE-Tunnel von Behringen keine Champignons züchten …

Ich will nicht, daß die IM von gestern, wie die PDS-Frau Beck, die Staatssekretäre von morgen werden …

Ich habe etwas dagegen, daß man in manche Gefängnisse leichter hinaus als hinein kommt …

Der Mensch lebt nicht von Brot allein. Er braucht seine Heimat. Unsere Heimat ist Thüringen und Deutschland. Man darf auch wieder stolz sein, ein Deutscher zu sein, das wollen wir nicht den Extremisten überlassen …

Bei der SPD geht es jetzt zu wie bei Hempels unterm Sofa …

Einem Arzt vorschreiben zu wollen, wieviel Medikamente er gegen eine Krankheit verordnen darf, ist so, als würde man der Feuerwehr das Löschwasser zuteilen …

Siegfried Jaschke hier neben mir hat eine gute Arbeit als Abgeordneter geleistet, er war fleißig und zuverlässig im Finanzausschuß, und wir wissen alle, nichts ist wichtiger, als daß die Kasse stimmt …

Ohne die Diktatur und die SED stände Thüringen heute an der Stelle in Deutschland …«

Danach gibt es für alle, die oben stehen, ein Fläschchen mit dem einheimischen Kräuterlikör »Aromatique«, zu Ehren von Vogel in »Sankt Bernhard Tropfen« umbenannt. Auf ex zu leeren. Auch Claudia Nolte schafft es mit einem Zug. Sie hat nichts gesagt und beteiligt sich auch nicht an der Autogrammstunde. Bevor sie geht, sagt sie mir, daß sie zum vereinbarten Interviewtermin in Ilmenau ihren kleinen Sohn mitbringt.

»Das ist die Zeit, in der ich mit ihm zusammensein kann.«

Autogrammstunde mit Vogel zwischen Thüringer Wurst und Bier. Die Sicherheitsleute stehen hinter dem MP und gucken den Autogrammjägern unablässig auf die Hände …

Ein junger Mann mit Krücken, wahrscheinlich aus dem nahegelegenen Marien-Stift, ruft per Handy seine Frau an: »Stell dir vor, ich sitz hier direkt neben dem Vogel, ja, mit ihm auf einer Bank. Er sitzt neben mir. Willst du ein Autogramm? … Nein? Wirklich nicht? … Der sitzt aber direkt neben mir.«

Ein anderer, wenn ich richtig gehört habe, ist es der Bürgermeister eines kleinen Dorfes bei Eisenach, will wissen, wann politisch Verantwortliche aus der DDR oder Mitarbeiter der Stasi wieder eine Chance erhalten.

Vogel sagt, das müßte man individuell regeln, beispielsweise danach, wie ehrlich und stark einer seine Schuld bereut. Eine generelle Amnestie lehnt er ab.

Bei der Weiterfahrt nach Eisenach Aufregung im Auto. Der Redespickzettel des Ministerpräsidenten ist verschwunden.

Nachfrage bei den Sicherheitsleuten im vorderen Auto. »Habt ihr die Rede vom Chef?«

»Nee, aber wir werden mal suchen.«

Vogel: »Die hab ich euch hundertprozentig gegeben. Mit der Urkunde zusammen …«

»Die Urkunde haben wir, Chef, aber die Rede ganz bestimmt nicht.«

»Doch, die muß einer von euch haben. Hundertprozentig!«

Man will wenden und zurückfahren. Schließlich findet der Ministerpräsident sie in der Tasche seines ausgezogenen Jacketts.

Vogel lacht. Schlimm wäre es nicht gewesen, wenn die Rede nicht wieder aufgetaucht wäre. Er hätte das Wesentliche mittlerweile wörtlich im Kopf …

Apropos Kopf. Also Claudia Nolte, die hätte er fast nicht erkannt mit ihrem »neuen Kopf«. Mit der alten Frisur wäre sie ihm sympathischer gewesen. Aber Frauen bräuchten wohl eine neue Frisur, wenn sich ihr Leben geändert hätte … Außerdem sei Beständigkeit nun mal ein Vorzug des Alters. Deshalb gehe er wohl in seiner Hoffnung nicht fehl, daß Frau Schipanski ihn nicht eines Tages mit einem Bubikopf überrasche.

Freudige Nachrichten im Auto: Nach den neuesten Umfrageergebnissen steigert sich die CDU bei der kommenden Wahl auf 45 Prozent, die SPD sinkt von 26 auf 22, und die PDS wird 21 Prozent erhalten. Das wäre die absolute Mehrheit für die CDU. Vogel ruft sofort Regierungssprecher Kaiser an und bespricht die morgige Kommentierung. Sie solle nicht euphorisch, sondern zurückhaltend sein, noch sei nichts gewonnen. Danach versucht er, seinen Fraktionsvorsitzenden Christian Köckert zu erreichen. Köckert soll heute abend noch im MDR sprechen. »Nicht, daß er da schon etwas sagt, was ich morgen früh anders formulieren werde.«

Bis Eisenach schafft es der Ministerpräsident nicht, den CDU-Fraktionsvorsitzenden ausfindig zu machen.

Bevor er, vom Eisenacher OB Brodhun begrüßt, das Hotel betritt, haben seine beschlipsten Bodyguards die Räumlichkeiten schon erkundet. Ein unauffälliger Sicherheitsvorposten (ohne Schlips) informiert sie: »Nur geladene Gäste. Geschenke werden keine überreicht. Wenig zu tun.« Als Vogel mal pinkeln muß, bleiben sie draußen vor der Tür.

Inzwischen ist auch Köckert gefunden worden. Nach der Anweisung für die MDR-Diskussionsrunde kann sich Bernhard Vogel auf die Veranstaltung konzentrieren. Jüdische Bürger, die im Faschismus aus Eisenach vertrieben worden sind, besuchen auf Einladung des Oberbürgermeisters ihre alte Heimat. Viele von ihnen sprechen mit Tränen in den Augen. Vogel dankt ihnen leise und bewegt für ihr neues Vertrauen, spricht vom Schmerz in den Herzen, von Schuld und Sühne.

Bei der Rückfahrt verfärbt sich der Himmel über den Drei Gleichen leuchtend rot, wie ich es bisher nur in der Savanne von Afrika und über dem Meer an der tunesischen Küste gesehen habe. Aber weder der Fahrer noch der Persönliche zeigen es ihrem Chef. Der hat die Brille abgesetzt und hält beschriebene Papiere dicht vor seine Augen. »Tagesplanung.«

Das mit der Zweitstimme für die CDU sei noch nicht eindeutig genug formuliert worden. Der Persönliche sagt, er könne es heute abend schreiben und es ihm morgen früh vorlegen.

»Nein«, sagt Vogel, »ich mache das selber.«

Dann schaltet er die Leselampe ein. Und die Brille wieder aufgesetzt, aber auf die Stirn geschoben, studiert er bis Erfurt die zentralen und lokalen Tageszeitungen.

Am nächsten Morgen wird er sich um 6.30 Uhr einen Kaffee kochen, ein Brot schmieren und es allein im stillen essen, sagt er, und bedankt sich für meine Begleitung. Er entschuldigt sich, daß heute keine Zeit gewesen sei für ein Gespräch über Gott und die Welt, die Einsamkeit und die Politik. Aber er verspricht einen Termin nach der Wahl.

Um Gabi Zimmer, die Spitzenkandidatin der PDS, zu begleiten, zuckle ich mit dem Zug von Suhl nach Arnstadt. Dort will sie mich auf dem Bahnhof abholen. Sie kommt pünktlich, hat einen »Fahrer«, den PDS-Geschäftsführer Knut Korschewsky, der sie in den letzten drei Wochen schon über 8000 Kilometer durch Thüringen kutschiert hat. Das sei der Unterschied zwischen den Parteien, die an der Macht sind, und einer, die in der Oppositionsecke steht, sagt Gabi Zimmer. »Auch wegen des Dienstwagens möchten manche Oppositionelle nicht ein Leben lang Oppositionelle bleiben.«

Es ist naßkalt, aber sie hat keine Socken an. Ich frage, ob sie nicht friert. Im Moment nicht, aber selbst wenn sie frieren sollte: »Bis zum 12. September laufe ich nur in Sandalen umher.« Dazu trägt sie eine graublaue kurzärmelige Bluse und Jeans. Röcke könne sie zur Zeit nicht tragen, wegen der blauen Flecken an den Beinen. »Vom Bobfahren.«

Ich gucke ungläubig. »Der Vogel«, sagt sie, »wandert im Wahlkampf. Und ich habe wegen der Wahl nicht nur in Altenburg Skat gespielt, sondern bin leider in Oberhof auf Wunsch der Fernsehleute mit dem Sommerbob gefahren.«

Das Fernsehen wartet auch heute an ihrem Arnstädter PDS-Stand. »Man sagt, er ist rabenschwarz, aber ich kann mit ihm«, sagt sie über MDR-Redakteur Spindeldreier, einen ruhigen, freundlichen Mann, und stellt auf Bitten seines Kameramanns die PDS-Kondompäckchen »Sag mir, wo du stehst« auf. Dicht neben der PDS hat die Arnstädter SPD-Direktkandidatin Petra Heß ihren Stand und 30 Schritte entfernt die CDU mit Klaus von der Krone. Zwischen PDS und SPD verteilen, an ein Mäuerchen gelehnt, drei schmächtige Zeuginnen Jehovas den »Wachturm«. Die CDU verschenkt Luftballons, und bei der SPD überreicht die Frau des Bundestagsabgeordneten Neumann den Vorübergehenden rote Rosen. Sie kommt auch zu Gabi Zimmer, gibt ihr eine und sagt: »Ein bißchen mehr Liebe ist immer besser als ...«, verschluckt den Rest des Satzes. Gabi Zimmer nickt und legt die Rose neben das Parteiprogramm.

Ein Mann, der die Szene beobachtet hat, agitiert sie: »Ihr dürft nicht mit der SPD kungeln. Diese falschen Genossen haben die Interessen der Arbeiter im Osten nach 1990 genau so verraten wie die CDU.« Er ist 57, hat schon mit 49 Jahren als Versuchsmechaniker im größten Arnstädter Betrieb, dem RFT-Werk, aufhören müssen. »Wegen des Unternehmerprofits.« Seine Vorfahren seien als aus Frankreich vertriebene Hugenotten nach Arnstadt gekommen. Vielleicht würde er als ungeliebter Ossi jetzt auch auswandern müssen.

Nach ihm versucht ein älterer Mann mit zwei prall gefüllten Einkaufsbeuteln in den Händen Gabi Zimmer zu bewegen, den »Jehova-Kirchenweibern« die Meinung zu geigen, denn Religion sei immer noch Opium für das Volk. Gabi Zimmer beschwichtigt, daß die Frauen doch niemand stören. Aber er schimpft: »Alles Scheinheilige, diese verdammten Gottesanbeter.« Er beurteile die Menschen und die Gesellschaft nur nach den drei Fragen: Nutzt mir das? Bringt mir das was? Wer wird dabei reich? Mit den Antworten darauf hätte er immer richtig gelegen. Er war früher in der Kombinatsleitung des größten Ilmenauer Betriebes, des VEB Technisches Glas.

Von Arnstadt fahren wir nach Suhl. Unterwegs erzählt Gabi Zimmer von einer Veranstaltung des Thüringer Hotel- und Gaststättengewerbes. Ein forscher Mann aus dem Publikum hatte den meisten Beifall für seine Diskussionsbeiträge erhalten. »Beispielsweise, als er monierte, daß in Erfurt die Gaststätten in bester Stadtlage den Italienern gehören und daß deutsche Gastwirte gegen die Ausländer kaum eine Chance hätten. Und dann offenbarte dieser Hotelier aus Rudolstadt, daß er Mitglied der DVU ist. Als plötzlich alle schwiegen, fragte er, ob auf einmal nicht mehr wahr wäre, was sie soeben beklatscht hätten.«

Im Hotel »Stadt Suhl« trifft sich Gabi Zimmer mit Vertretern des Verbandes der Kriegsopfer und Behinderten und dem 33 Jahre alten, seit seiner Geburt körperbehinderten PDS-Landtagskandidaten Maik Nothnagel. Es sind nur sechs Leute erschienen, ein Suhler PDS-Stadtrat hatte den VDK wegen der »Kriegsopfer, die heute gerade vierzig Jahre alt sind«, als revanchistisch bezeichnet.

Der parteilose Maik Nothnagel, beide Arme sind verstümmelt, will eine parteien- und politikübergreifende Behinderteninitiative entwickeln. Die Fakten, die er aufzählt, sind neu für mich. Daß es beispielsweise den Thüringer Unternehmern nicht schlecht gehen könnte, denn die würden lieber, um nicht die gesetzlich geforderten 6 Prozent Behinderte einstellen zu müssen, jährlich 45 Millionen DM »Strafgeld« (steuerlich absetzbar) an das Land zahlen. Was der Staat mit diesen 45 Millionen DM macht, ob er es für die Belange der Behinderten ausgibt, möchte er wissen, und er will langfristig ein Thüringer Behindertengesetz ausarbeiten. (»Keine Besserstellung, sondern Gleichstellung: Ein normaler Fötus kann bis zur 18. Woche abgetrieben werden, ein vermeintlich behinderter bis zur 22. Woche! Wieviel Abgeordnete vertreten den Anteil von 8,8 Prozent Behinderter der Bevölkerung in den Parlamenten?«) Dieses Gesetz solle nicht als Wahlkampagne oder im Parteienstreit, sondern im parlamentarischen Miteinander entstehen.

Gabi Zimmer sagt nichts dazu. Zu mir gewandt, meint sie später:

»Ich will ihm nicht schon vor der Wahl seine Illusionen nehmen.«

Vom Hotel fahren wir zum PDS-Wahlstand am Suhler Klinikum. Der ehemalige Landwirtschaftssekretär der SED-Bezirksleitung Erich Kliem sammelt dort Unterschriften »für gleichen Lohn in Ost und West«.

Keine Schlange vor dem Stand und auch keine Schlange nebenan beim Dönerverkäufer, einem Kurden, der vor einem Jahr noch in Stuttgart lebte und der hier wie dort, erzählt er Gabi Zimmer, den gleichen Lohn für eine Saubermachfrau gezahlt habe.

»Ihr seid doch alles Deutsche!« sagt er, holt sich die Liste, unterschreibt und füllt mir und Gabi Zimmer ein Fladenbrot mit extra viel Fleisch.

Die Fernsehleute sind begeistert. Bisher haben sie alle Thüringer Spitzenkandidaten nur beim Bratwurstessen gefilmt. Gabi Zimmer ist die erste mit einem Döner in der Hand.

Sie hat sich, sagt sie, mittlerweile an das Fernsehen gewöhnt, sich ihm aber hoffentlich nicht angepaßt. Trotz des Fernsehens will sie es sich jedoch nicht nehmen lassen, am Abend vor der

Wahl noch auf der Kirmes in ihrem Dorf ordentlich zu feiern. »Selbst auf die Gefahr hin, daß ich, wenn man am nächsten Tag meine Stimmabgabe filmt, nicht fernsehgerecht aussehe.«

Die Schleusinger Wahlveranstaltung mit dem 31jährigen Diplom-Fischereiingenieur Tilo Kummer, PDS-Kandidat für Hildburghausen und Umgebung, wird wie andere auch zur Parteiversammlung. Man ist im Gasthof »Zur Sonne« unter sich. Dabei spricht Tilo Kummer, Besitzer einer Zoohandlung und Zierfischzucht in der Nähe des romantischen Schwanenteichs in Gerhardtsgereuth, interessante Themen an. Er schlußfolgert beispielsweise, daß eine Gesellschaft krank ist, wenn ein Bauer für das Entgelt eines Doppelzentners Getreide in einer Gaststätte drei Glas Bier trinken kann. Und wenn der letzte Bauer in Schleusingen 800 DM Strafe zu zahlen hat, weil er die Kuh nicht totschlägt oder die Milch nicht wegschüttet, sondern sie abliefert. Oder wenn eine ausgebildete Autoverkäuferin im Autohaus 1800 DM verdient und die Frau, die sie dort im Auftrag des Arbeitsamtes anlernt, für die Umschulung 2100 DM erhält …

Gabi Zimmer sagt auf der Heimfahrt: »Aber die, die dort waren, wählen uns sowieso.« Daß Tilo Kummer, der einen vorderen Listenplatz hat, in den Thüringer Landtag einzieht, ist sicher. Daß sein SPD-Gegenkandidat für Hildburghausen, mein Bekannter, der kluge Germanist Burkhard Stenzel, gewählt wird, ist unwahrscheinlich, denn mit dem schlechteren Listenplatz müßte er gegen den CDU-Direktkandidaten, Rechtsanwalt Dr. Dr. Heinrich Georg Dietz, gewinnen. Er hätte lediglich eine Chance, wenn die PDS und die SPD sich einigen könnten: »Tilo Kummer ist über die Parteiliste abgesichert, also fordert die PDS ihre Wähler auf, für Burkhard Stenzel zu stimmen.«

Am Biertisch sind sich der Hildburghausener PDS-Bürgermeister Steffen Harzer und Burkhard Stenzel einig, daß ein linkes Wahlbündnis gut und nötig wäre. »Aber eher würde die

SPD den Stenzel aus der Partei schmeißen, als solch ein Wahlbündnis öffentlichmachen. Schade«, sagt Gabi Zimmer.

Wegen der Staatsgeheimnisse – »Der Minister arbeitet auch unterwegs im Auto.« – ist es laut Auskunft seines Pressesprechers unmöglich, daß ich Richard Dewes wie Bernhard Vogel einen Tag lang in seinem Auto begleite. Aber ich könnte hinterherfahren …

Beim ersten Termin bin ich schneller als Dewes und warte im nordthüringischen Ilfeld zusammen mit der städtischen Obrigkeit, mit Feuerwehrleuten, der Landtagsabgeordneten Dagmar Becker und einer Gitarre spielenden, als Clown verkleideten Frau auf den Minister.

»Ich bin Ursula, der Clown«, singt die Frau mit der bunten Mütze.

Sie trägt Volkslieder und selbstverfaßte Texte vor. Bis 1983 hätte sie noch arbeiten dürfen, danach wurde sie krank geschrieben, wegen dem Kopf und der Seele, sagt sie. »Ich soll immer traurig sein, so will es mein Mann. Aber ich bin nicht krank, Ursel ist lustig.«

Als er aus dem Landrover aussteigt, besingt sie den

»Richard, unseren lieben Gast,
der keinen wichtigen Termin verpaßt …
Sparsam ist er, denkt an das Morgen,
die Zukunft macht ihm keine Sorgen …
Was sollen wir mit dem Vogel aus dem Westen,
der Richard gehört zu unseren Besten …«

Dewes lacht und klopft ihr auf die Schulter.

Im festlichen Rathaussaal sieht er trauriger aus. Er übergibt zwar strahlend die 240 000 DM für ein neues Feuerwehrhaus, aber bei seiner Rede – Dankeschön an die fleißigen ehrenamtlichen Helfer der Feuerwehr – scheint er sich als Innenminister schon zu verabschieden. Er spricht, als räume er dabei seinen Schreibtisch aus.

Währenddessen klagt mir der Thüringer ZDF-Korrespondent sein Leid. Seit zwei Jahren arbeitet er in Erfurt. »Aber am Wahlabend wird die Arbeit zweier Jahre nur noch danach beurteilt, ob ich den Vogel eher als die ARD-Leute vor das Mikrophon bekomme.« Doch das sei aussichtslos. »Die sind zur Wahl mit fast fünfzig Leuten hier, ich habe fünf.«

Den zweiten Lokaltermin, Gespräche in der Fachklinik für Innere Medizin, erreiche ich zeitgleich mit der Sicherheitscrew. Es waren nur knapp 1000 Meter zu fahren.

Dewes lobt den Mut der drei Chefärzte und des Verwaltungsdirektors, die, was einmalig in Thüringen ist, die Klinik nicht an einen Westeigentümer abgetreten haben (13 Interessenten gab es), sondern sie in eigener Regie weiterführen. Dewes bittet den Chefarzt Schmidt, eine »anhängige Klage« der Klinik möglichst schnell auf seinen Tisch zu bringen. »Nach der Wahl werde ich vielleicht nicht mehr helfen können.«

Noch vor dem Mittagessen reist Wahlhelfer Harald Ringstorff, der Ministerpräsident von Mecklenburg-Vorpommern, an. Wäre man bösartig, könnte man sagen: ein Fischkopp – überall Gräten im Gesicht. Gutartig sollte man sagen: »Überall Bart und spöttische Augen.«

Er grient, als Dewes erzählt, daß die Koalition mit der CDU schlimmer gewesen sei als die Ehe mit einer ungeliebten zänkischen Karrierefrau. »Ich war moralisch kaputt, und diese Disziplin um des lieben Koalitionsfriedens willen hat mir körperlich weh getan.«

Wenn, wie von der Regierung geplant, am Spaßbad Hohenfelden ein Golfplatz mit Steuergeldern in Millionenhöhe gefördert worden wäre, hätte er die Koalition platzen lassen. Aber Vogel lenkte ein. Allerdings sei danach Martin Röder, der Präsident der Industrie- und Handelskammer von Südthüringen und Busenfreund von Willibald Böck, bei ihm erschienen. »Ich sollte meinen Einfluß als Innenminister geltend machen, damit der Golfplatz doch noch angelegt wird.« Das Ackerland für den geplanten Golfplatz gehörte der Familie des Herrn Röder. »Als ich energisch ablehnte, heulte Martin Röder, weil die finanzielle Sicherheit für die Ausbildung seiner Kinder vom Verkauf des Ackers abhänge. Ich fragte ihn, wo man für die Ausbildung der Kinder Hunderttausende bezahlen muß.«

Bei der anschließenden Hatz durch die Stadt verliere ich die Staatskarossen und komme zu spät zur Besichtigung der Zigarettenfabrik Reemtsma. Die Geschäftsführerin hat schon zu DDR-Zeiten im Betrieb gearbeitet. Aber obwohl »Duett« und »Cabinet« noch einen großen Anteil am Jahresumsatz von fast 700 Millionen DM haben, raucht sie inzwischen »West«. »Reemtsma« gehört auch nicht mehr Herrn Reemtsma, sondern »Tchibo«. Aber »Tchibo« zahlt den Nordhäuser Zigarettenherstellern 100 Prozent Westtarif ...

Dewes und Ringstorff erklären der Geschäftsführerin, daß es heute leichter ist, erfolgreich für Parteien als für Zigarettenmarken zu werben. »Die Wähler wechseln eher die Partei als ihre Zigarettensorte.«

Ministerpräsident Ringstorff fragt eine der Arbeiterinnen an der Füllmaschine – 8000 Zigaretten in der Minute –, welche Sorte sie raucht. »Ich rauche überhaupt nicht. Dafür ist mir meine Gesundheit zu schade!« Aber sie wünsche sich natürlich, daß immer mehr Leute rauchen, damit sie ihren Job behält.

Ringstorff meint, das sei pervers. Aber er versteht es. »Man muß in diesem System, um zu überleben, sehr oft etwas gegen die eigene Gesinnung tun.«

Auch der Betriebsrat fördert den Zigarettenverbrauch mit allen Lungen. Im Sitzungsraum ist die Luft mit dem Messer zu schneiden. Dewes hustet, aber der Vorsitzende des Betriebsrates will den Minister überzeugen, daß die Politiker gegen das geplante Rauchverbot in Ämtern und öffentlichen Institutionen vorgehen müssen. »Schließlich verdient der Staat an jeder Zigarette 70 Prozent, und dem Staat soll es doch gutgehen, oder? Denn einen armen Staat können sich nur ganz Reiche leisten.«

Am Ende ihres Nordhäuser Wahlkampf-Einsatzes stellen sich Ringstorff und Dewes in der Einkaufspassage den Fragen der Vorübergehenden. Doch kaum jemand fragt etwas. Dewes will von zwei jungen Leuten mit Irokesenschnitt wissen: »Geht ihr zur Wahl?«

»Wozu wählen? Wir reißen die Plakate der Reps runter, das ist besser, als zu wählen.«

»Aber der Staat braucht demokratisch gewählte Abgeordnete, die auch eure Interessen vertreten.«

»Staat? Wir brauchen keinen Staat, wir kriegen Jugendrente! Geburt, Schule, Arbeit, Rente, Sterben, das wollt ihr, das ist euer Scheiß Staat.«

»Ihr verwechselt den Staat mit dem Leben.«

»Ich hab schon gesagt, wir brauchen den Staat nicht.«

»Und wovon wollt ihr leben?«

»Na, von der Jugendrente …«

Ende der Diskussion, das heißt für mich, ich muß vorzeitig weg. Die 100 Kilometer bis nach Erfurt werde ich dem Troß nicht folgen können, und ich möchte Bundeskanzler Schröder und Dewes abends zur Abschlußkundgebung der SPD auf dem Wenigemarkt erleben.

Ich bin pünktlich.

Leider. Die Musik kenne ich schon vom Dewes-Einmarsch in der Erfurter Messehalle. Die Reden auch. Selbst Regine Hildebrandt, obwohl laut und schrill, klingt heute sehr müde. Als Dewes am Rednerpult bittet, daß auch sein Genosse Gerd Schuchardt, der unermüdliche, fleißige, kompetente Minister, auf die Tribüne kommen soll, aber Schuchardt so tut, als ob er es nicht gehört hat, und bei Lippmann, Gentzel und den anderen unten im Publikum stehenbleibt, gehe ich.

Werden am Wahltag die Fahnen vor dem Landtag gehißt? Heinz, der Tischler, denke ich, wird es wissen. Wer außer den vier Arbeitern, die im Landtag gleichzeitig Mädchen für alles sind, sollte die Fahnen hissen? Heinz ist schlecht gelaunt. Er sitzt in seiner Eßecke und mault, daß die oben immer unsinnigere Arbeiten anordnen. Hunderte Fernsehfritzen hätten sich zum Wahltag angesagt, jeder wollte ein Kabüffchen, Bretter, Latten …

Ich frage ihn, ob er flaggt. Nein, er flaggt nicht. Das macht der Lange. »Ist ja selber fast 'ne Fahnenstange!«

Wir schwatzen, bis er seinen Ärger vergißt. Dann erinnere ich ihn, daß wir noch in die ehemaligen Gestapo-Keller des Hauses wollen. »Das wird nichts. Das genehmigt niemand«, sagt er. Als ich ihn frage, wann wir ungestört über seine Zeit im früheren Rat des Bezirkes und seine Arbeit im Landtag reden wollen, druckst er und legt mir die Arme auf die Schultern. »Sei mir nicht böse, ich darf dir nichts erzählen. Ich mußte so eine Belehrung unterschreiben, ja, wie früher in der DDR die Arbeitsschutzbelehrung, daß ich niemandem über meine Arbeit hier berichte.«

»Aber über die Zeit vor 1989?«

»Auch nicht. Wir können ein Bier zusammen trinken gehen. Aber ich kriege Ärger, weil ich doch unterschrieben habe.«

Damit endet meine Verbindung zur Arbeiterklasse des Landtages.

In Ilmenau schenken sich Andreas Enkelmann und Siegfried Jaschke auch zwei Tage vor der Wahl, wo die Schlacht eigentlich schon geschlagen sein sollte, nichts. Sie verteilen immer noch ihre freundlichen Konterfeis und beschuldigen einander gegenseitig, der andere sei in der letzten Zeit öfter in der Zeitung abgebildet worden. Ein junger Mann mit CDU-T-Shirt schreit sich heiser: »Wählen Sie das Beste, wählen Sie Siegfried Jaschke. CDU. Wählen Sie das Beste …«

Ich suche inzwischen das Haus von Dagmar Schipanski in der Schillerstraße 13. Doch die Nummern hören bei 12 auf, gehen völlig unwissenschaftlich wieder rückwärts. Bauarbeiter, die mich verzweifelt hin und her laufen sehen, fragen, ob ich die Dame suche, die Bundespräsidentin werden wollte.

»Hinten, fast im Wald, steht ein großer Neubau mit dem am besten gepflegten Rasen und den größten Fenstern. Rotes Ziegeldach zwischen grünen Fichten.«

Ihr Mann, der Stellvertretende CDU-Landrat, entschuldigt sie. Ein nicht geplanter Termin sei dazwischengekommen, aber sie sei schon unterwegs. Tigran Schipanski bindet sich eine Schürze vor, schneidet den Kaßlerbraten. Sie haben Besuch, Freunde aus Südafrika. Ich sei selbstverständlich zum Mittagessen eingeladen. Im Garten auf dem Rasenteppich steht schon ein langer Tisch mit weißer Tischdecke.

Ich frage Tigran Schipanski nach ihrem CDU-Direktkandidaten Siegfried Jaschke, und er meint: »Politik hat ihre eigenen Gesetze.« So auch bei der Wahl des CDU-Direktkandidaten zwischen Staatssekretär Michael Krapp und Siegfried Jaschke, Intelligenz auf der einen Seite und Volkstümlichkeit auf der anderen. Vordenker täten der CDU gut, aber die demokratischen Mehrheit hat Siegfried Jaschke nominiert, so funktioniert nun einmal Demokratie. Es geht im Wahlkampf nicht allein um Siegfried Jaschke, es geht um die CDU.

Einer, der seit Wochen für Siegfried Jaschke kämpft, jener freundliche, marktschreierische junge Mann mit CDU-T-Shirt kommt kurz nach mir und trinkt literweise Selterswasser. Es ist Tankred, der 22jährige Sohn der Schipanskis.

»Gott sei Dank, heute nachmittag noch einmal, dann ist Schluß.«

Neben der Balkontür steht ein seit über einer Woche nicht abgeräumter Geburtstagstisch. Blumen, Wein, Kosmetik, dicke Bücher. Am 3. September ist Dagmar Schipanski 56 geworden. Als sie endlich abgehetzt, aber freundlich zur Tür hereinkommt, entschuldigt sie sich: »Man redet sich den Mund fußlig in diesen Tagen.« Und das, obwohl sie keine fanatische Wahlkämpferin sei.

Außerdem sei sie nicht immer Vogels Meinung. Sie vertrete in manchen Punkten eine andere Hochschulpolitik als er.

Wenn es wieder eine Koalition mit der SPD geben sollte,

wird Bernhard Vogel den »erfahrenen Schuchardt« noch einmal als Wissenschaftsminister einsetzen. »Ich habe nur eine Chance, wenn die CDU die absolute Mehrheit schafft.« Aber schließlich sei sie nicht der Siege wegen angetreten. »Auch Niederlagen gegen Große zählen für die Unbekannten als Sieg. Ich habe in der Zeit meiner Kandidatur zur Bundespräsidentenwahl einen Wäschekorb voll Briefe erhalten: von Frauen, die Muttermilchsammelstellen wie in der DDR aufbauen wollten, von Ostdeutschen, denen ich Mut gemacht habe, und sogar wegen eines Schlangengiftpatents hat man mir geschrieben.«

Der Stellvertretende Landrat serviert die Kaßlerscheiben. Weil seine Frau so spät kam und ich in 40 Minuten bereits mit Claudia Nolte verabredet bin, habe ich die Wahl, »einen guten Salat und einen noch besseren Kaßlerbraten zu essen und einen Schluck Wein dazu zu trinken. Oder, wenn ich wirklich auf dem Interview bestünde …«

Ich setze mich mit an den Tisch, und wir trinken darauf, daß ich das Interview dann mache, wenn sie nicht Ministerin geworden ist und keine dringenden Termine mehr hat.

Die ehemalige Bundesministerin Claudia Nolte wartet im CDU-Büro auf mich.

Für meine Erkundungen über den Thüringer Landtag und Thüringer Landtagsabgeordnete ist sie unwichtig. Aber seit jener Gemeinderatssitzung, als meine politische Aversion gegen sie entstand, seit ihrem Sturz, nachdem ihr vor der Bundestagswahl der Satz über die geplante Erhöhung der Mehrwertsteuer rausgerutscht war, seit ihrer Trennung bin ich neugierig auf sie.

Die 33jährige sitzt in Jeans und T-Shirt am Computer und schreibt und streicht und schimpft.

»Wie gut sind Parteifreunde?« Genau zwanzig Zeilen will die »Welt am Sonntag« dazu. Sie schreibt: »Natürlich gibt es unter Parteifreunden auch richtig gute Freunde. Und dann gibt es Situationen, wo man feststellt, daß es davon sogar mehr gibt, als man denkt. Da stärken einem Parteifreunde den Rücken, von denen man es gar nicht vermutet hatte oder die einen sogar nur aus den Medien kennen, und das will was heißen, wenn man bedenkt, wie man oft von den Medien vermittelt wird. Und dann gibt es auch innerparteiliche Konkurrenz. Meist nicht offen ausgetragen, dafür um so heftiger in der Presse breitgetreten …«

Ihr Sohn quengelt, weil er Eis essen gehen möchte. Sie vertröstet ihn und schlägt mir zu meinem Erstaunen lachend vor, ich könne ihre Antwort umformulieren und kürzen. Danach erzählt sie »aus ihrem Leben«.

1966 ist sie in Rostock als jüngste von drei Geschwistern in einer katholischen Familie geboren. Schöne Kindheit. Kuscheln und Klavierspielen mit dem Vater, einem Wissenschaftler. Die Mutter im Rostocker Dieselmotorenwerk. »Ich mochte den Geruch der Bohrmilch, wollte später was Technisches machen. Aber auch was Wissenschaftliches wie der Vater.« Mit ihren Büchern und ihren Fragen – »Wozu bin ich auf der Welt? Wozu werde ich gebraucht?« – war sie sehr viel allein.

Abitur mit Facharbeiterausbildung zur Elektromechanikerin. Berufswunsch: Ärztin. »Doch als Ärztin wäre ich kaum zu Hause gewesen, und ein Zuhause – Familie und Kinder – war mir wichtiger.« Statt dessen Bionikstudium in Ilmenau. »Ich Fischkopp wußte von Thüringen nur: Dort gibt es die höchsten Berge der DDR.«

Mitglied in der FDJ. »Ich wollte als Christin mitgestalten.« Obwohl sie bei »Schwerter zu Pflugscharen« mitmachte, sei sie nicht aktiv bei den protestierenden kirchlichen Gruppen gewesen. »Wahrscheinlich paßte ich mit meiner bürgerlich-humanistischen Erziehung schlecht zu deren Lebensweise.«

Während der Wende engagierte sie sich im »Neuen Forum« und schrieb gleichzeitig ihre Diplomarbeit. Vom »Neuen Forum« ging sie in die CDU. »Vielleicht aus demselben Grund wie zuvor in der DDR: Ich wollte als Christin die Gesellschaft mitgestalten. Es war damals allerdings schwer, sich begreiflich zu machen: Ich gehe zur Parteiversammlung. Denn Partei war negativ besetzt.«

Alles andere ist immer wieder beschrieben worden.

Die Rüschenbluse. Kohls Ziehkind. Jüngste Ministerin mit 28. Vielleicht ist nicht so bekannt, daß sie in Bonn in einem 16-m²-Zimmer wohnte und während der ersten 14 Tage als Ministerin keine einzige Zeitung gelesen hat. »Es war klar, was die über mich schrieben.« Unbekannt ist wahrscheinlich auch, daß Claudia Nolte einen großen Teil ihres Lebens Tagebuch führte. Zuerst bis sie 16 war, später schrieb sie wieder. »Aber von 1990 bis 1999 leider keine einzige Zeile.«

Sie hat nichts über ihre Angst geschrieben, mit 28 »Bundesministerin der Bundesrepublik Deutschland zu sein. So etwas Großes, für mich Unvorstellbares.« Sie hat nicht aufgeschrieben, wie sie es lernen mußte, »andere für mich arbeiten zu lassen«. Sie hat auch nicht beschrieben, »wie allein schon das Amt Autorität verleiht«.

Jetzt schreibt sie wieder Tagebuch.

»Worüber?«

»Das ist nur meins. Das geht niemand etwas an.«

Wir reden über Gefühle und Politik. Sie habe die Kraft, aus der Politik auszusteigen, wenn diese anfange, ihr Ich und ihre Gefühle aufzufressen.

Ich frage, ob sie die Dogmen der katholischen Kirche – keine sexuellen Beziehungen vor der Ehe, danach keine Trennung, bis daß der Tod sie scheide – immer noch zeitgemäß findet.

Sie antwortet zögerlich: »Vielleicht lebt der Mensch glücklicher, wenn er Liebe nicht zum Experiment macht, nicht jedes Geheimnis aufdeckt, nicht alles ausprobieren muß. Eine glückliche Partnerschaft ist etwas sehr Großes. Dafür zu leben lohnt sich.«

Und als ich – aufs Geratewohl – sage, daß die neue Liebe,

das neue Leben, sie sehr glücklich und sehr gut aussehen läßt, schluckt sie, schaut mich groß an, fragt: »Sehe ich wirklich glücklich aus?«

Sie sitzt eine Sekundenewigkeit still. Schluckt wieder. Geht zum Fenster. Legt den Kopf an die Glasscheibe.

Ich lege den Arm um ihre Schulter, stehe hilflos am Fenster. Mein Wahlkampf ist zu Ende.

12. September. Belagerungszustand des Landtages. Im Hof die kaum überschaubare Wagenburg der Besetzer mit all ihren Bediensteten und Marketendern. Im Haus die Elitetruppen, die Meinungsmacher. Auf allen Fluren, in allen Sälen, in größeren Konferenzräumen hocken sie hinter Kameras und Mikrophonen und proben den Moment der Verkündigung.

Einer der Landtagswachleute sagt grienend, daß er während seiner Armeezeit die größte Radaranlage der NVA bedient hat. »Die war so stark, daß von den Strahlen Radios ohne Strom spielten und ausgeschaltete Neonröhren aufleuchteten. Solch eine NVA-Radaranlage hier im Landtagskeller, und es wäre totaler Sendeausfall auf allen Fernsehkanälen!«

Der ZDF-Mann ist schon geschminkt. Jetzt sei nichts mehr zu beeinflussen, sagt er. Nun laufe alles, wie es laufen muß. »Ich habe dem Vogel zehnmal gesagt: ›Nicht vergessen, Herr Dr. Vogel, 19 Uhr, ZDF … Nicht vergessen, 19 Uhr, ZDF.‹«

Noch vor der ersten Prognose steht bereits ein Wahlsieger fest: Die Aramak, die hessische Betreiberin der Landtagskantine, hat Rekordumsätze. Und der Mann an der Kasse sagt mir: »Wir kriegen heute von unserem Westunternehmer nicht mal Sonntagszuschlag, sondern nur ein paar Überstunden bezahlt. Doch im Wahlkampf haben alle Parteien ständig die Angleichung der Lebensumstände Ost und West gefordert.«

Bei der zweiten Verkündung der Trendrechnung im Fernsehen reißen die Männer mit dem Slogan »Unser Vogel heißt Bernhard« auf dem T-Shirt laut jubelnd die Arme in die Höhe.

Alleinherrschaft für die CDU: 49 Prozent. SPD und PDS haben zusammen nur 42 Prozent. Sie kreisen Vogel ein und beginnen, mit dem alten Mann in ihrer Mitte, zu rennen. Kämpfen sich durch die Menschen zur ersten Fernsehstation, zur zweiten, zur dritten. Schweißtropfen auf Vogels Stirn. Nirgends ist mehr Zeit für die Maske oder zum Abtupfen. Einmal versucht Vogel, im Rennen seine Haare zu kämmen. Aber sie schubsen und ziehen ihn im Schweinsgalopp vorwärts. Regierungssprecher Kaiser, den Fernsehstationenfahrplan in der Hand, gibt die Richtung an. Vogel lacht bei jedem Interview, zuerst noch glücklich. »Endlich klare Verhältnisse in Thüringen … Wir danken für das Vertrauen …«

Irgendwann wird er auch beim ZDF ankommen, denke ich. Aber seine »Leibwächtergarde« schimpft nach der Erinnerung »19 Uhr ZDF!«: »Dann müssen die in ihrer Tagesschau eben mal ein paar Minuten Naturaufnahmen einblenden, bis wir mit unserem Ministerpräsidenten in ihrem Studio sind!«

Während Vogel, im gleißenden Licht nun schon bleich und müde aussehend, interviewt wird, frage ich sie, ob sie professionelle Sicherheitsleute sind. »Nein«, sagen sie stolz. »Wir sind nur ganz kleine CDU-Mitglieder. Wir machen das heute ehrenamtlich.«

Unterdessen fährt die »Junge Union« mit einem »Mercedes Smart«-Konvoi, gehißten Deutschlandfahnen und Plakaten »Danke für das Vertrauen« hupend durch Erfurt. Im Hof der Hopfenberggaststätte (früher das Wahlparty-Domizil der SPD) trinkt und ißt und feiert man unter großen Kastanien. Trautvetter verkündet, daß er Schuchardt in Jena besiegt hat. Dagmar Schipanski wird von einigen scherzhaft schon mit »Frau Ministerin« angesprochen. Claudia Nolte steht abseits. Ich hatte gehofft, sie hier zu treffen, und gebe ihr einen »Entschuldigungs«-Brief, den ich gestern, einen Tag nach unserem Gespräch, geschrieben habe.

Im Festzelt der PDS herrscht kein lauter Jubel über den zweiten Platz. Die Genossinnen und Genossen sind vom

Durchmarsch der CDU deprimiert. Außerdem legen sie eine Schweigeminute für den wenige Tage vor der Wahl verstorbenen Peter Dietl ein. Für ihn wird nun der parteilose Maik Nothnagel in den Landtag einziehen.

Wahlkampfchef Hans-Dieter Fritschler spendiert mir ein Zwiebelfleisch und ein Bier. Vielleicht ist es gut, daß die PDS noch nicht drangekommen ist, sagt er. »Wahrscheinlich sind wir noch nicht reif fürs Regieren.«

Die SPD hat ihr Festzelt auf dem Beethovenplatz neben dem Landtag aufbauen lassen. Von Presseleuten umringt, schimpft Gerd Schuchardt auf die PDS und die Anbiederungspolitik von Dewes.

Dewes sehe ich nicht. Im Festzelt der SPD sitzen nur noch wenig Leute. Hans-Jürgen Döring hockt vor einem Bierglas, hat Tränen in den Augen, läßt sie aber nicht ins Bier tropfen. Keiner besäuft sich. Nur an einem Tisch in der Mitte des Raumes feiern Werbechef Neumeister und seine Mitarbeiterinnen mit reichlich Wein. Die Firma hat gut verdient. Aus dem Lautsprecher der von der Werbeagentur organisierten und ordentlich abgerechneten Wahlparty ertönt: »Alles vorbei, Tom Dooley …«

Am nächsten Tag studiere ich in Ruhe die Ergebnislisten der Wahl. Denn, so hatte mir Jürgen Kochinke gesagt, bei aller Parteidominanz sei aus dem Unterschied zwischen Stimmen für die Partei und Stimmen für den Parteidirektkandidaten zumindest ablesbar, wen die Leute mehr oder weniger mögen.

Willibald Böck erhält persönlich vier Prozent weniger Stimmen als die CDU in seinem Eichsfelder Wahlkreis. Hans-Jürgen Döring vier Prozent mehr als die SPD. Richard Dewes, der in Nordhausen nur Dritter wird, bekommt persönlich zwei Prozent mehr als die SPD. Heiko Gentzel in Eisenach etwa genausoviel wie die Partei. Wirtschaftsminister Schuster fünf Prozent weniger als seine Partei, Dr. Dr. Heinrich Georg Dietz in Hildburghausen vier Prozent weniger. Sein Gegenkandidat

Burkhard Stenzel von der SPD vier Prozent mehr als die eigene Partei. Christine Zitzmann plus drei Prozent, Almuth Beck dagegen zwei Prozent weniger als die eigene Partei. In Suhl erhält Ulbrich-Nachfolger Wolfgang Wehner vier Prozent weniger als die CDU. Gabi Zimmer dagegen vier Prozent mehr als die PDS. In Ilmenau: als erster Siegfried Jaschke mit zwei Prozent weniger als die eigene Partei, an zweiter Stelle der PDS-Amateur Eckhard Bauerschmidt persönlich zwei Prozent mehr als die Partei und an dritter Andreas Enkelmann, der drei Prozent mehr Stimmen erhält als die SPD, die in Ilmenau nur 15,7 Prozent schafft. Ministerpräsident Vogel erhält persönlich vier Prozent mehr als die CDU. Bodo Ramelow von der PDS plus zwei Prozent, Otto Kretschmer von der SPD plus vier Prozent, Frieder Lippmann plus drei Prozent, Andreas Trautvetter, der »Fremdling« in Jena, minus vier Prozent und Gerd Schuchardt, der »Einheimische«, acht Prozent mehr als die eigene Partei.

Viele Stimmen, nämlich 13 Prozent, verliert die SPD bei den 18- bis 34jährigen. Selbst bei Arbeitern büßt die Arbeiterpartei 17 Prozent und bei den Arbeitslosen sogar 21 Prozent ein. An die CDU muß die SPD 65000 Wähler, an die PDS 38000 und an die Nichtwähler 98000 abgeben …

Als erster fordert Andreas Enkelmann den sofortigen Rücktritt von Richard Dewes.

Auch von den 18 neuen und wiedergewählten Landtagsabgeordneten schieben diejenigen, die eine strikte Abgrenzung von der PDS verlangen, alle Schuld für das Debakel Richard Dewes in die Schuhe.

Gerd Schuchardt schart die Dewes-Gegner um sich. Mit ihm sind sie elf. Sechs Abgeordnete stehen zu Dewes, der allerdings mit der Unterstützung durch die meisten Kreisverbände ein sicheres Hinterland hat. »Mir kommt das Kotzen« oder »Ich werde alles tun, damit du« (Dewes) »in der Thüringer SPD nie mehr Schaden anrichten kannst«, sind nach Ohrenzeugenberichten noch die vornehmsten Ausdrücke gegen

»Alleinsündenbock« Dewes. Schuchardt und Lippmann schlagen sich, um Dewes kaltzustellen, gegenseitig für die Ämter des Fraktionschefs und des Parteivorsitzenden vor. Hans-Jürgen Döring, der wegen der Schlammschlacht sein Mandat nicht annehmen will, schreibt ein Gedicht und hängt es im Flur der SPD-Fraktion auf.

Big Think – Großflächig

Jetzt denken auch
wir großflächig
mit gefalteten Händen
stumm nebeneinander
im Strahlenkranz.
Eigentum verpflichtet zu mehr
Eigentum.
Selbst in diesem fahlen Flur
von Ellenbogen zu Ellenbogen
lauter Luft.

Doch Gedichte nutzen nichts mehr.

Er veröffentlicht eine persönliche Erklärung:

»Ich schäme mich für meine Thüringer SPD. Ich schäme mich für Gerd Schuchardt. Er hat durch seine unwürdigen Äußerungen die SPD in eine selbstzerstörerische Polarisierung getrieben …

Gerade in der gemeinsamen Niederlage geht es auch um die gemeinsame Verantwortung, um eine ehrliche Analyse in Würde und Anstand … Wenn eine Partei die eigenen Grundwerte in der innerparteilichen Auseinandersetzung nicht mehr vorlebt, verliert sie ihre Glaubwürdigkeit. Wir sind dabei, unsere Glaubwürdigkeit zu verlieren … Personen, die sich gegenseitig für Parteiämter vorschlagen, sind für einen Neuanfang unglaubwürdig …«

Damit hat sich der ehemalige Landtags-Vizepräsident – der Parteivorstand schlug ihn erneut vor – selbst jeder Chance beraubt. Die elf »Schuchardt-Aktivisten« der Fraktion lehnen Döring wie alle anderen aus dem Lager der sechs »Dewes-Getreuen« ab, statt dessen bringen sie ihre »eigene Kandidatin«, Irene Ellenberger, durch. Alle Abstimmungen enden 11:7. Als klar ist, daß der enttäuschte Dewes für kein Amt mehr kandidiert, beenden Schuchardt und Lippmann den »Guerillakrieg«. Heiko Gentzel, der sich bislang zurückgehalten hatte, aber zu den Elfen um Schuchardt gehört, wird schließlich zum SPD-Fraktionsvorsitzenden gewählt. Der ehemalige Reparaturschlosser wird seine Berufserfahrungen brauchen.

Gesiegt hat in Thüringen nicht nur die CDU, sondern auch der »Pro-Vogel-Verein«, also Banker Brüß, Fabrikant Jungbeck, IHK-Präsident Chrestensen … Als ich vom Bankchef wissen will, wie viele Spendengelder sie von wem erhalten haben, werde ich schon am Telefon abgewiesen.

Auch sein Stellvertreter Jungbeck will nicht über Geld reden, aber er empfängt mich in seiner Senffabrik, in der früher Champignons gezüchtet wurden. Der Erfinder des »kleinen extrascharfen Schwarzen« und des »kleinen extrascharfen Roten« sagt, daß er nicht wegen Fördermitteln oder anderer finanzieller Interessen dem Verein beigetreten sei, sondern weil er politisch immer beherzigt hat, was der Vater ihm schon als Kind beigebracht hätte: »Willi Brandt, das ist der Untergang Deutschlands! Und wenn auch Franz Josef Strauß zwanzigmal in den Puff gegangen ist und Schmiergeld angenommen hat, es war nur der pure Neid der Sozis! Weil sie noch nie so viel auf die Beine gestellt haben wie er. Und die Gewerkschaften und die Sozis überhaupt, so was kann nicht mit Geld umgehen.«

Weil er diese Lehre beherzigt habe, gehöre er heute zu den Siegern in Thüringen!

Der 54jährige ist in einer Familie eines selbständigen Schreiners und Zimmermanns im tiefsten Bayern aufgewachsen, wo man täglich noch sechsmal mit gefalteten Händen gebetet habe. »Der Jüngste, der Kleinste, das war ich, der mußte immer hoch ins oberste Eck am Tisch. Der Älteste war rechts gesessen an der Tischkante. Vater und Mutter saßen auf den zwei einzigen Stühlen. Auf die Einhaltung der Rituale wurde streng geachtet: das Beten, die kirchlichen Feiertage …«

Karl Jungbeck hat Kaufmann gelernt. Mit zwanzig war er schon Marktleiter bei COOP. Später, im Außendienst bei einer Regensburger Firma, verkaufte er Gewürze an alle großen Supermarkt-Ketten. Er stieg zum Gebietsverkaufsleiter mit 60 Mitarbeitern auf.

»So wie Franz Beckenbauer sagt, Fußball ist mein Leben, so sage ich: Verkaufen ist mein Leben.«

Um zu verkaufen, ist er am 3. Juli 1990 zum erstenmal in den Osten, zur Großhandelsgesellschaft nach Plauen, gefahren. »Die großen Westfirmen haben damals für DDR-Geld schon alles geliefert, um den Fuß in der Tür zu haben, wenn es später ums richtige Geld geht. Ich war wie gesagt 26 Jahre bei meiner Firma und geprägt von der Arbeit dort. In den Zentralen von Tengelmann oder Lidl oder Metro gibt es große Empfangshallen mit Marmorboden, 16 Telefonen und drei hübsch gekleideten jungen Frauen. Man nimmt in Ledersesseln Platz, und in der Ecke stehen drei Kaffeekannen und Konfekt.

Und dann die GHG in Plauen. Obwohl – ich bin Armut gewohnt. Ich habe als Kind noch gehungert. Das Scheißhaus übern Hof, und als Toilettenpapier wurde die Zeitung in kleine Stücke gerissen. Vater hat auf dem Strohsack geschlafen. In Plauen wurde ich wieder daran erinnert, da gab es ein Pförtnerhäuschen in einer ganz finsteren Ecke und eine Frau in blauer Nylonschürze. Aber 1800 Läden gehörten zu dieser GHG Plauen, und der Chef hat meine angebotenen Gewürze einfach Pi mal Daumen gerechnet und mir einen Auftrag, für 188000 DM gegeben. 188000 DM! Der größte Auftrag den ich jemals hatte: Ich rief, es war Freitag, 14 Uhr, sofort meine Firma an, aber der Chef wollte es nicht glauben. Dann haben die das halbe Lager ausgeräumt, und die Sekretärinnen mußten nach Feierabend Gewürze einpacken … Ich sagte mir damals, wenn das in dem kleinen Plauen passiert, was für einen Markt kriegen wir da erst in Chemnitz, Leipzig oder Dresden.«

Nach einem Jahr, als Karl Jungbeck wußte, daß die Ostdeutschen dreimal so viel Senf essen wie die Westdeutschen und am liebsten ihren altbekannten aus Bautzen, Erfurt oder Altenburg, stieg er auf Senf um und begann in Altenburg mit sieben Leuten selbst Senf zu produzieren. »Das war am 1. Mai 1992, am Tag der Arbeit.« Heute beschäftigt er 32 Leute, liefert 40 Prozent des Senfs in den Westen.

Aber ich sei ja wohl nicht wegen des Senfs hier, sondern wegen der Politik. Er schätze Vogel als tüchtigen Politiker und denke politisch rechts. »Wenn ich was zu sagen hätte, wüßte ich beispielsweise, wo diese Skinheads und all das andere Zeug landen würden. Ich hab in Altenburg hinter so einem Haus gewohnt, bei denen fängt der Tag erst um 12 oder noch später an. Da liegen sie dann zur Sommerzeit auf der Straße. Und wenn dir heute irgendein Ausländer – ich habe nichts gegen Ausländer – oder ein Rechter oder Linker oder irgendein Armer, ist egal, mit der Faust ins Gesicht haut, dann kommt es bei der Polizei zum Schluß noch so raus, daß du selber schuld bist. Denn du bist Kapitalist, und du hast ihn irgendwie gereizt, weil ein Kapitalist viel Geld hat. Und zum Schluß mußt du dich noch entschuldigen, weil du ihn als Nichtstuer beschimpft hast. Die englischen Arbeitslosen beispielsweise bekommen alle ein Buch. Das hat Tony Blair eingeführt ... Davon erzählt hier natürlich niemand etwas ... Also in diesem Buch müssen die Arbeitslosen pro Woche sechs Stempel haben, sechs Stempel, die bestätigen, daß sie sich sechsmal in irgendeinem Betrieb beworben haben. Und ohne die sechs Stempel wird ihnen das Arbeitslosengeld, was nur ein Fünftel von dem beträgt, was man in Deutschland bekommt, gestrichen.

Aber dann der Fleiß der Leute hier in meinem Betrieb! Die Hallen waren noch nicht fertig, da haben die schon produziert.

Im Westen würden die sagen: ›Chef, mach erst mal deine Halle fertig, dann kommen wir wieder!‹ Hier haben sie gearbeitet, einfach gearbeitet. Genau wie ich. Tag und Nacht. Produzieren und verkaufen. Produzieren und verkaufen. Man muß als Verkäufer, genau wie beim Fußball oder in der Politik, eines machen, man muß sich gnadenlos in den Gegner verbeißen. Sonst gibt es nichts, nicht einen einzigen Erfolg. Man muß der Sieger sein, sonst hat alles keinen Sinn. Man will nur mit Siegern arbeiten, nicht mit Verlierern.«

Drumherum (11)

Ich bin die Arnstädter Straße auf der Landtagsseite vom »Schnitzelheinz« aus nach oben gelaufen und auf der anderen Seite wieder hinunter, überquere die Fahrbahn, Vorsicht Straßenbahn, lande wieder beim »Schnitzelheinz«, gönne mir ein Bier und eines seiner klosettdeckelgroßen Schnitzel. Ich freue mich, daß ich die Geschichte des Spruches am AWG-Block doch noch herausgefunden habe, und als der Heinz nach dem Mittagessen schließt, setzt er sich zu mir.

Wir reden nicht über die Wahl, nicht mal über Politik. Denn seine Politik ist die Kneipe. »Die Leute müssen satt und zufrieden hinausgehen, anders als beim Landtag.«

Früher hieß die Gaststätte »Zum roten Schloß«. Es gab richtigen Schwof am Wochenende. Als der Besitzer starb, ist das Gebäude vom SC Turbine Erfurt gekauft worden. Aus dem Tanzsaal wurde der Internatsspeisesaal. Bis 1992 wohnten noch Sportler drin, darunter berühmte Bewohner wie der DDR-Nationalfußballspieler Schnupphase. Dann wurde das Heim umfunktioniert zur Gaststätte, die ging pleite.

»Im Oktober 1996 habe ich begonnen, hier zu renovieren …«

»Schnitzelheinz« ist gelernter Kellner und stieg vom Oberkellner zum Lehrausbilder für alle Lehrlinge der HO-Gaststättenverwaltung Erfurt auf. Deshalb war es für ihn auch besonders schwierig, sich noch in der DDR selbständig zu machen. Aber er hat es geschafft, eine der damaligen Raritäten, eine Waffelkonditorei (»Die Leute standen Schlange«), aufzumachen. Doch 1990 wollte niemand mehr Waffeln essen …

Er verwandelte das Café in eine Eishockey- und Fußball-Sportlerclub-Gaststätte. Das Spiel lief nicht. Also verlegte er sich auf Schnitzel in allen Varianten.

Inzwischen würden aber auch die Eishockeyspieler hier essen. »Zu ihren Auswärtsspielen gebe ich ihnen verbilligtes Essen in Thermosbehältern mit. Die haben's nämlich auch nicht so üppig, um in der Fremde warm zu speisen. Dafür bringen sie mir die Gastmannschaften.«

Wenn ich über ihn was schreiben wolle, dann, daß er den alten Spruch »Zum Tanzen mit der Vier zum ›Roten Schloß‹ bis vor die Tür« umgedichtet hat in »Zum Essen fährt man mit der Vier zum ›Schnitzelheinz‹ bis vor die Tür«.

Aber ich solle nichts über Politik schreiben, das überlasse er denen nebenan. Wobei er sich zutraue, auch Landtagsabgeordneter zu werden. »Als Wirt lernst du reden und allen recht zu geben. Aber ich will meine Zunge nicht zweimal drehen, lieber brate ich hier Schnitzel.«

Er läßt die breiten Hosenträger schnappen. Ende mit Drumherum.

Schlagzeilen Oktober 1999

Bodo Ramelow, Stellvertretender Fraktionsvorsitzender der PDS, verlangt von der Regierung Vogel Aufklärung, ob für die »Spaßbadlandschaft Thüringen« Millionen DM Steuergelder verschwendet worden sind.

In Weimar malen 1600 Kinder das größte Kinderbild der Welt, es ist 1800 Meter lang und einen Meter breit.

Nach Sachsen hat Thüringen mit 18 von 100000 Einwohnern die bundesweit zweithöchste Selbstmordrate (Bundesdurchschnitt 14,9).

Das von Dagmar Schipanski geleitete Ministerium ändert seinen Namen. Aus »Ministerium für Wissenschaft, Forschung und Kultur« wird »Ministerium für Wissenschaft, Forschung und Kunst«.

Nach der Streckensanierung im vergangenen Jahr, die 10 Millionen DM gekostet hat, stellt die landeseigene Nahverkehrsgesellschaft den Bahnbetrieb zwischen Sonneberg und Lauscha ein.

Die Schulspeisung wird in Thüringen mit 50 Pfennig Zuschuß an die Eltern weiterhin von Land unterstützt.

Im Landesrechnungshofprüfungsbericht werden schwere Vorwürfe gegen Wirtschaftsministerium und Landesentwicklungsgesellschaft (LEG) erhoben. Sie sollen Fördermittel gegen Recht und Gesetz vergeben haben. Die SPD verlangt juristische Schritte. Die PDS (Bodo Ramelow) stellt den Bericht für jedermann einsehbar in das Internet.

Die Thüringer Kartoffelroulade aus Kloßteigmasse und Hackfleischfüllung (nach einer Kindheitsrezeptur der Thüringer Landtagspräsidentin Christine Lieberknecht) wird in Erfurt präsentiert und soll demnächst bei Lufthansaflügen serviert werden.

Im Jahr 2000 wird der Freistaat Thüringen erneut 1,59 Milliarden Schulden machen, damit steigt die Schuldenlast pro Einwohner auf knapp 9000 DM.

Peter Glotz, der Rektor der neugegründeten Erfurter Universität, die in diesem Jahr die ersten Studiengänge immatrikulierte, wird Thüringen vorzeitig Ende des Jahres verlassen.

Rund 100000 der 2,4 Millionen Thüringer leiden nach Schätzungen von Fachärzten an behandlungsbedürftigen seelischen Erkrankungen.

»Ich bin am 19. Dezember 1932 in Göttingen an der Leine geboren, und ich frage, ob sich unter den Mitgliedern des Landtages jemand befindet, der älter ist als ich. Das ist erkennbar nicht der Fall ...«

Genau wie vor fünf Jahren leitet Bernhard Vogel als Alterspräsident den ersten Teil der ersten Sitzung des neugewählten Landtages.

Zuvor Gedränge auf den Gängen. Man kennt sich. Man trifft sich wieder. Kretschmer, der nun kein Minister mehr ist, erzählt mir, daß er seinen Schreibtisch wehmütig ausgeräumt hat. »Aber das ist nun einmal das Spiel in unserer Demokratie, mal oben und mal unten.«

»Mit dem Ombudsmann gegen Korruption wird es nichts mehr werden?«

»Nein«, sagt er. »Das hätten wir noch erledigen sollen.«

Heiko Gentzel, der neue SPD-Fraktionsvorsitzende, haut mir auf die Schulter und sagt: »Alter, du mußt dich mal bei mir oben im Büro sehen lassen, ich habe eine verdammt gute Flasche Whisky im Schrank.« Und dann lachend: »Lös doch die Genossin Zimmer ab. Mit dir als parteilosem Chef könnte ich sofort mit der PDS.«

»Gut«, sage ich. »Ablösen ist nicht, aber den Schnaps trinken wir.«

Ich frage, ob Enkelmann und die anderen ehemaligen Landtagsabgeordneten für heute eingeladen worden sind.

»Erst eingeladen, dann de facto wieder ausgeladen. Es ist kein Platz mehr frei.«

Die Besuchertribüne ist restlos besetzt. Die heute zu vereidigenden Minister und deren Familien sitzen dort. In der ersten Reihe haben die Angehörigen von Christine Lieberknecht Platz genommen. Die umtriebige Pfarrerin, die gleich schnell läuft und redet, wird heute, von der CDU vorgeschlagen, als neue Präsidentin des Landtages gewählt. Auch für das Amt der Vizepräsidenten sind, »das sei einmalig in Deutschland«, versichern die Kenner der westdeutschen Parlamentsgeschichte, zwei Frauen nominiert – »Thüringer Weiberwirtschaft« –, Birgit Klaubert von der PDS und Irene Ellenberger von der SPD.

Hans-Jürgen Döring gibt mir zur Begrüßung die Hand. Obwohl er zu lächeln versucht, sieht er aus wie ein Beatle, der stundenlang im Regen und Nebel von Liverpool gestanden hat.

Er sagt, daß er viele Nächte überlegt habe, sein Mandat zurückzugeben. »Ich konnte die Anfeindungen gegen Richard nicht mehr ertragen. Nachdem wir jahrelang zusammen gearbeitet hatten, sind wir von der SPD nach der Wahlniederlage nun völlig zerstritten.«

Er sei sich immer noch nicht sicher, ob es gut gewesen sei, das Mandat anzunehmen. »Ich habe es nicht wegen der Diäten getan, doch ohne mein Mandat hätten wir im Eichsfeld keine Anlaufstelle mehr, kaum eine Möglichkeit, sozialdemokratische Politik zu machen.«

Heute wird er sich mit der Neuwahl als ehemaliger Vizepräsident verabschieden.

»Ich hatte in der Fraktion trotz des Votums des Parteivorstandes für mich als Vizepräsident nur eine Chance gegen Irene Ellenberger. Ich hätte das Lager wechseln müssen: von der Siebener-Minderheit zur Elfer-Mehrheit.«

Ich erkämpfe mir noch einen Platz auf der Pressetribüne. Von oben ist deutlich zu erkennen: Heinz, der Tischler, und seine drei Kollegen haben nach der Wahl nicht nur neue Namensschilder an den Tischen angebracht, sondern auch Tische und Stühle rücken müssen. Die 49 CDU-Abgeordneten sitzen nun nicht mehr in Sechser-, sondern in Siebenerreihen nebeneinander, die 18 der SPD wechseln von Viererreihen zur Zweier-Schulbank, und die 21 PDS-Abgeordneten dürfen nun zu dritt nebeneinander sitzen. Und sie bringen Farbe in den Saal. Steffen Dittes trägt breite rote Hosenträger, und Tamara Thierbach humpelt nach ihrem Sturz bei der Wahlkampffahrradtour immer noch auf roten Krücken.

Als Richard Dewes zur Tür hereinkommt, biegt er nicht sofort nach links zur SPD-Fraktion ab, sondern geht erst geradeaus und begrüßt Gabi Zimmer und einige andere von der PDS. Danach setzt er sich als Hinterbänkler in die vorletzte Reihe seiner Fraktion. In der letzten sitzt Hans-Jürgen Döring.

Christine Lieberknecht wird mit 68 Ja-Stimmen, 17 Nein-Stimmen und drei Enthaltungen (also mit mindestens einer PDS-Stimme) zur Landtagspräsidentin gewählt. Beim anschließenden Wahlgang für die zwei vorgeschlagenen Vizepräsidentinnen gehen die Abgeordneten namentlich aufgerufen nach vorn.

»... Dittes, Steffen; Doht, Sabine; Döring, Hans-Jürgen; Ellenberger, Irene ...«

Hans-Jürgen Döring muß, weil er hinter ihr sitzt, nicht vor seiner Nachfolgerin loslaufen. Von oben sieht es aus, als ob er besonders langsam läuft, um ihr »unterwegs« nicht zu begegnen. Irene Ellenberger geht in die rechte Wahlkabine, er in die linke. Doch selbst von der Tribüne aus kann man nicht hineinschauen. 62 Ja-Stimmen für Irene Ellenberger, 17 Nein-Stimmen und neun Enthaltungen.

Wahrscheinlich, denke ich, wird sich Hans-Jürgen Döring der Stimme enthalten haben.

Hans-Jürgen Döring ist in Harbke, einem kleinen Dorf bei Magdeburg im ehemaligen Sperrgebiet, also an der Grenze, geboren worden.

Die Grenze, das war für den zehnjährigen Hans-Jürgen Döring: eine Frau auf einem Berg bei Helmstedt stehend und mit einem Tuch winkend. Er sah mit den Eltern auf dem Dach des Wohnhauses durch ein Fernglas, und die Mutter erklärte:

»Das ist deine Tante, die uns immer so schöne Sachen schickt.« Ihr Gesicht sah er im Fernglas nicht.

Grenze war auch: der Bahnhof bei Marienborn. Hier hielten alle von drüben kommenden Züge. Grenzstation. Einmal wurde er mit anderen Schülern »in extra frischen weißen Hemden« zu diesem Bahnhof gefahren. Als der Zug aus Paris angekommen war, stiegen ehemalige französische Häftlinge des KZ Buchenwald in gestreiften Hosen, gestreiften Jacken und gestreiften Mützen aus. Gemeinsamer Appell mit den DDR-Pionieren. Anschließend durften die Kinder in den Wagen des Chefs der französischen kommunistischen Partei, Maurice Thorez, klettern. Er fragte sie nach ihren Träumen, und als eines der Kinder antwortete: »Essen Sie auch so gerne Apfelsinen?«, sagte er, sie sollten bei der Rückfahrt wieder hier sein. Als er zurückfuhr, hatte der Chef der französischen Kommunisten in seinem Abteil eine riesengroße Schale mit Apfelsinen für sie.

»Alle Erinnerungen, die winkende Tante hinter der Grenze, die KZ-Häftlinge, die Verheißung, daß es im Kommunismus Apfelsinen geben wird, blieben lange Zeit gleichberechtigt nebeneinander in meinem Kopf.«

Aber ein Erlebnis aus der Kindheit ließ sich nicht unterordnen und nicht einordnen: der Ausflug nach Thale mit dem sechsjährigen Bruder, dem Vater, der Mutter und Hund Waldi. Damals leitete der Vater ein kleines volkseigenes Lebensmittelgeschäft. »Häufig kamen sowjetische Offiziere in den Laden, verlangten Wodka und ließen anschreiben. Bei einer Inventur war ein Minus in der Kasse. Und während des Ausflugs in Thale erschienen plötzlich fünf Polizisten auf einem großen LKW mit einer Plane darüber. Vater und Mutter wurden verhaftet. Wir mußten alle aufsteigen, zwei Kinder und die Eltern von fünf Polizisten bewacht. Der Planwagen fuhr los, und Waldi, der Hund, versuchte vergeblich, hinter uns herzulaufen. Ich habe ihn nie wiedergesehen. Zuerst luden sie den Vater im Männergefängnis ab, danach die Mutter im Frauengefängnis und zum Schluß meinen Bruder und mich in einem Kinderheim. Die Großeltern haben mich von dort zu sich geholt. Die Mutter wurde später aus der U-Haft entlassen, der Vater wegen Wirtschaftssabotage angeklagt. Nach seiner Rückkehr mußte er zunächst in der Besenkolonne arbeiten. Später wurde er Lokführer im Tagebau.

Seitdem habe ich meine Angst vor Macht und Willkür nie mehr verloren.«

Aber feige ist er nicht geworden.

Als man ihm wegen zu langer Haare die Teilnahme an den Abiprüfungen verweigerte, legte er Einspruch beim Schulamt ein. Am nächsten Tag durfte er die Prüfung nachholen. Thema: »Über die Freiheit.« Seine Note: »Genügend.«

Es war sein Thema. Schon während des Prager Frühlings wollte er in der Schule eine Resolution gegen die Intervention der Truppen des Warschauer Paktes verfassen. Der Deutschlehrer erklärte ihm, weshalb das bei Strafe des Schulrausschmisses nicht möglich sei. Da schrieb er anstelle der Resolution ein Protestlied. Es blieb nicht bei dem einen Lied. Beim FDJ-Poetenseminar in Schwerin (»Etwa 50 solcher Zeilen verfaßte ich dort in jeder Nacht: ›Folge mir in den Himmel, folge mir in die Hölle, denn ich bin das Leder deiner Schuhe … Der Himmel hängt voller Geigen, kannst du Geige spielen?‹«) lernte er viele Gleichgesinnte kennen, auch Jürgen Fuchs. »Als wir dort Lieder für die Weltfestspiele schreiben sollten, hat Fuchs gesagt: ›Wir sind doch keine Auftragsschreiberlinge.‹«

Nachdem Jürgen Fuchs aus der DDR ausgewiesen worden war, nahm Hans-Jürgen Döring über die Tochter der früher an der Grenze winkenden Tante Kontakt zu ihm auf. Fuchs schickte ihm einen Zettel: »Hans-Jürgen, es ist noch nichts entschieden für alle Zeiten … bleib auf jeden Fall in der DDR.« Den Zettel verlor er in der Kaufhalle. Eine alte Frau gab ihn bei der Staatssicherheit ab. Es folgte sieben Jahre lang eine »Operative Personenkontrolle« zum Subjekt »Kreide«.

»Nach der Wende waren Stasi und SED im Eichsfeld von einem auf den anderen Tag erledigt. Sieger im Land, ich wollte es nicht glauben, waren die CDU-Getreuen, die gerade noch die Festreden der CDU zum 40. Jahrestag ausgearbeitet hatten, der Böck mit seinem vorbildlichen Wahlführungsplan, der Althaus, Teilnehmer am letzten Pädagogischen Kongreß. Die sollten nun die Sieger der Geschichte sein? Damals habe ich mit vierzehn Leuten im Eichsfeld die SPD gegründet.«

Aber wenn er jetzt spürt, daß einige der Genossinnen und Genossen einen Grundwert der SPD, nämlich die Solidarität, in der eigenen Partei nicht mehr vorleben, »dann war doch wieder alles umsonst? Oder?«

Noch vor der zweiten Plenartagung trinke ich mit Heiko Gentzel in seinem großen Büro den guten Whisky. Gentzel ist aufgedreht, weil er bei Ministerpräsident Vogel in dessen Staatskanzleidienstzimmer war. »Oft kommt unsereiner ja nicht rein in die Hütte dort.«

Er hat dem Ministerpräsidenten die Sorgen einiger nicht mehr gewählter SPD-Landtagsabgeordneter vorgetragen, die neun Jahre raus sind aus der Marktwirtschaft und immer noch keine Aussicht auf einen neuen Job haben. Der Vogel sei kompromißbereit gewesen. Wenn er eine Stelle in seinem Verantwortungsbereich ersetzen müßte, würde er auch an die SPD-Leute denken. »Schließlich weiß er, daß der Chef des Landesrechnungshofes im Parlament mit einer Zweidrittelmehrheit bestätigt werden muß. Deswegen braucht er für seinen CDU-Kandidaten auch unsere Stimmen.«

Staatsmännisches Gehabe liegt ihm, sagt Heiko Gentzel, noch immer nicht, er bleibt ein emotionaler Typ, aber als Fraktionsvorsitzender muß er diplomatischer vorgehen.

Ich hebe das Glas.

Nein, darauf will er nicht trinken. Um zu verdeutlichen, was er mit »diplomatisch« meint, bringt er ein Beispiel: »Ich kann doch heute nicht den CDU-Minister Sklenar oder den neuen Innenminister Köckert beschimpfen und mit der Peitsche durch die Zeitung treiben und anschließend mit einem Problem zu ihnen kommen. Da ist die Tür in ihrem Ministerium für mich zu. Man muß das politische Handwerk erlernen, genau wie ein technisches. Als Schlosser kannst du keine Schraube mit dem Hammer aus Wut platt klopfen und anschließend versuchen, sie in eine Mutter hineinzudrehen.«

Ich frage ihn, was er in den ersten Tagen nach der katastrophalen Wahlniederlage der SPD getan hat.

»Ehrliche Antwort?«

»Ja, ehrliche Antwort.«

»Zuerst mit meinem Freund, dem ehemaligen Abgeordneten Kurt Weyh, und dem 1. FC Whisky stundenlang in meinem Büro gesessen. Am nächsten Tag nicht nach Eisenach gefahren, sondern nachmittags ins Kino gegangen. ›Krieg der Sterne‹. Anschließend wollte ich gleich noch mal ins Kino, hatte mir schon die Eintrittskarte für ›Der dreizehnte Krieger‹ gekauft, da traf ich drei gute Bekannte, mit denen bin ich in die Kneipe marschiert. Danach einen Tag allein im Erfurter Steigerwald umherspaziert. ›Wenn die Nacht am kältesten und dunkelsten ist, kommt der Morgen‹, hat Vogel mal gesagt.« Am Mittwoch hat er wieder gearbeitet und begonnen, an manchem zu zweifeln, was die Genossen von drüben ihnen als erstes beigebracht hatten. »Übrigens, auch die von der CDU ihren Leuten: ›Ihr müßt immer Erfolg haben! Ihr dürft nie zweifeln, sondern müßt immer positiv denken! Nie öffentlich über Fehler reden!‹ Wahrscheinlich ist das ›Immer-Erfolg-haben-Müssen‹ nicht das richtige Rezept. Vielleicht sollten wir im Osten auch anfangen, die alten parlamentarischen Rituale zu überprüfen. Beispielsweise vorschlagen, daß, wie bei den Kommunalwahlen, nur die ersten drei der Parteilisten automatisch in den Landtag einziehen und alle anderen von den Stimmen der Wähler und nicht der Gunst der Partei abhängig sind. Außerdem könnte man, um die Arbeit der Ausschüsse im Landtag näher an die Probleme des Volkes zu bringen, berufene Bürger in diese Ausschüsse wählen.

Als Abgeordneter, der wie ich dreimal hintereinander gewählt worden ist, verinnerlicht man die alten Rituale sehr schnell …«

Michael Heym ist in das Zimmer 206, in dem zuvor Andreas Trautvetter gesessen hat, eingezogen. Als erstes hat er einen Aschenbecher und ein Bild seiner Kinder aufgestellt und vor der Landtagssitzung an der Andacht teilgenommen. »Wenn ich ehrlich bin, ich weiß nicht mehr genau, wann ich, außer Weihnachten, zum letztenmal beim Gottesdienst war, aber die halbe Fraktion betete, und ich wollte mich nicht gleich von Anfang an allen Gepflogenheiten verweigern.«

Vielleicht ist das eine Lehre vom vergangenen Herbst. »Damals, nach der Rede gegen Vogels Doppelamt, wollte ich alles hinschmeißen. Ich konnte nicht begreifen, wie Parteifreunde, die zuvor meiner Meinung waren, als sich die Fahne drehte, auf der Schleimspur krochen: ›Bernhard Vogel ist als Ministerpräsident unentbehrlich, und Bernhard Vogel ist als Parteivorsitzender unentbehrlich.‹« Nein, diesmal wird er sich erst lange umschauen, bevor er den Mund aufmacht.

Er hört in der Plenarsitzung zu und verfolgt als Neuling auch die Reden der Opposition. Andere Neue tun das nicht. Wolfgang Wehner zum Beispiel, der Nachfolger Werner Ulbrichs, ahmt sofort die parlamentarische Arroganz nach und dreht sich, sobald einer von der anderen Fraktion spricht, geschäftig nach hinten, demonstriert Wichtigkeit und empfiehlt sich seiner Partei als anpassungswilliger und lernfähiger Abgeordneter.

Claudia Nolte hat auf meinen Brief geantwortet.

»Sehr geehrter Herr Scherzer, ob Sie eine Antwort erwarten, weiß ich nicht, zumindest haben Sie Ihren Absender nicht verschwiegen. Und warum sollen Sie nicht wissen, daß mir Ihr Brief so nahe geht wie Ihnen unser Gespräch am Freitag nachmittag.

Ja, manchmal berühren wir ungewollt mit unseren Worten

den anderen. Warum überrascht Sie, daß dies bei Politikern genauso ist, wie bei jedem anderen auch? Das ist auch keine Frage der Schuld, da haben Sie recht.

Ich hätte auch gern meine innere Gefühlslage für mich behalten. Weniger, weil ich eine ›Person des öffentlichen Lebens‹ bin, sondern weil ich es immer so gehalten habe, sonst wäre mir die Politik wohl auch wesentlich schwerer gefallen.

Sie haben allerdings unüblich reagiert – die meisten schauen schnell weg, wenn sie merken, sie sind dem anderen zu nahe gekommen. Und ich wollte Ihnen nur sagen, daß ich dies für einen sehr angenehmen Zug an Ihnen halte.

Ihnen alles Gute, Claudia Nolte.«

Einige Tage nachdem Dr. Vogel dem Landtag seine Regierungserklärung vorgetragen hat, lädt er mich zum lange versprochenen Gespräch in sein Arbeitszimmer ein. Ohne Jackett, hemdsärmelig, will er wissen, ob ich Wasser, Bier, Saft, Kaffee, Wein oder Tee trinken möchte.

Ich sage, zum Feierabend wäre ein roter Wein gut. Er scheint erfreuter, als wenn ich mir Kaffee gewünscht hätte. Er überlegt eine Weile, dann kramt er im untersten Fach seines Schreibtisches und bringt triumphierend eine Flasche Rotwein zum Vorschein. Die Flasche hat ihm ein Freund zur Erinnerung an eine gemeinsame Wanderung geschenkt. »Assmannshäuser Höllenberg aus dem Rheingau. Das ist die beste deutsche Rotweinlage.«

Wir haben reichlich zwei Stunden, um ihn zu genießen.

Ich frage, welche Gegenstände er bei seinen vielen Umzügen mitgenommen hat. »Die Möbel nicht, die wechselten, weil die Bedingungen und die Größe meiner Arbeitszimmer und Wohnungen sehr unterschiedlich gewesen sind.«

Aber beispielsweise die Münze auf seinem Schreibtisch, die habe er zum vierzigjährigen Bestehen des Landes Rheinland-Pfalz prägen lassen, die Nachbildung der römischen Säule in der Nähe von Trier, die seinerzeit Goethe begeisterte. Ein

Stich vom Erfurter Dom, der ihm 1986 nach einer Führung geschenkt wurde. »In der Wohnung ist es genauso. Bilder meiner Eltern, meines wichtigsten Universitätslehrers. Ein Bild aus meiner Kindheit, ein blühender Obstbaum, das meine Mutter schon von ihren Vorfahren bekommen hat.«

»Und Erinnerungen an die Kindheit, die man immer mit sich herumträgt?«

»Mit den frühesten Erinnerungen bin ich ein bißchen vorsichtig. Sicherer dagegen ist die an einen Tag mit weit geöffneten Fenstern, Sonnenschein und Marschmusik und die Sondermeldung aus dem Volksempfänger, daß die deutschen Truppen Paris besetzt haben. Meine Mutter sagte damals zu mir: ›Im ersten Weltkrieg wäre das ein Triumph gewesen, heute ist das kein guter Tag.‹« Damals war er sieben. Später hockte er bei den schweren Bombenangriffen am 3. und 6. Dezember in Gießen ängstlich im Keller. »An jedem Nikolaustag muß ich daran denken.«

Schließlich der August 1945, als er im Feuerwehrteich, etwa eine Stunde von zu Hause entfernt, badete und dort sein völlig ausgemergelter Bruder Jochen erschien. Aus dem Krieg zurück! Er lief atemlos nach Hause, um die Heimkehr zu melden, nahm dabei keine Rücksicht auf die Mutter, die vor Schreck eine Holztreppe hinunterfiel. Damals war er zwölf.

Und dann gibt es noch die Geschichte mit der Eisenbahn. »Bis mein Bruder Jochen zu den Soldaten mußte und bis die Bomben fielen, war meine Kindheit durch den Krieg nicht sonderlich gestört. Zu den schönsten Dingen gehörte, daß wir eine Eisenbahn hatten, Spur 0, nicht elektrisch, sondern zum Aufziehen. Die wurde jedes Jahr zu Weihnachten im Zimmer aufgebaut. Ich hätte halt gern damit gespielt. Aber mein Bruder Jochen hatte einen Fahrplan gemacht, wo festgelegt war, welche Lokomotive mit welchem Wagen wann von wo nach wo fahren sollte. Ich erinnere mich noch daran, drei Lokomotiven mit Güter- und Personenwagen, und die mußten dann mal als Personenzug und mal als Schnellzug und mal als Güterzug fahren, und mein Vater mußte die eine Seite bedienen und ich die andere. Also wir kamen eigentlich gar nicht zum Spielen, wir mußten nur immer nach dem Fahrplan meines Bruders abfahren oder anhalten lassen. Da bin ich dann gelegentlich ganz früh, wenn alles noch schlief, zur Eisenbahn hin und habe mal ohne Fahrplan gespielt. Da war ich dann der Chef, ließ die Züge fahren, wie ich wollte.«

Sein Weg bis zum offiziellen Chef war kurz und gradlinig:

Nach dem Abitur Studium der Politischen Wissenschaft, Geschichte, Soziologie. Promotion zum Dr. phil. Obwohl einer seiner Lehrer ihm immer wieder sagte: »Wer Politik als Wissenschaft betreibt, geht nicht in eine Partei«, bewirbt sich Vogel für ein CDU-Stadtratsmandat in Heidelberg. Wird gewählt. Danach mit 32 Jahren Abgeordneter des Bundestages und auf Vorschlag von Helmut Kohl mit 34 Jahren Kultusminister in Rheinland-Pfalz.

»Kann man heute noch so in die große Politik hineinrutschen?«

»In Einzelfällen ja. Aber inzwischen muß man sich zielgerichteter, viel früher und viel intensiver, in einer Partei engagieren, um die Chance zu bekommen, ein Mandat oder eine herausragende Funktion zu erhalten.« Wobei diese Regel Gott sei Dank in den neuen Ländern noch nicht immer gelten würde, es gebe hier unter den Abgeordneten sehr viele Praktiker, Techniker und Naturwissenschaftler. Im Westen dagegen herrschten Theoretiker vor, Juristen und Lehrer. Allerdings würde auch in den neuen Bundesländern der Anteil von Abgeordneten steigen, die zuvor keine jahrelangen Erfahrungen in ihrem Beruf hätten. »Ich bedauere das, weil sie sich notwendigerweise in die Abhängigkeit der Partei begeben. Die bitten dann nach zwei Legislaturperioden, von der Partei wieder aufgestellt zu werden, weil sie keine Alternative haben. Das nimmt ein Stück Unabhängigkeit. Diese Unabhängigkeit müssen sie haben, sonst können sie ihre Meinung nicht vertreten.«

Aber noch würden in Thüringen die Abgeordneten von ihrer

früheren Berufserfahrung profitieren. »Die fragen einfach: Wo ist das Problem? Wie machen wir das? Und dann wird es erledigt. Aus diesem Grund sind Kabinettssitzungen in Thüringen, obwohl die Probleme hier sehr viel umfangreicher sind, wesentlich kürzer als in Rheinland-Pfalz. Pragmatischer.«

»Und wer ist bei aller Pragmatik noch für Visionen und Utopien verantwortlich?«

»Natürlich letztendlich die Parteien.«

»Ihre Visionen und Utopien?«

»Die Utopie, die eingetreten ist – einmal Ministerpräsident zu werden –, hatte ich nicht. Und die, die ich hatte – Professor einer deutschen Universität zu werden –, ist nicht eingetreten.« Eine große Utopie für ihn sei die Wiedervereinigung gewesen. »Ich hätte es nicht für möglich gehalten, daß ich sie erleben werde.« Eine Utopie, an die er geglaubt und die er mit verwirklicht hat: »Nach drei Kriegen endlich die Aussöhnung mit Frankreich.« Und eine Utopie, die er verloren hat: »Daß Entwicklungshilfe für die ärmsten Länder in großem Stil möglich ist.«

»Sie meinen, daß der Unterschied zwischen armen und reichen Ländern, zwischen Konsumansprüchen hier und Existenzmöglichkeiten dort, immer größer wird?«

»Ja! Ja! Wir möchten nicht nur, daß unser gutes Leben so bleibt, sondern sogar noch besser wird. Wir sind in einem Ausmaß anspruchsvoll geworden, ohne den Anspruch zu rechtfertigen.«

Ich entgegne, daß Politiker – vor allem in Wahlzeiten – kaum dazu beitragen, ungerechtfertigte Ansprüche zu relativieren. Im Gegenteil. »Jeder Politiker und jede Partei lobt sich öffentlich, zählt nur die Erfolge auf. Aber von keinem höre ich Zweifel, ob alles richtig ist, was man getan hat.«

»Wissen Sie, jeder Beruf hat seine Spezifika. Ein Dichter, der nicht mit Skeptizismus an die Dinge herangeht, ist kein Dichter. Ein Politiker, der nur mit Skeptizismus an die Dinge herangeht, ist kein Politiker.«

»Ich wäre froh«, sage ich, »wenn auch Politiker mit Skeptizismus an die Dinge herangingen. Ich würde den Politiker, der öffentlich zugibt: ›Leute, wir haben etwas falsch gemacht, wir sollten gemeinsam nachdenken, wie wir es anders anpacken‹, den würde ich sofort wählen.«

»Ja, ja! Aber die Scherzers sind natürlich nicht sehr zahlreich unter den Wählern. Es gibt wenige, die jemanden wählen, weil er zugibt, daß wir viel falsch gemacht haben.«

»Ich sagte nicht ›viel‹, sondern ›etwas‹.«

»Glauben Sie mir, es ist widernatürlich, zu meinen, ein Politiker würde gewählt, wenn er sagte: Ich habe es falsch gemacht. Sie müssen bitte berücksichtigen, wir sind in einer Demokratie, wo man Mehrheiten braucht. Die Demokratie besteht beispielsweise darin, daß jeder eine Stimme hat. Der, der die Sache versteht, hat eine Stimme. Und der, der die Sache überhaupt nicht versteht, hat genauso eine Stimme. Und hinterher wird nicht die Qualität der Stimmen gewertet, sondern sie werden zusammengezählt ... Wenn lauter Scherzers in einem Land lebten, würden andere Leute gewählt, das weiß ich. Aber, Entschuldigung, Sie repräsentieren eine sehr respektable, aber kleine Minderheit.«

»Was man von der CDU in Thüringen nicht sagen kann, sie hat eine respektable Mehrheit, die Macht im Parlament und in der Regierung. Gibt es für Sie Versuchungen der Macht?«

»Für mich ist das kein zentrales Problem. Aber man muß aufpassen, daß man Macht nicht mißbraucht. Also, daß man beispielsweise unter den Bedingungen nach dem 12. September aufpaßt, daß die Regierung nichts tut, was sie unter anderen Mehrheitsverhältnissen nicht getan hätte. Selbstverständlich gibt es auch Leute, die meinen, jetzt könnten wir alles machen. Das dürfen sie nicht.«

»Und Privilegien? Sie sind schon über dreißig Jahre, also ein halbes Leben lang, Minister beziehungsweise Ministerpräsident.«

»Man kann sich an gewisse Annehmlichkeiten gewöhnen.

Insofern war es für mich lehrreich, in der Zeit nach der langen Regierungsangehörigkeit in Rheinland-Pfalz einmal einige Jahre in der Adenauer-Stiftung die Briefe wieder selber frankieren, zur Post bringen, selbst tanken, selber Auto fahren zu müssen, und das war schon eine gewaltige Umstellung. Aber ich glaube, diese Erfahrung hat auch dazu geführt, daß mir, wenn ich hier mal ausscheide, die Umstellung weniger schwer fallen wird.«

Er füllt die Gläser nach, und ich frage ihn: »Wie schafft man es als kinderloser Junggeselle, die bestimmt nicht geringen Minister- und Ministerpräsidentengehälter auszugeben?«

Darüber müsse ich mir keine Sorgen machen. »Ich habe eine sehr große Patenkinder-Familie.« Außerdem spende er häufig. Er würde das Geld schon deshalb wieder in Umlauf bringen, damit die Wirtschaft floriert.

»Weshalb haben Sie nie geheiratet und nie eine Familie gegründet?«

»Erst einmal: Die Frau, die ich nicht habe, wäre nicht zu beneiden, wenn ich sie hätte. Ich würde nämlich wahrscheinlich trotzdem am Wochenende arbeiten, und wenn nicht, wäre ich nicht so furchtbar gut zu genießen, würde mir selber auf der Seele liegen, daß ich das und das und das eigentlich noch machen müßte.«

»Also haben Sie bewußt auf Freud und Leid in Ehe und Familie verzichtet?«

»Nein. Ich habe nie beschlossen, nicht zu heiraten. Ich ärgere mich immer darüber, daß ich den Zeitpunkt dazu verpaßt habe, nämlich, bevor ich in die politische Verantwortung genommen wurde, und daß ich danach Abwehrhaltungen gegen Frauen entwickelt habe, die es interessant fanden, daß ich – damals noch ein junger Mann – schon Minister oder Ministerpräsident war.«

Themenwechsel. Ich frage den Dr. phil., wie er die letzten siebzig Jahre deutscher Geschichte – unter anderem Faschismus und Sozialismus – beurteilt.

»Ich bin im Laufe der Zeit immer vorsichtiger geworden, Diktatur gleich Diktatur zu setzen. Natürlich haben Nationalsozialismus und Kommunismus auch vergleichbare Kriterien wie Unfreiheit, kein Wahlrecht, keine Pressefreiheit usw. Aber der Sozialismus, das spürt man bei einem Gespräch mit Ihnen natürlich auch, ist eine uralte Menschheitsidee mit einer großen Tradition und auch für die Zukunft eine Utopie. Der Nationalsozialismus dagegen war ein geistloses Konglomerat von ›Idioten‹. Die Philosophie des Sozialismus ist eine jahrtausendealte Philosophie. Die Philosophie des Alfred Rosenberg oder des Hitler oder des Goebbels ist eine Mißgeburt. Der Sozialismus ist eine der große Ideen, die immer wiederkommen werden, der Traum von der Gleichheit, der aber eben in fürchterliche Ungleichheit geführt hat. Die Ungleichheit zwischen Ihnen und Herrn Honecker war ungleich größer als die Ungleichheit zwischen Ihnen und mir …«

»Ich hatte in dieser Zeit die Vision, daß der einzelne die Gesellschaft mit verändern kann, heute rede ich nicht mehr von Veränderung, sondern bestenfalls noch davon, humanistische Werte bewahren zu wollen.«

»Der Meinung, man könne kurzfristig die Gesellschaft fundamental verändern, bin ich nicht. Aber ich denke auch nicht, daß man an der Gesellschaft nichts verändern kann, in gewissem Rahmen sind Änderungen möglich. Zum Beispiel ist die junge Generation von heute wirklich in vieler Beziehung anders als wir. Ich werde ein Beispiel nennen: für mich war es das Schlimmste, wenn meine Mutter mich nach vielem, vielem Drängen schließlich dazu bewegte, meine Großmutter zu besuchen. Heute gibt es ein anderes Verhältnis der Jungen zu den Großeltern, die hier übrigens jünger sind. Diese Veränderung ist frappierend. Die junge Generation hat eine Sensibilität für Alte, für Kranke. Diese Zivildienste bedeuten nicht nur eine Pflichterfüllung, sondern führen zu einem ganz anderen Verhältnis der jungen Leute zu Kranken, zu Behinderten, zu Schwachen als in unserer Zeit.

Also noch mal – Totalveränderungen durch Erziehungsdemokratie nein, aber eine Entwicklung der Gesellschaft, die ich mir manchmal schneller wünschte, die ich mir manchmal mit anderen Zielsetzungen wünschte. Ich werde nie verstehen, warum wir an der Autobahn Lärmschutzwände bauen, aber die Leute abends in Discos gehen, wo ein Krach ist, daß man sich nur schreiend Worte zurufen kann …«

Wobei er zugeben möchte, daß es nicht einfach ist, die Welt zu verändern, manchmal hätte er damit schon in seiner eigenen Staatskanzlei Schwierigkeiten oder beim Neubau des Landtags …

»Ich hatte zwei Zimmer in dem alten Landtagszwischenbau, damit wäre ich weiter ausgekommen. Jetzt kriege ich vier Zimmer im renovierten Hochhaus.« (Das heißt, nur für die wenigen Stunden, die er im Landtag anwesend ist.) »Ich habe erklärt, ich brauche keine vier neuen Zimmer, ich will nicht raus aus den alten, aber die Verwaltungsleute haben gesagt: ›Das geht nicht, Herr Ministerpräsident, daß Sie drinbleiben, wir wollen den Zwischenbereich abreißen‹, und hundert andere Gründe gefunden. Ich muß also jetzt umziehen. Nun können Sie sagen, das ist wenig Geld, ein minimaler Prozentsatz. Doch bei mancher Einweihung denke ich, hoffentlich kommt kein westdeutscher Gast. Wäre es nicht um eine Million billiger gegangen? Die Bausumme aller Landratsämter in Thüringen steht, um es höflich auszudrücken, nicht mehr hinter der aller Landratsämter in Rheinland-Pfalz zurück.«

»Und warum sagt der Ministerpräsident so etwas nicht öffentlich?«

»Vorsichtig sagt er es ja gelegentlich.«

»Sie hätten aber als Ministerpräsident entscheiden können: Die vier Zimmer, das ist zuviel für mich, ich bleibe in den alten Räumen!«

»Es hieß, wir müssen den Zwischenbau abreißen … Und was tut man dann zum Schluß um des lieben Friedens willen, man zieht eben doch in den neuen Bau. Wahrscheinlich wäre es besser gewesen, ich hätte es nicht getan. Es war ein Fehler!«

»Ein Fehler? Sagten Sie ein Fehler? Sie machen mich glücklich, Herr Ministerpräsident.«

Er nennt ein anderes Beispiel für die Mühen beim Verändern. »Ich habe in der Landesregierung ein paar Abteilungen umgegliedert, und prompt kriege ich einen Vermerk auf meinen Tisch, ich müßte für die Haushaltsberatung neue Möbel für die Abteilung, die nun zu mir kommt, beantragen. ›Seid Ihr verrückt, die haben doch Möbel, die sitzen doch auf Stühlen‹, habe ich gesagt. Aber mit einer Selbstverständlichkeit wird mir geschildert, daß, weil ich die Abteilungen zuständigkeitshalber geändert habe, die jetzt neue Möbel brauchen. Die Möbel sind drei Jahre alt.«

»Bestrafung des Chefs wegen der neuen Strukturen?«

»Selbstverständlich steckt das dahinter. Aber es hängt auch mit den alten Strukturen zusammen.«

»Und mit den Menschen. Mit angepaßten, die Ihnen nicht die Wahrheit sagen. Mit welchen, die sehr schnell die Fahne gewechselt haben?«

»Natürlich die Menschen, wie wir sie erlebt haben seit 1989. Darunter auch Wendegewinnler, Schufte, Lahmärsche, Schwächlinge, die natürlich in größerer Zahl auftreten, wenn plötzlich so ein Bruch der Gesellschaft eintritt. Wenn man einen so totalen Wandel durchmacht wie die Gesellschaft hier ... Man mußte plötzlich selber entscheiden, wohin man in den Urlaub fuhr, zu welchem Arzt man geht, die Briefmarken haben sich geändert, die Geldscheine, die politische Hierarchie hat sich geändert, alles hat sich geändert. Daß da ein Prozentsatz von Leuten nicht mitkommt, das ist eigentlich selbstverständlich. Und unser Ruf Freiheit, so schön der ist, bringt nicht bei jedem von heute auf morgen die Fähigkeit zutage, nach Jahrzehnten des Nichtentscheidensollens, am laufenden Band entscheiden zu können. Deswegen wundert mich der Prozentsatz der am Wege Liegengebliebenen eigentlich nicht. Mich wundert auch nicht, daß davon ein ganzer Teil PDS wählt. Es gibt Seilschaften in Arbeitsämtern, es gibt Opportunisten, Leute, die nicht schnell genug in die CDU eintreten konnten.

Was glauben Sie, wer uns im letzten Herbst – als die CDU die Wahl verloren hat – alles nicht mehr gegrüßt hat und uns jetzt wieder grüßt. Am Abend der Landtagswahl waren im ›Hopfenberg‹ gute Freunde von uns in Massen, aber auch Leute, bei denen ich mir gedacht habe: Sieh an, jetzt kommt der wieder! Leider sind die Menschen so. Ich kann Ihnen ganz genau sagen, in welcher Phase sich in den Ministerien die Leute darauf eingerichtet haben, das geht alles nach Rot, und in welcher Phase sie sich wieder darauf eingerichtet haben, es könnte auch nach Schwarz gehen.

Wie unterschiedlich die Menschen sind, das ist mir bei unserer Tür-zu-Tür-Aktion, wo ich in sehr vielen Wohnungen gewesen bin, aufgefallen. Da kamen sie zu manchen, in der Nähe vom Gothaer Platz, da roch es noch nach Sozialismus.«

»Wie riecht Sozialismus?«

»Ja, der hat einen ganz bestimmten Geruch, da gehört Brikettkohle dazu und ein ganz bestimmtes Fett, und man macht die Tür auf und weiß schon – also völlige Apathie. Und ich war in anderen Häusern, wo die Leute, einfachste Leute, voller Freundlichkeit waren. Sie konnten spüren, wer angekommen war und wer nicht. Wenn einer arbeitslos ist und plötzlich merkt, wie dünn die Wände zum Nachbarn sind, weil der auch arbeitslos ist, dann ist die Begeisterung für Freiheit halt nicht so riesengroß. Und wenn der 54 Jahre alt ist und auf dem Arbeitsamt von irgendnem Trottel gesagt kriegt, es hat gar keinen Sinn, daß Sie kommen, für Sie haben wir nichts mehr, also – ich will Ihnen nur sagen – wenn es den Westdeutschen passiert wäre, die wären noch viel schlechter damit fertig geworden. Ich kann die Menschen hier nicht ändern, und die großen Werte des Abendlandes finden sich nicht in jeder 54jährigen arbeitslosen Frau sofort wieder.«

»Welche Werte des Abendlandes?«

»Na ja, Freiheit beispielsweise und Solidarität und Gerechtigkeit und Rechtsstaatlichkeit und solche hohen Worte. Aber das müssen Sie halt mal erzählen, wenn jemand in einem Haus wohnt, in dem er zu DDR-Zeiten geguckt hat, noch ein bißchen Kitt und ein bißchen Dachrinne zu bekommen, und dann kommt irgend so ein westdeutsches Rindvieh und sagt, das Haus gehört mir ... So einer, der die Leute von heute auf morgen rausgeschmissen hat, mehr oder weniger ... Aber unter denen, die von drüben kamen, waren auch Patrioten, die sich gesagt haben, jetzt habe ich die verdammte Pflicht und Schuldigkeit hierherzugehen. Und es waren Leute darunter, wo ich mir gedacht habe, in Rheinland-Pfalz hätten die nie eine solche Stelle bekommen wie hier. Und Leute, deren Vorgesetzte die schon immer loswerden wollten und sie deswegen hierhergeschickt haben. Auf gut pfälzisch: ›Es hat solchene und solchene‹ gegeben. Und hier hat es weder lauter Heroen noch lauter Helden gegeben: Das ist ja das Wichtige an der Frau Schipanski, und das ist das Problematische an der Frau Vera Lengsfeld. Daß die Frau Schipanski unter schwierigen Verhältnissen nicht Professorin geworden ist, aber ein normales Leben geführt hat, und daß die Frau Lengsfeld eben unter extremen Bedingungen gelebt hat und das mit ihrem Mann erleben mußte. Aber das Schipanskische ist typischer als das Lengsfeldsche. Ja, ja, aber das müssen Sie als Westdeutscher lernen, den Unterschied.

»Haben Sie manchmal Bange vor negativen gesellschaftlichen Entwicklungen?«

»Ja Gott, die Menschen sind immer in Gefahr, an Grenzen zu stoßen. Natürlich sehe ich Gefahren: der ständig wachsende Egoismus, die ständig abnehmende Solidarität oder unsoziales Verhalten ...«

»Wo kommt das her, wie entsteht es?«

»Das ist ein bißchen ein Nebenprodukt des Wohlstandes. Wer Hunger hat, hat ein Problem, wer satt ist, hat viele Probleme. So ist das.«

Das letzte Glas.

»Herr Ministerpräsident, wo möchten Sie als Thüringer Landesvater einmal begraben werden?«

»Das ist relativ einfach. Meine Eltern liegen in München begraben, und nach bisherigen Erwartungen werden mein Bruder und ich in dasselbe Grab kommen, in dem meine Eltern liegen. Es muß jemand später einmal für das Grab sorgen. Die Beerdigung heute ist das eine und zwanzig Jahre danach ist das andere.«

Kein Abgeordneter ist so schwer zu finden wie der ehemalige Minister Richard Dewes. Sein Zimmer im Landtag ist verschlossen, das Handy abgestellt. Die Sekretärin der SPD-Fraktion weiß nur, daß er »eigentlich hier sein wollte«. Dabei ist die Zeit, als die Presseleute den Verlierer mit Interviewwünschen verfolgten, längst vorbei. Der ehemalige Minister und abgewählte SPD-Chef ist kein Medienereignis mehr. Über Einsame, Schweigende, Nachdenkliche schreibt man nicht.

Einmal treffe ich ihn in der Kantine.

»Gut, gut«, sagt er, »wir machen das nächste Mal einen Termin aus.« Aber während er das sagt und mich dabei scheinbar interessiert anschaut, spüre ich, daß er in Gedanken nicht hier ist.

Schon vor meinen Landtagserkundungen hatte ich ein langes Gespräch mit ihm, bei dem er wissen wollte, was SPD und Intellektuelle in Thüringen miteinander tun könnten. Er redete klug und volkstümlich, zog wie ein Dämon die Drumherumsitzenden mit Blicken, Gesten und Worten an. Er vermittelte den Eindruck: Mit dem könntest du – aber damit schien für ihn das Ziel des Abends erreicht. Über das Miteinander von SPD und Intellektuellen danach kein Wort mehr.

»Gut, gut«, sagt er noch einmal und nickt. »Ich habe jetzt viel Zeit, mein Leben neu zu ordnen. Wir treffen uns.«

Ich muß ihn noch zweimal daran erinnern …

Einen der ärgsten Gegner von Richard Dewes, den Ilmenauer ehemaligen Pfarrer Andreas Enkelmann, erreiche ich ohne Schwierigkeiten. Er hat wie immer sein Handy bei sich. Wir sind in einer Ilmenauer Konditorei verabredet, in der uns der Bäckermeister sofort Weihnachtsstollen und Plätzchen zum Probieren anbietet.

Andreas Enkelmann ist enttäuscht, daß die Wähler trotz seines Engagements »nur nach Medienklischees« entschieden haben.

Ich frage, ob er wieder auf die Kanzel steigt.

»Man hatte mir eine Stelle als Soldatenpfarrer angeboten.«

»Als Soldatenpfarrer, der in Kasernen predigt und im Ernstfall vor dem Sturmangriff den letzten Segen erteilt? Sie, der Sie in der DDR Schwerter zu Pflugscharen schmieden wollten?«

Er hat nicht angenommen, weil er dann aus Ilmenau wegziehen müßte, »was wegen der Kinder jetzt unmöglich ist«.

Aber wenn er nichts anderes gefunden hätte, wäre er vielleicht auch Soldatenpfarrer geworden. »Mit dem Bauch bin ich noch Pazifist wie zu DDR-Zeiten, aber mit dem Kopf denke ich inzwischen, daß Unrecht auch mit der Waffe bekämpft werden muß.«

Andreas Enkelmann ist nun Unternehmensberater bei Gewi-Plan in dem großen Bürohaus mit den AEG-Buchstaben auf dem Dach genau dem Landtag gegenüber.

»Wo auch die Gerichtsvollzieherin sitzt?« frage ich. Er nickt.

Ich gebe zu bedenken, daß ein Unternehmensberater (bis 1200 DM kann eine Stunde Beratung kosten) sich effektive wirtschaftliche Überlebenskonzepte ausdenken muß, Überlebenskonzepte für den Kampf gegen den Konkurrenten, die nicht immer mit dem kirchlichen Ethos übereinstimmen. Er kenne doch das Luther-Zitat: »Denn diese drei Irrtümer, daß ein jeder das Seine gibt, so teuer er will (Marktwirtschaft), ebenso das Borgen (Kredite) und Bürge werden (Bürgschaften), sind die drei Quellen, woraus alle Schändlichkeit, Unrecht, List und Tücke nach allen Seiten fließen.«

Das sei alles gut und schön, sagt er, aber schließlich habe sich die Kirche selbst schon an die »Hure Wirtschaft« gebunden.

Außerdem sollte ein guter Christ nicht nur für sich sorgen, sondern vor allem für die Schwachen. »Indem ich helfe, die Wirtschaft zu stärken, kann die Wirtschaft sich um mehr Schwache kümmern.«

Theologie und Unternehmensberatung hätten Gemeinsamkeiten, beispielsweise die Verschwiegenheit. Ein Unternehmensberater sei auch ein Beichtvater für gescheiterte Wirtschaftsleute.

»Immer noch kommen Bürger und Betriebe, denen ich helfen soll, die gar nicht wissen, daß ich kein Landtagsabgeordneter mehr bin, also keinen langen Arm zur Obrigkeit habe, und denen ich auch nicht sagen möchte: Als Landtagsabgeordneter konnte ich das alles für euch umsonst erledigen, aber nun, in meiner Firma, gibt es nichts umsonst …«

Einer der Neuen im Landtag weiß sehr genau, daß in der Wirtschaft nichts umsonst ist. Wenn ich ihn sehe, muß ich an die Pinocchio-Puppe denken. Zwar hat er keine lange, spitze Nase, aber etwas abstehende große Ohren, listig lustige Augen und zerfranste, in die Stirn gekämmte Haare: Bodo Ramelow. Er ist schon nach knapp zwei Monaten zum neuen Medienstar im Parlament aufgestiegen: Dabei hat der 43jährige Einzelhandelskaufmann und Ausbilder, der 1990 aus dem Westen gekommene Gewerkschaftsfunktionär, Mitverfasser der Erfurter Erklärung und bis Juni 1999 Landesvorsitzender der Gewerkschaft Handel, Banken und Versicherungen nur das getan, was mir der ehemalige Landtagspressechef Thomas Schulz (inzwischen ist er mit Dr. Frank-Michael Pietzsch als Pressechef in das Sozialministerium umgezogen und mußte selbstkritisch zugeben, daß er dort die Öffentlichkeit beim Barchfelder

Leberwurst-Vergiftungsskandal zu spät informiert hat) vor knapp einem Jahr versichert hatte: Der Thüringer Landtag ist gläsern.

Bodo Ramelow veröffentlichte im Internet Fakten aus dem Rechnungshofbericht 1999 (»Wie Stellen von Geschäftsführern ohne vorherige Ausschreibung vergeben wurden«), Ergebnisse der staatlichen Rechnungsprüfung Gera über Fördermittelausgaben des Wirtschaftsministeriums, einen Kontoauszug der Thüringer Entwicklungsgesellschaft Südwest über angebliche Gelddepotüberweisungen nach Luxemburg, den Coup mit dem Golfplatzbaubescheid für Martin Röder, damit er sein bis dato wertloses Ackerland am Riechheimer Berg als Bankbürgschaft für den Kauf des Gelenkwellenwerkes ins Spiel bringen konnte, Unternehmensberichte über Mißbrauch von Fördermitteln …

Der Vorspann für diese Seiten im Internet: »Vorsicht! Sie verlassen die sauberen Seiten des Internet! Dies ist ein Weg zum ›gläsernen Parlament‹ in Thüringen! Folgen Sie diesem Zeichen! Und vertrauen Sie Ihrem Verstand!«

Vom 7. bis 14. November hatte er 371 Zugriffe und 2607 aufgerufene Seiten zum »gläsernen Parlament«.

Wirtschaftsminister Schuster bezichtigte Bodo Ramelow daraufhin, sich »kommunistischer Methoden« zu bedienen. (Wobei das Öffentlichmachen von geheimen Informationen nicht unbedingt zu den typischen Merkmalen der kommunistischen Agitation gehörte.) Die Entwicklungsgesellschaft verklagte Ramelow, drohte 100000 DM Geldbuße an, und Vogel schimpfte, daß sich kein Unternehmer in Thüringen ansiedeln würde, wenn er Angst haben müßte, daß seine Geschäftsergebnisse im Internet veröffentlicht werden. Im Gegenteil, Unternehmen würden Thüringen deshalb fluchtartig verlassen.

»Das Kapital ist ein scheues Reh …« Bodo Ramelow kennt seinen Marx aus Politik und Kunst. Er ist in der Nähe der Künstlerkolonie Worpswede am Teufelsmoor aufgewachsen und wohnte neben dem von Heinrich Vogeler entworfenen

Dorfbahnhof. Zuerst kannte er nur dessen Jugendstil-Märchenillustrationen, nach 1990 auch die Bilder des Kommunisten Heinrich Vogeler.

»Ich habe inzwischen den Widerspruch des Künstlers Heinrich Vogeler begriffen: Er hat für die Ideale des Kommunismus, für die Sowjetunion gelebt und ist schließlich in der Sowjetunion, im Land des Kommunismus, wegen seiner Ideale umgebracht worden.«

Ramelows Ideale oder Lebensansichten sind entstanden, als er, ein Kind, sich am Softeisstand nachts aus den leeren Kartons die Waffelbröckchen herausklaubte. Als er abends vor einem Elektroladen Fernsehsendungen sehen und mit einem Rohr an der Glasscheibe den Ton erlauschen mußte. Als seine Mutter Hauswirtschaftsleiterin in einem privaten Gymnasium auf einer Burg bei Gießen war und er miterlebte, wie die Schüler dort gegen gutes Geld trotz größter Dummheit ihr Abitur erhielten. Er lernte Verkäufer bei Karstadt. »Ich konnte Erbsensorten unterscheiden, die es heute gar nicht mehr gibt, Wild zerlegen, Hummer verkaufen, dreißig Gewürzsorten mit verbundenen Augen bestimmen ...«

In die Politik kam er dann über die Gewerkschaft, und 1985 besuchte er zum erstenmal seine zwei Brüder in der DDR. Das heißt nur den, der Traktorist in einem kleinen Dorf und dessen Frau Wicklerin im Motorenwerk war. »Ich kam im Skoda. Und ich merkte, wie sehr sie enttäuscht waren. Westbesuch im Skoda.«

Für den nächsten Besuch borgte er sich einen Opel. »Dabei war ich neidisch auf meinen Bruder – wegen seiner soliden Schulbildung, seinem unwahrscheinlichen Wissen über die Klassik. Ich beneidete ihn um seine Bildung, und er beneidete mich um ›mein‹ Auto.«

Schwer krank, konnte der fünfzigjährige Bruder sich später nur noch im Rollstuhl bewegen. »Zur Zeit der Wende bekam er endlich einen Termin für die komplizierte Operation in Magdeburg. Aber er wurde nicht operiert, die Ärzte waren schon scharenweise in den Westen gegangen. Danach ein Termin in der Charité. Aber wieder keine Operation, die notwendigen Spezialbohrer fehlten, und die Devisen der DDR waren alle. Seitdem sitzt er im Rollstuhl. Seine Frau ist arbeitslos und bekam inzwischen die Arbeitslosenhilfe gestrichen. Nun betreut sie ihren Mann. Die früher lustige Frau ist nicht mehr wiederzuerkennen.«

Sein zweiter Bruder war Kriminalist bei der Deutschen Volkspolizei. »Wenn ich im Dorf eintraf, ging er fort, um mir, seinem die Laufbahn hemmenden Klassengegner, nicht unter die Augen zu kommen.«

Inzwischen ist er ein ordentlicher bundesdeutscher Kriminalbeamter geworden, seine Frau Sekretärin im Landratsamt. Wieder sei es ihnen nicht recht, wenn Bruder Bodo auftaucht, denn »Kontakte mit dem roten Ramelow sind nicht besonders förderlich für die neue Familienlaufbahn«.

Jeder richtet sich ein. Aber das sei normal. Doch einige würden sich auf Kosten der Gesellschaft und mit Hilfe der Parteien und der Politik einrichten. Neue Seilschaften. Diese Verbündeten aus Politik, Ministerien, westdeutschen Beratern und ostdeutschen Insidern würden den Schutz der neuen Macht genießen. »Die haben keine natürlichen Gegner zu fürchten. Nur die Öffentlichkeit.«

Er hofft, daß in der nächsten Woche schon über 3000 Seiten von über 500 verschiedenen Rechnern zu seiner Internet-Aktion »Gläsernes Parlament« angeklickt werden.

Landtagsneuling Michael Heym, der sich, wie er mir versichert, immer noch »als Distel im Rosengarten der CDU fühlt«, sagt, wer so schnell nach der Wahl sein Pulver verschießt wie der Ramelow, der werde auch sehr schnell gezwungen sein, die Schlacht wieder einzustellen und Burgfrieden mit den Regierenden zu schließen.

Ich frage Michael Heym, ob er sich diese Weisheiten in seiner Oppositionszeit in der DDR angeeignet hat. Da lacht der lockige 37jährige Mann: »Ich ein Oppositioneller? Soll ich dir mal erzählen, wie das mit dem Michael Heym und der DDR war?«

Sein Vater war Lehrer in Rohr. Aber der Sohn, das einzige Kind, stinkend faul in der Schule. Lehre im RAW als Eisenbahnbautechniker. Dann NVA. Rückwärtige Dienste auf Rügen. »Das war meine beste Zeit, nein, nicht ideologisch gesehen. Aber Rügen! Und Rückwärtige Dienste! Und Wasser, Strand, schöne Mädchen …«

Danach hat er sofort geheiratet. Sein Junge wurde geboren. Seit 1985 ging er jahrelang auf Montage: FDJ-Jugendobjekt »Streckenelektrifizierung«, und war von Rostock bis Leinefelde in der DDR unterwegs. Außerdem hat er in Rohr ein Haus gebaut. »Da warst du beschäftigt, da spielte Politik kaum eine Rolle. Zeit zum Reisen hatte ich auch nicht, also kein Eingesperrtsein-Trauma.«

1984 Eintritt in die CDU, weil die Genossen ihn als jungen Arbeiter immer wieder wegen der SED agitiert hatten. Aber sein Vater sagte: Wer was auf sich hält, geht da nicht rein. »Um meine Ruhe zu haben und weil ich ja auch konfirmiert war, bin ich also in die CDU.«

Zwar hätte er bald gemerkt, daß es Schwachsinn ist, wenn die CDU-Mitglieder von Rohr sich zu »Ehren des Parteitages der SED« verpflichten, zwei Hektar Rüben in der LPG zu hakken, aber in der CDU hätte es auch Gleichgesinnte gegeben, kritische Köpfe …

»Um ganz ehrlich zu sein: Ich habe als junger Spund nichts von Repressalien gespürt, ich hatte ein normales Leben in der DDR, habe nicht gewußt, wie mit den Leuten umgegangen worden ist. Erst nach der Wende erfuhr ich es nach und nach.«

Während der Wendezeit elektrifizierte Michael Heym die Strecke in der Nähe von Schwedt, war für die technische Sicherheit der Leute verantwortlich und freundete sich mit dem Chef dieser Truppe, dem fünfzigjährigen Jürgen, an. »Ein Arbeitstier, wie ich es nie wieder erlebt habe. Der kletterte den Mast schneller rauf als die Zwanzigjährigen. Am 9. November, am Tag der Grenzöffnung, saß dieser parteilose Mann in seinem Wohnwagen vor dem Fernseher und flennte. ›Das ist der Ausverkauf! Dafür habe ich ein Leben lang nur geschuftet. Das ist der Ausverkauf von allem, was wir erarbeitet haben …‹«

Michael Heym verstand damals nicht, was sein Kumpel meinte. Wie er überhaupt vieles in dieser Zeit nicht sofort geschnallt hätte. »In unserer Gemeindevertretung erschien plötzlich niemand mehr vom Rat des Kreises, der sagte, wo es lang ging.« Ein Investor aus dem Westen versprach, auf dem Rohrer Berg einen Golfplatz zu bauen, viele Arbeitsplätze zu schaffen, und die Gemeinde bürgte für diesen Investor gegenüber der Bank mit 250000 DM. »Damals wußte ich nicht, daß dort, wo die Ärsche sich reiben, der Handel und der Betrug blüht. Als mir einer sagte: ›Du, das Geld ist weg, der Investor auch, aus dem Golfplatz wird nichts‹, dachte ich, der hätte Tinte gesoffen. Aber leider war es so.« In dieser Situation fragten die Rohrer Gemeindevertreter den dreißigjährigen Eisenbahnbautechniker Michael Heym, ob er als Bürgermeister arbeiten würde.

Damit begann sein zweites Leben. Den Prozeß gegen die Bank gewannen sie in der zweiten Instanz. Der Seiteneinsteiger konnte den geplanten Straßenbau von Oberhof zur Ortsdurchfahrt nach Rohr »umdirigieren«, neue Wasser- und Abwasserleitungen legen lassen, schaffte es sogar, daß die geplante Autobahnumschnürung von Rohr durch eine neue Trasse aufgetrieselt wurde. Er studierte drei Jahre Verwaltungsbetriebswirt, erhielt die Befähigung zum gehobenen Dienst, wurde 1996 Chef der Verwaltungsgemeinschaft »Dolmar«.

In dieser Zeit erfuhr er auch, daß der schöne Begriff von der »kommunalen Selbstverwaltung« leider nur eine leere Worthülse ist. »Ohne Geld bist du als Bürgermeister nämlich ein Nichts.«

Im Landtag möchte er ausloten, ob sich »im System überhaupt noch etwas verändern läßt oder ob alles schon hoffnungslos festgezurrt ist«. Beispielsweise das Problem mit Arbeitslosen- und Sozialhilfeempfängern. »Da würde ich rigoros durchgreifen!« Nachdenklich verbessert er: »Natürlich leben nicht nur Sozialhilfeempfänger auf Kosten des Staats, sondern Monopole und internationale Konzerne verschieben Milliarden am Staat vorbei, hinterziehen Steuern. Aber es ist einfacher, über die Arbeitslosen zu diskutieren, bei den Kleinen anzufangen als bei den Großen. Dazu mußt du mutig sein und das System selber angreifen.«

Mit den jungen Leuten von der PDS-Fraktion hat er keine Probleme. »Die sind doch weniger DDR-lastig als einige alte CDU-Kämpfer, die damals so wenig Widerständler waren, wie sie heute als Christen handeln.« Er will nicht aus Disziplin zum Gottesdienst vor den Landtagssitzungen gehen, um dort »als U-Boot-Christ aufzutauchen«.

Ich frage ihn nach seinen Visionen. »Ich habe die Vision, daß die Deutschen den Gürtel enger schnallen müssen! Aber unserem lieben Volk, das wohl wie kein anderes am Besitz hängt, zu sagen: Die Vision vom Schlaraffenland ist ausgeträumt, die Zeit der Verteilungskämpfe ist angebrochen ...« Nein, dann regele er lieber im Landwirtschaftsministerium die Milchquote für einen Bauern seiner Verwaltungsgemeinschaft, als diese »Visionen« zu verbreiten.

»Denn die Leute wählen uns nicht wegen der Visionen, sondern damit sie sich auch nach fünf Jahren wieder ein neues Auto kaufen können.«

Schlagzeilen November 1999

Dagmar Schipanski wird vom deutschen Staatsbürgerinnenverein zur »Frau des Jahres 1999« gewählt, weil sie sich »in kürzester Zeit vom Image der Quotenfrau befreit und statt dessen durch Persönlichkeit und Kompetenz überzeugt hat«.

Bis zum Jahre 2003 soll der Thüringer Landtag einen neuen Plenarsaal und ein neues Funktionshaus für rund 60 Millionen DM erhalten. Das beschließt die CDU-Mehrheit im Ältestenrat gegen die Stimmen von SPD und PDS.

Thüringens Kultusminister Michael Krapp will das Internet verstärkt im Schulunterricht einsetzen und dafür langfristig eventuell auch die Eltern zur Kasse bitten.

Eine lettische KZ-Überlebende hat am Tag ihrer geplanten Abschiebung aus Thüringen in einer Thüringer Gemeinde Kirchenasyl erhalten, um wenigstens die Sitzung des von ihr angerufenen Thüringer Petitionsausschusses abwarten zu können.

Innenminister Köckert hatte die Abschiebung befürwortet.

Nachdem 400 Einwohner wegen hoher Beitragsbescheide den Sitzungssaal in Steinach gestürmt hatten, beschloß der Stadtrat den Austritt aus dem Wasserzweckverband Sonneberg.

Der einmillionste Opel wurde im neuen Eisenacher Werk, dem produktivsten deutschen Opel-Standort und Trainingszentrum für Mitarbeiter aus dem gesamten Konzern, feierlich übergeben. Trotz dieser höchsten Produktivität erhalten die Mitarbeiter nur 80 bis 85 Prozent der »uneffektiveren« Westkollegen.

Regierungssprecher Hans Kaiser wird nach einer Entscheidung von Ministerpräsident Vogel Bevollmächtigter des Landes Thüringen beim Bund in Berlin.

Der Landtag hat auf Antrag der oppositionellen PDS zum erstenmal seit fünf Jahren wieder einen Untersuchungsausschuß eingesetzt. Damit soll der Verbleib von 9 Millionen DM geklärt werden, die aus einer landeseigenen Arbeitsförderungsgesellschaft an eine Privatfirma geflossen sein sollen.

Der stärkste Landesverband des »Neuen Forum«, der Thüringer, will zehn Jahre nach der Gründung einen Antrag an das Bundesforum stellen, die Partei nach katastrophalen Wahlergebnissen, Mitgliederschwund und leeren Kassen aufzulösen und in einen Verein umzuwandeln.

Die Thüringer Bevölkerung wird nach Statistikangaben bis 2020 um 10,6 Prozent sinken, das heißt, 260000 weniger Thüringer als 1998.

Der 38jährige Bundestagsabgeordnete Christoph Matschie wurde zum neuen SPD-Landesvorsitzenden gewählt. Er erhielt 93,5 Prozent und hatte keine Gegenkandidaten. Zuvor hatten die Delegierten den scheidenden Vorsitzenden Richard Dewes mit Blumen und stehenden Ovationen verabschiedet. Ein Antrag auf klare Abgrenzung zur PDS wurde abgelehnt.

Endlich habe ich auch einen Gesprächstermin mit Richard Dewes. Wir fahren »auf das Dorf«, das heißt in ein außerhalb von Erfurt gelegenes inzwischen italienisches Restaurant mit gülden glänzendem Sudhaus mitten in der Gaststätte.

»Einen Tisch abseits vom Lärm.«

»Aber selbstverständlich, Herr Minister«, sagt der Italiener.

Wir essen Pasta und trinken roten Wein. Richard Dewes hat viel Zeit. »Auf mich wartet im Moment nichts Wichtiges.«

Höchstens sein altes ehemaliges Schulhaus in Solsdorf. Er hat Isoliermaterial gekauft, mit dem er am Nachmittag das Dach abdichten will. Aber es bleiben uns zwei, drei Stunden, und ich erfahre DIE GESCHICHTE DES RICHARD DEWES, der nur noch in der Gaststätte der »Herr Minister« ist.

Geboren am 12. Juli 1948 im saarländischen Alsweiler. Der Vater war das, was jeder damals im Saarland war: Bergmann. Ein sogenannter Hartfüßler, weil die Bergleute genagelte Schuhe trugen. Montags, wenn sie in aller Herrgottsfrühe zur Bahnstation liefen, trommelten sie ihren müden Tritt auf das Pflaster. Erst nach einer Woche, am Sonnabend, kehrten sie zurück, hatten beim Bergwerk in provisorischen Schlafhäusern übernachtet.

»Auch wir Kinder liefen damals in genagelten Schuhen herum, und an unseren Sonntagsschuhen waren, damit sich die Sohlen nicht so schnell abnutzten, vorn und hinten kleine Eisenplättchen angebracht.«

Richard Dewes hat noch drei Geschwister. Nach dem Willen des Vaters sollte keines der Kinder jemals ins Bergwerk einfahren und in Nagelschuhen umherlaufen müssen. Sie sollten etwas Besseres werden. Keines wurde Bergmann.

Mutter Dewes arbeitete ein Leben lang zu Hause. Jede Bergmannsfamilie besaß eine kleine Landwirtschaft, Kühe, Ziegen, Schweine. Während die Männer in der Woche in den Schlafhäusern übernachteten, versorgten die Frauen und die Kinder das Vieh und die Felder. »Wir hatten allerdings keine Pferde. Wir waren typische Kuhbauern. Den Pflug lenken durfte ich nicht, dafür die Kuh am Kopf führen. In der Hühnerzucht, wir hielten manchmal bis zu 400 Hühner, war ich bis zu meinem 18. Lebensjahr zuständig für das Ausmisten, fuhr den Hühnerdreck auf das Feld. Wahrscheinlich wäre ich auch ein guter Bauer geworden.«

Aber die Großmutter, eine streng katholische Frau, und seine Mutter wollten, daß der Junge Pfarrer werden sollte.

»Ich wünschte es mir auch. Ein Onkel von mir, der Johann, der als Missionar in Brasilien gelebt hatte, kam 1961 zurück und hat jeden Tag in unserer Gemeinde eine Messe gehalten. Aber der richtige Pfarrer wollte, daß Onkel Johann seine Messe nicht wie er um 7 Uhr am Hauptaltar zelebriert, sondern schon um halb 7 Uhr am Seitenaltar. Ich habe dem Onkel ein Jahr lang dabei als Meßdiener geholfen.« Das regelmäßige Leben des damals Dreizehnjährigen: 5 Uhr Aufstehen, um halb 6 aus dem Haus. Zuerst den 5-Liter-Kessel Milch (mehr gaben die Zugkühe nicht) zur Molkerei tragen. Danach um halb 7 Uhr als Meßdiener zum Pater Johann. Anschließend Schule …

Ein Jahr später bestand Richard Dewes die Aufnahmeprüfung für das Aufbaugymnasium. Sechs Jahre blieb er dort, lebte im Internat. Zwei Jahre war er Schulsprecher, später auch auf Landesebene. In seinem Zimmer hingen neben dem Bild der Eltern die Bilder von Marx und Maria, von Mao Tsetung und Jesus, von Che Guevara und Willi Brandt.

»1967, während des Vietnamkrieges, habe ich in unserer Schule beispielsweise 200 Mao-Fibeln, das Stück für 2 DM, verkauft. In meiner Klasse besaß jeder eine Mao-Fibel, meine habe ich noch, es stehen alle Klassenkameraden mit Adresse und Geburtstag darin. Im Keller des Internats haben wir aus alten Schulschränken heimlich einen Sarg gebaut, schwarz angestrichen, und in der Pause demonstrierten Hunderte Schüler mit ihren Mao-Fibeln, Ho-Ho-Ho-Chi-Minh-Rufen und einer USA-Flagge auf dem schwarzen Sarg gegen den Krieg der Amerikaner in Vietnam!«

Zur gleichen Zeit wurde der katholische Meßdiener Richard Dewes Mitglied der Jusos.

»Dann kam jener Sonntag, den ich nie vergessen werde. Ich hatte schon in der Frühkirche um halb 8 vorgebetet. Um 10 Uhr begann das Hochamt, und zwischen Frühkirche und Hochamt bin ich regelmäßig nach Hause, und wir haben zusammen gefrühstückt. An diesem Sonntag rief mich der Pfarrer nach der Frühmesse zu sich und sagte, er habe erfahren, daß ich bei den Jusos sei. Ich müsse mich entscheiden, entweder Jusos oder Kirche. Einen Roten würde er nicht mehr auf die Kanzel lassen! Da bin ich empört nach Hause. Meine Mutter war verzweifelt. Aber mein Vater, ein alter Gewerkschafter, hat gesagt: ›Da gehst du nicht mehr hin!‹ Zum Hochamt bin ich dann schon nicht mehr angetreten. Meine strenggläubige Mutter brauchte viele Jahre, um mit meinem Engagement für die Sozis klarzukommen. In unserem Dorf, ich bin dort 1970 mit 22 Jahren Ortsratsvorsitzender der SPD geworden, hatten wir elf Mitglieder. Und von den fünfzehn Leuten im Gemeinderat gehörte einer zur SPD. Heute gibt es in Alsweiler mit seinen 2400 Einwohnern über hundert SPD-Mitglieder. Als ich 1989 Ortsbürgermeister war, hatten wir 57 Prozent.«

Theologie hat er trotzdem studiert, parallel dazu allerdings auch Jura.

Nach den bestandenen Prüfungen erhielt er eine Stelle als Jurist in Tübingen.

»Als ich dort anfing, bin ich mit 40 Hühnern umgezogen. Ich habe so lange gesucht, bis ich in der Nähe von Tübingen eine Wohnung mit Hühnerstall und Auslauf für meine kleine Landwirtschaft gefunden habe.«

Dort hat er sich auch sein erstes Pferd angeschafft. Sonja,

die nun sommers, um ihre Ruhe zu haben, von den anderen Pferden getrennt vor seinem Haus in Solsdorf weidet.

Damit ist DIE GESCHICHTE DES RICHARD DEWES nach einer Stunde eigentlich schon erzählt. Bergmannsvater und Landwirtschaft. Meßdiener und Mao-Fibel. Theologie-Studium und SPD-Ortsverein. Jura-Staatsexamen und Umzug mit 40 Hühnern. Das sind seine Prägungen. Bleiben die Fragen nach seinen politischen Erkenntnissen und danach, wie Schuchardt und Lippmann den mittlerweile von ihnen am meisten gehaßten Konkurrenten nach Thüringen geholt haben und ob er in Solsdorf (ein Einzelgrab für 30 Jahre kostet nur 200 DM) begraben sein möchte.

DIE ERKENNTNISSE DES RICHARD DEWES:

Parteien: »Ich habe gelernt, daß die SPD nur von unten her lebt. Daran hat sich nichts geändert. Wir besitzen heute neue Kommunikationssysteme, aber all diese Kommunikationssysteme können nicht das ersetzen, was eine Partei ausmacht, nämlich das Gespräch miteinander. Die Partei war für mich immer ein Stück Familie. (Aber die Parteien sind im Grunde Instrumente.) Wenn ich die Geschichte der Arbeiterbewegung nehme, sind die linken Parteien als Waffen entstanden, sind Zusammenschlüsse, um Kampfinstrumente zu haben. Heute gibt es, was ihre Programme betrifft, eine sehr starke Angleichung aller Parteien.«

Soziale Gerechtigkeit: »Man sollte mehr über verteilende Gerechtigkeit reden, nämlich darüber, wie Chancen in der Gesellschaft verteilt werden, wie Lasten und Belastungen verteilt werden, wie stark man Menschen und gesellschaftliche Gruppen an Vorteilen, aber auch an Nachteilen, an Lasten und Chancen beteiligt. Diese Verteilungsgerechtigkeit ist in unserer Gesellschaft nicht mehr vorhanden, die Lasten werden nicht gerecht verteilt. Wenn Menschen jetzt um die Mannesmann-Übernahme diskutieren, spricht man von über 20 Milliarden Kapital. Wenn man gleichzeitig festlegen will, daß alle Eltern das Studium ihrer Kinder bezahlen müssen, so ist das eine Entscheidung über die Zuordnung von Lebenschancen. Die Zuordnung von Lebenschancen aber darf sich nicht am Vermögen oder Einkommen der Eltern orientieren, sondern ausschließlich an den Begabungen. Aber diese und ähnliche klassischen sozialdemokratischen Handlungsfelder werden im Osten immer mehr von der PDS besetzt. Im Moment findet eine gigantische Sozialdemokratisierung der PDS statt. Der Sozialdemokratismus, der immer wieder von der SED gegeißelt worden ist, hat sich mittlerweile in der PDS ganz schön breitgemacht.«

Arbeit und Wertschöpfung: »Alle reden heute nur noch vom Geld, kaum einer von den arbeitenden Menschen. Aber Geld allein schafft keine Werte. Je größer die Anteile der Bevölkerung bei uns werden, die gut leben können, ohne hinreichend Werte zu schaffen, um so mehr müssen sie sich die Werte derjenigen aneignen, die noch Werte schaffen. Beispielsweise die der Dritten Welt, deren Rohstoffe und Arbeitskräfte wir billig aufkaufen und die von uns teure Fertigprodukte kaufen müssen. Im Grunde ist die Werttheorie von Marx heute so richtig, wie sie damals richtig war. Wir verlieren mit jedem Tag, der ins Land geht, immer mehr Möglichkeiten, demokratische Politik zu gestalten, weil die globalen Kapitalflüsse und diejenigen, die über den Ablauf dieser Kapitalflüsse entscheiden, das Weltgeschehen bestimmen. Die Einflußsphären des Kapitals werden ständig größer, die der Politik immer geringer. Ob Mercedes nun in Hambach produziert oder seine Milliarden-Investition dort einfach wieder schließt und dafür billiger in Brasilien produzieren läßt, das ist für den Konzern nur noch eine Rechenaufgabe. Aber das hat mit Verantwortung für Menschen, für eine Region oder für die Stabilität unseres demokratischen Systems überhaupt nichts mehr zu tun.«

Ich frage, weshalb er als SPD-Landesvorsitzender solche Theorien nicht öffentlich gemacht hat.

»Wenn eine Partei wie die SPD unverpackt solch kritische Weltbotschaften versenden würde, wäre sie nicht mehrheitsfähig, dann hätte sie nur noch eine Chance als Splitterpartei.

Die Menschen hier in Thüringen beispielsweise, die wollen das nicht hören, und ich verstehe das, die wollen, daß sie genausogut leben können wie ihre Nachbarn in den alten Bundesländern, daß sie irgendwann 100 Prozent kriegen …«

Eigentum: »Hier im Osten gab es in den letzten zehn Jahren einen gigantischen Enteignungsprozeß. Wenn Sie durch Erfurt gehen oder Weimar oder Eisenach, dann werden Sie feststellen, daß die interessantesten Immobilien zu 80 Prozent in westdeutscher Hand sind. Bis die Ostdeutschen wieder Herr im eigenen Land oder im eigenen Haus werden, kann das drei bis vier Generationen dauern. Die Ostdeutschen werden auch in zwanzig, dreißig Jahren die ostdeutschen Märkte nicht zurückerobert haben. Es ist wie die Besetzung von Mesopotamien zur Zeit der Babylonier.«

»Und weshalb ist der saarländische Staatsekretär des Innenministeriums Richard Dewes 1994 nach Thüringen gekommen? Um hier Minister und anschließend Ministerpräsident zu werden? Weil dafür im Saarland die Chancen nicht so gut standen?«

»Ich wäre sicher in den letzten zehn Jahren auch im Saarland Minister geworden. Den Ehrgeiz hatte ich, auch die Chance dazu … Na gut, ich hatte meine Probleme mit Lafontaine … Wir mögen uns, aber Oskar duldet keinen Widerspruch, er ist, das brauchen wir gar nicht zu vertiefen, so wie er ist. In vieler Hinsicht eine Koryphäe. Das nur nebenbei. Aber ich bin hierhergegangen, weil mich die Aufgabe gereizt hat, Innenminister zu werden, die Parteiarbeit voranzubringen, die SPD zu stärken. Das war mein Ziel. Und sonst gar nichts.«

Inzwischen hätte er allerdings begriffen, daß seine sozialdemokratische Position und die von Schuchardt – »ich habe als westdeutscher Linker Marx als junger Mensch freiwillig vor mir hergetragen, und Schuchardt hat ihn hier als angepaßter Gegner des Systems erlernen müssen« – sehr unterschiedlich sind.

»War es ein Fehler, nach Thüringen zu gehen?«

»Nein. In Umbruchsituationen erfährt man über Menschen

ungleich mehr als im Gleichmaß einer Gesellschaft.« Wenn er es richtig betrachte, hätte er nicht nur sechs Jahre in Thüringen gelebt, sondern zwölf. »Jedes Jahr hier hat doppelt gezählt. Ich habe noch nie unter so großem Verschleiß bei so wenig Wartung gelebt und gearbeitet wie in Thüringen.«

»Bis zum Schluß?«

»Fast bis zum Schluß. Wenn man klug genug ist, spürt man das Ende voraus.«

Ganz am Ende hätte er sogar noch Gutes tun können: 30000 DM Fördermittel für das Kirchendach von Solsdorf besorgt und 10000 DM für das Gewölbe der Kirche in Hengelbach. »Frei nach dem Bibelwort: ›Mach dir Freunde mit dem ungerechten Mammon.‹ Kennen Sie das Gleichnis? Ein Verwalter hat erfahren, daß sein Herr ihn rausschmeißen will. Da hat er die Gläubiger seines Herrn zu sich gerufen und den ersten gefragt: Wieviel schuldest du meinem Herrn? – 10 Goldstücke. Er sagt: Nimm deinen Schuldschein und schreibe fünf. Dann kam der nächste. Wieviel schuldest du meinem Herrn? – Fünf Goldstücke. – Nimm deinen Schuldschein und schreibe drei. Der dritte kam. Was schuldest du meinem Herrn? – Drei. – Nimm deinen Schuldschein und schreibe einen. Das Fazit, das Jesus zieht: Mach dir Freunde mit dem ungerechten Mammon.

Aber was die Spenden betrifft, ich kann Ihnen nur sagen, und dafür ist Gott wahrhaftig mein Zeuge, ich persönlich habe weder im Saarland noch in Thüringen jemals Spenden entgegengenommen.« Einmal wäre ihm von einer Thüringer Firma (»den Namen bitte nicht aufschreiben«) eine Spende angeboten worden. »Die hatten ihre Kunden zu einem großen Fest eingeladen. Am ersten Tag durfte dort ich was sagen, am zweiten sprach Vogel. Anschließend sagte der Vorstandsvorsitzende, ich könne die Spende ruhig mitnehmen … Ich habe sie nicht mitgenommen … Ob Vogel sie mitgenommen hat? Ich sage es Ihnen nicht …

Es spricht für eine große Unkultur, wenn der Bürger den Eindruck haben muß, daß man sich politische Entscheidungen durch Parteispenden erkaufen kann. Da gehen Millionen von Fördermitteln an einen Betrieb, und 100000 oder 200000 DM fließen zurück an die Partei, der der Minister angehört. Das ist die bittere Realität, und ich sage Ihnen, in den neuen Bundesländern wird wesentlich mehr geschmiert. Aber es sind in der Regel nicht die Ossis, die schmieren und geschmiert werden, sondern überwiegend die Wessis. Was da jetzt gelaufen ist mit den Waffengeschäften und Leisler Kiep, das ist Alltag in dieser Bundesrepublik. Bestechung und Bestechlichkeit, also Korrumpierbarkeit unserer Gesellschaft und wesentlicher Funktionsträger, sind schon gigantisch.«

Am Ende unseres Gespräches frage ich ihn, wo er begraben sein möchte.

»Begraben wird man mich in meinem Heimatort, in Alsweiler. Allerheiligen ist hier in Thüringen kein Feiertag, aber Allerheiligen, das ist für mich der Tag, an dem ich in Alsweiler auf den Friedhof gehe. Stundenlang. Zu fast jedem, der dort liegt, kann ich etwas sagen. Es sind viele, mit denen ich schon zusammen Bier getrunken habe. Das macht Heimat aus. Wenn ich in Solsdorf über den kleinen Friedhof laufe, kenne ich mittlerweile zwar die eine oder andere Familie, deren Angehörige dort begraben sind. Aber nicht die Menschen, die dort liegen. Heimat, das ist für mich auch, die Toten zu kennen ... Ja, ich hatte bei der letzten Wahl in Solsdorf die Mehrheit. Ich habe mich darüber gefreut, daß die Solsdorfer mich gewählt haben.«

Er hat an seinem Haus in Solsdorf noch kein Schloß ausgewechselt. »Immer noch die alten Schlösser, die vor hundert Jahren drin waren. Die alten Schlüssel noch, diese langen mit dem Bart. Wenn ich abends heimkomme und sie vergessen habe, nehme ich ein Stück Draht und schließe auf.«

Ich sage, das werde ich nicht schreiben, es wäre eine zu perfekte Anleitung für Diebe. »Schreiben Sie es ruhig auf. Die Nachbarn passen auf. Wer die Solsdorfer Höhen überschreitet, der wird gesehen. Das habe ich im Dorf zuerst gelernt.«

Schlagzeilen Dezember 1999

Nachdem die CDU-Zentrale schwarze Konten, verschwiegene Parteispenden, verschwundene Millionen und andere gegen Moral und Gesetz verstoßende finanzielle Machenschaften unter Kohl und Schäuble zugegeben hat, versichert die Thüringer CDU, daß sie »keinerlei außerplanmäßige Zuwendung erhalten hat«.

Frau Dagmar Schipanski (parteilos) wird neue Präsidentin der Deutschen Krebshilfe.

Die Maschinen und das Inventar, die Reste der vor 162 Jahren in Gera gegründeten Modedruck-Fabrik – mit 4000 Beschäftigten in der DDR die modernste europäische Textildruckerei –, werden versteigert. Statt der erhofften 3 Millionen DM erbringt die Versteigerung jedoch nur 1,5 Millionen.

1997 hat die PDS mit 450000 DM die meisten Spenden aller Thüringer Parteien erhalten. Allerdings fast alle nur von Privatpersonen (die 21 Abgeordneten spenden zur Zeit jeder monatlich mindesten 1000 DM ihrer Diäten für die Partei). Aus der Wirtschaft erhielt die PDS nur 2406 DM, die Thüringer CDU dagegen 260000.

Die Wartburg wird von der UNESCO zum Weltkulturerbe erklärt.

Auf Initiative von Landtagspräsidentin Christine Lieberknecht wird in der Landtagskantine ab sofort nur noch »fair gehandelter« Kaffee aus den Läden der sogenannten Dritten Welt ausgeschenkt.

100 Tage nach der Landtagswahl würden laut einer Umfrage 8 Prozent der Thüringer die CDU nicht mehr wählen, sie würde die absolute Mehrheit verlieren und nur noch auf 43 Prozent kommen. Die SPD würde um 12 Prozent, auf 30,9 Prozent, steigen, die PDS 3 Prozent verlieren, nur noch 16,6 Prozent erhalten.

89 Prozent aller Thüringer Haushalte besitzen ein Telefon, 39 Prozent aller Haushalte einen Personalcomputer.

Wegen der tödlichen Polizeischüsse von Heldrungen wird es keine Anklage geben. Das Ermittlungsverfahren gegen die beiden Polizisten ist eingestellt worden.

Prof. Dagmar Schipanski nimmt in Berlin den Preis »Frauen Europas 2000« entgegen.

In der CDU-Spendenaffäre hält Bernhard Vogel weiter zu Altbundeskanzler Kohl und kritisiert indirekt Angela Merkel. »Ich billige diese LOS-VON-KOHL-BEWEGUNG, die da und dort zu beobachten ist, nicht.«

PDS- und SPD-Vorstand wollen, was 1999 nicht ein einziges Mal geschehen ist, sich im Jahre 2000 treffen und ihre Meinungen austauschen.

Die Zahl der Schweine in Thüringen ist im November um 32200 gestiegen. Nun gibt es insgesamt 683000 davon in Thüringen.

Thüringen müsse wieder jenen Rang einnehmen, den es ohne deutsche Teilung und Sozialismus besessen hätte, sagte Bernhard Vogel bei einer Rede vor dem hessischen Landtag, wo er sich für die Nachwendehilfe der Hessen in Thüringen (3000 Millionen DM) bedankte.

Nach fast einem Jahr mache ich dort weiter, wo ich angefangen hatte. Darauf hoffend, doch noch mit Angestellten der Landtagsverwaltung sprechen zu können, die mir die Gestapo-Zellen im Keller aufschließen dürfen, melde ich mich beim inzwischen neuen Pressechef des Landtags an. Es ist fast alles anders. Nicht nur, daß die Präsidentschaft des Landtages nun hoch über der Erde im letzten Stockwerk der renovierten »Eierkiste« residiert, sie ist nun auch weiblich dominiert. Eine Präsidentin, zwei Stellvertreterinnen, Sekretärinnen, Pressemitarbeiterinnen. Hahn im Korb ist der Pressechef Karl-Eckhard Hahn, ein junger nickelbebrillter Mann mit Philosophengesicht, den sich Christine Lieberknecht aus der Staatskanzlei mitgebracht hat. Zuerst diskutiert er mit mir über den Werteverfall der Gesellschaft im Zeichen des Geldes (»Aber die CDU ist für viele ein moralischer Halt in dieser Zeit.«), und erst danach redet er über die praktischen Veränderungen im Hause. Da sei beispielsweise … »wie inzwischen bekannt geworden ist … die Sache mit den Toiletten«. Als der Umbau geplant gewesen sei, hätten nur Männer den Landtag regiert. Deshalb wurde auch ein großer Toilettenraum mit Stehpissoir für die Männer eingerichtet, dagegen gab es in der Damentoilette nur zwei Kabinen zum Sitzen… Frau Präsidentin Lieberknecht hätte angeordnet, daß die Toiletten umgebaut werden. Aber weil die Firma runde 10000 DM verlangte, hat die Arbeiterklasse des Landtages die Pißbecken einfach abmontiert. »Die sind geschickt, diese Handwerker hier, die können was.«

Ich sage dem Pressechef, daß der geschickte Tischler Heinz ohne Genehmigung eigentlich nicht mit mir hätte reden dürfen …

Karl-Eckhard Hahn schüttelt den Kopf. Ich könne in diesem Haus befragen, wen ich will, ohne daß er dabei ist und ohne seine Genehmigung. Wenn ich nächste Woche Zeit hätte, könnte ich auch mit der Landtagspräsidentin »hier oben in ihrem Wintergarten« einen Kaffee trinken.

Ich habe Zeit, und der Dezember wird ein Frauenmonat. Gespräche mit der Landtagspräsidentin, mit Gabi Zimmer und – was lange währt, wird gut – auch mit Dagmar Schipanski.

Inzwischen habe ich mir, nach vergeblichen Versuchen in der Staatskanzlei, auf Umwegen jenen ominösen Brief des Ministerpräsidenten zur »Ersatzkandidatur« von Dagmar Schipanski besorgt. Auszüge daraus, die die PDS verbreiten ließ, sorgten vor der Wahl zum Bundespräsidenten für Medienrummel. Bernhard Vogel hatte außergewöhnlich sauer reagiert: »Lächerlich und absoluter Quatsch … Infam nach Art der PDS … Bewußt die Tatsachen verdreht«.

Am 24. Januar 1999 hatte Wolfgang Hartmann aus Berlin an Vogel geschrieben: »Sehr geehrter Herr Ministerpräsident, ein offenes Wort: Manchmal sind es Kleinigkeiten, die angesammelten Zorn heraustreten lassen. Eben habe ich im Fernsehen Ihre Worte gehört, mit denen Sie für die Kandidatin der Union für die Bundespräsidentenwahl werben. Als ein Frau Prof. Schipanski besonders auszeichnendes Merkmal meinten Sie eindringlich, sie sei ›als erste Frau in Deutschland‹ Rektorin einer Technischen Hochschule geworden.

Sie sind nun einige Jahre Ministerpräsident in einem ostdeutschen Land und hatten in dieser Zeit ausreichend Gelegenheit, sich mit der DDR-Geschichte einigermaßen vertraut zu machen. Auch wenn diese von Ihnen ungeliebt bleibt, muß man sie hinreichend kennen … Oder …« ist es »… die Ignoranz, welche übersehen läßt, daß eine der ältesten Technischen Hochschulen Deutschlands, nämlich die Technische Universität in Dresden, längst eine Rektorin an ihrer Spitze sah (schon 1965!). Dies war Frau Prof. Lieselotte Herforth, ebenfalls Physikerin …

Nicht zu wissen, daß es den in der Tat herausragenden Fall einer Frau als Rektorin einer deutschen Technischen Hochschule schon einmal gab, ist aufschlußreich blamabel. Und beschädigt Ihre Kandidatin durch Nutzung falschen Schmucks. Dazu habe ich meinen starken Zweifel, ob die Union sich diese Kandidatin auch erwählt hätte, wären die zu erwartenden Mehrheitsverhältnisse der Bundesversammlung umgekehrt.

Wie gesagt: Eine Kleinigkeit, aber eine, die leider für viele analoge Erfahrungen von Ostdeutschen steht …

Mit zornigen Grüßen und mit guten Wünschen für Frau Prof. Schipanski …«

Am 16. Februar, einen Tag vor Aschermittwoch (an dem ich vergeblich versuchte, meine Schwarz-Rote-Senfkreation beim Heringsessen mit dem Ministerpräsidenten an den Mann zu bringen), antwortet Dr. Bernhard Vogel: »Sehr geehrter Herr Hartmann, den Erhalt Ihres Briefes … möchte ich dankend bestätigen, auch wenn er im Zorn geschrieben ist und unnötige Unfreundlichkeiten mir gegenüber enthält.

Entschuldigen Sie, daß ich vergaß, hinzuzufügen, daß Frau Schipanski die erste frei gewählte Rektorin einer Technischen Universität in Deutschland ist. Ohne die wissenschaftliche Leistung von Frau Herforth irgendwie qualifizieren oder abqualifizieren zu wollen, frei gewählt wurde eine Rektorin der Technischen Universität Dresden, die noch dazu Mitglied der Volkskammer und des Staatsrates der DDR war, in den 60er Jahren mit Sicherheit nicht. Dies ist der große Unterschied zu Frau Schipanski.

Im übrigen, bei anderen Mehrheitsverhältnissen in der Bundesversammlung hätte die Union wohl sicherlich Roman Herzog zur Wiederwahl vorgeschlagen.

Mit freundlichen Grüßen, Bernhard Vogel.«

Es ist schon dunkel, als ich mit Dagmar Schipanski ganz oben in ihrem Ministerzimmer sitze. Unter uns die Lichtaugen der Stadt, die gleichmäßig symmetrisch angeordneten in den Neubaugebieten, die nur funkengroßen Glühwürmchenlichter der kleinen Häuser in der Altstadt und die weitaufgerissenen, Lichttoren ähnelnden der neuen Glaspaläste. Wir schauen lange und sagen beide: »Sehr schön.«

Die Sekretärin bringt Kaffee. Die Ministerin sieht müde aus.

Ich verkneife mir vorerst die Frage nach dem peinlichen Brief, statt dessen beklage ich, daß sie im letzten Jahr von Hunderten Journalisten förmlich ausgesaugt worden ist, wahrscheinlich schon alles über sie und ihre 56 Lebensjahre irgendwo aufgeschrieben worden ist: harmonisches Familienleben. Warmherzig. Im Dienst lange und ernsthaft nachdenkend. »Oma Schipanski«. Anwältin der ostdeutschen Frauen. Gräben zwischen Ost und West zuschütten. »Für die CDU eine Niederlage gewinnen.« Moralische Instanz. Diskussionen über Frauen und Verantwortung, Technik und Toleranz. Gegen Ausgrenzung der PDS. »Eine Frau mitten aus dem Leben«. Eine, die tapfer erklärt, daß sie nach der Niederlage an die Technische Universität zurückgehen wird …

Alle wissen schon alles.

»Aber daß mein Mann vorzüglich Kaßler brät und serviert, wissen nur Sie«, sagt sie und lacht, trotz der Müdigkeit. Ich sehe, daß sie wirklich gerne lacht.

Hat sie das Lachen vom Vater oder von der Mutter?

Sie weiß es nicht.

Ihr Vater ist im Krieg gefallen. Die ersten fünf Jahre lebte Dagmar bei den Großeltern auf dem Bauernhof. Danach heiratete die Mutter einen kaufmännischen Angestellten. Von ihm hätte sie sich wahrscheinlich die Ruhe und Sachlichkeit abgeschaut und wie man geradlinig durch das Leben geht. Von der Mutter hätte sie den Fleiß, den unermüdlichen Fleiß der Hände und des Kopfes. Neben der Haushaltsarbeit hatte die Mutter noch Steno- und Schreibmaschinenlehrerin gelernt und später an der Volkshochschule und in der Berufsschule unterrichtet.

»Alle meine Vorträge schreibe ich zuerst in Steno. Ich denke schneller, als ich mit dem Computer schreiben kann.«

In der Schule hatte sie gute Noten in den Naturwissenschaften, aber sie spielte auch Theater und Kabarett, war Ansagerin in einem Ensemble. Schwankte zwischen naturwissenschaftlichem Studium oder Kunst. »Schließlich doch Physik. Das Künstlerische war mir zur ideologisch durchsetzt. ›Greif zur Feder, Kumpel‹ und so.«

»Und das wußten Sie schon mit 18, das von der ideologischen Durchsetzung? Ich habe damals noch begeistert ›Wie der Stahl gehärtet wurde‹ gelesen.«

»Das liegt wohl an der Erziehung. In meiner Familie war nie jemand in der Partei. Statt dessen waren Kirche und Glauben wichtig. Aber so entfernt waren Christentum und kommunistische Ideale, ich spreche von Idealen, ja nicht. Nur für den einen war am Anfang die Materie und für den anderen war am Anfang Gott. Auf der einen Seite stünde die eigene ethische Verantwortung im Christentum und auf der anderen das Dogma der Partei mit ihrem Anspruch: Die Partei hat immer recht.«

Für sie war die Zeit vor der Wende vergleichbar mit dem physikalischen Zustand, wo ein Maximum an potentieller Energie erreicht ist. »Jeder, der den Kopf rausstreckte, bekam eins drauf, und es war wieder Ruhe. Alles war gleich, und wenn in der Physik alles gleich ist, bewegt sich nichts mehr. Dann ist der Endzustand erreicht.«

Diese Art von Gleichheit möchte sie nie mehr erleben müssen, deshalb ist sie auch in die Politik gegangen, an den Runden Tisch in Ilmenau, in den Wissenschaftsrat …

»Ich bin auch darum noch nicht zurückgegangen in die Wissenschaft, weil ich gemerkt habe, daß es sehr oft am Sachverstand in den politischen Gremien mangelt. Wissenschaftler sind gründlicher als Politiker. Wir waren wochenlang in westdeutschen Instituten unterwegs, ließen uns alles erst genau erklären, bevor wir zum Beispiel Studienstrukturen geändert haben. Bei Politikern muß man für Strukturveränderungen nur richtig politisch oder parteimäßig agitieren.«

Sie habe von Anfang an gesagt: »Es ist falsch, zu schreien:

Her mit der Marktwirtschaft, und dann läuft alles! Der Markt allein richtet nichts, denn ihm fehlen das soziale und auch das strukturmäßige Regulativ.«

Heute würden manche Westdeutsche beklagen, daß wir unsere Polikliniken oder das Muttermilcherfassungssystem nicht erhalten haben. »Aber der Träger des Muttermilcherfassungssystems war der Staat. Oder die Eieraufkaufstellen, die waren ja auch staatlich. Ich habe eine Cousine in der Landwirtschaft, die muß nun ihre Eier selber verkaufen. Die jammerte, warum habt ihr die Eieraufkaufstellen nicht erhalten? Wer denn? Jeder mußte sich um seins kümmern. Ich hatte mein Geld an der Uni, ich war abgesichert. Ich konnte mir solche kreativen politischen Seitensprünge leisten. Aber wenn du gerade aus dem Betrieb rausfliegst, versuchst du nicht, die Eieraufkaufstellen zu retten.«

»Kann man Ihr heutiges Ministeramt auch als ›kreativen politischen Seitensprung‹ bezeichnen?«

Nein. Sie merke täglich, was ihr im Gegensatz zur Wissenschaft in der Politik fehlt: der experimentelle Teil nach der Analyse. »Man kann sich keine Experimente in der Politik leisten. Wissenschaftler treten nur mit Ergebnissen an die Öffentlichkeit. Als Politiker treten sie erst einmal nur mit ihrer Person in die Öffentlichkeit und werden bestenfalls danach bewertet, wie sie als Minister das Haushaltsgeld verteilen.«

Dabei möchte sie ihren Kopf trotz aller Geldprobleme freihalten für die Problemfelder dieser Gesellschaft. Beispielsweise der Konflikt zwischen Hochtechnologie und internationaler Vernetzung und alten ineffektiven Gewerkschaftsstrukturen. »Die jungen Leute, die als Einzelunternehmer im Internet anfangen, die kommen gleich in weltweite Strukturen. Das sind ja kaum Leute, die über Sozialversicherung, Lohn usw. an einen Betrieb gebunden sind. Die sind über Aktienanteile an die Börse gebunden, aber die suchen sich genauso schnell eine neue Arbeitsstelle in New York oder in England … Und was wird mit den Werten, die diese Leute haben oder nicht mehr haben?

Für mich ist es schon verblüffend, wenn ich erlebe, daß an den Gymnasien Wertevermittlung in den Hintergrund getreten ist. Zwei Tage habe ich einmal eine Schulung mit jungen Managern mitgemacht. Ich habe gefragt, was sind Ihre Werte? Freizeit und Sport, wurde mir gesagt. Ich war erst mal geplättet. Es hat sich offensichtlich eine Generation entwickelt, die über antiautoritäre Erziehung und bewußte Werte-Nicht-Vermittlung ganz anders geworden ist als unsere. Eine Generation mit einer übergroßen Dosis an Egoismus.«

Doch es bleibe leider keine Zeit, sich darüber den Kopf zu zerbrechen. »In der Kabinettssitzung fragt der MP, wieviel Geld ich für das Kunstfest in Weimar eingestellt habe und in welcher Region noch eine Fachhochschule geplant werden müßte. Wenn ich dem statt dessen erzähle, daß ich mir gerade Gedanken mache über den Verfall der alten Wertvorstellung …«

»Können Sie mit Vogel?«

»Meistens ja, selten nein. Er weiß, daß ich ihm meine Meinung, auch wenn sie seiner widerspricht, ehrlich sage.«

»Zum Beispiel?«

»Er ist mir manchmal zu schnell in seinen Entscheidungen, eben kein Wissenschaftler, sondern ein Politiker. Allerdings einer von den klugen Politikern. Denn Macht schwächt bei manchen das Gedächtnis«, bei ihm nicht.

Sie ist froh, sagt sie, daß sie – als einzige Ministerin im Kabinett – nicht der CDU angehört. Nicht, weil sie was gegen die CDU hätte, aber dieses »parteilos« gäbe ihr eine Art zusätzlicher Unabhängigkeit. Eine Parteikarriere strebe sie nicht an.

Jetzt frage ich sie nach dem peinlichen Brief von Vogel.

Sie will die Frage mit einer Handbewegung abtun.

Wahrscheinlich hatte sie sich schon vor diesem Brief denken können, daß Vogel sie vor allem als sympathie- und stimmenbringende ostdeutsche Quotenfrau ins Bundespräsidentenrennen geschickt hat.

»Eine absurde Mitteilung«, hatte sie damals gesagt.

Und heute?

»Ich habe es erst, als ich es wörtlich gelesen hatte, geglaubt. Danach hat der Ministerpräsident mit mir darüber gesprochen. Über seine Gründe, diesen Satz zu schreiben, habe ich nicht nachgedacht, und damals auch keine Konfrontation gesucht. Wem hätte das kurz vor der Wahl genutzt?«

Obwohl es fast 22 Uhr ist, hat sie anschließend noch einen Termin. Uns blieb kaum eine Stunde Zeit. Sie sagt tröstend, daß wir »wenn es mal ruhiger zugeht«, bei ihr im Garten ungestört reden könnten.

»Dann kann ich nur hoffen«, sage ich, »daß Sie Bernhard Vogel nicht eines Tages als Ministerpräsidentin ablösen.«

Sie schüttelt den Kopf. Es würde ihr schon schwerfallen, mit dem Ministerjob klarzukommen.

»Ich war es gewohnt, Entscheidungen erst dann zu treffen, wenn ich lange mit den Leuten über den Sachverhalt gesprochen hatte. Nun muß ich, weil die Zeit fehlt, darauf verzichten und statt dessen lernen, die Aktenvermerke meiner Mitarbeiter zu lesen, zu begreifen und zu entscheiden.«

Rainer Dietz, Stellvertretender Vorsitzender der »Opfer des Stalinismus e. V.« in Eisenach, der »Rächer im weißen hornknopfbesetzten Trachtenanzug«, geht auch im neuen Landtag um. Viele Abgeordnete meiden ihn. Wenn er allein an einem Tisch in der Landtagskantine sitzt, fragt kaum einer: Ist der Platz noch frei?

Ich setze mich zu ihm. Er erzählt sehr schnell, oft nur in Stichworten, als könnte ihm sofort jemand die Rede verbieten oder als ob jemand auf dem Sterbebett unbedingt noch etwas an die Lebenden weitergeben will. Der in Kassel wohnende Mann sagt, daß es inzwischen anders sei als an jenem Frühlingstag, an dem über das Schicksal der Almuth Beck als Abgeordnete entschieden worden war, »und man mich von der CDU zuvor extra noch einmal anrief, damit ich den Termin nicht verpasse«. Mit dem Versprechen über den Zusatzverdienst zu seiner niedrigen Opferrente hätte die CDU ihn damals allerdings verarscht. Doch das passiere ihm nicht noch einmal.

»Am 28. Januar habe ich endlich im Landtag meine Fotoausstellung über die Opfer des Stalinismus, und man hat mir versprochen, daß man bis dahin für die Opfervereinigung in Eisenach, das heißt für mich, ein Büro anmietet und mir eine Stelle bezahlt.«

Dieses Mal würden sie wohl Wort halten müssen. »Die machen mit mir nicht mehr, was sie wollen, ich habe zuviel brisantes Material.«

Vielleicht würden einige in diesem Haus auch hoffen, der Dietz, der mache es sowieso nicht mehr lange, der sei todsterbenskrank. »Den halten wir hin wie die anderen. Die Zwangsarbeiter im faschistischen Deutschland sind inzwischen fast alle tot, und die Opfer des Stalinismus werden immer älter. Sie haben von 1959 bis 1972 meinen Körper in Bautzen kaputtgeschlagen. Aber das ist ja diese Schande, daß die Opfer des Systems wie die Bittsteller umherlaufen und die Täter, gleich in welcher Partei sie sind, entscheiden schon wieder …«

Sein Blick hetzt, während wir reden, von einem zum anderen, und als er Burkhard Stenzel hereinkommen sieht, winkt er ihn an den Tisch und schimpft. »Die SPD hat nichts dazu gegeben zur Weihnachtsfeier der Opfer des Stalinismus.« Sie hätten Dresdener Stollen gehabt, Kaffee, Glühwein … »Ob denn die PDS erst Geld geben sollte, was ja der Ramelow angekündigt hat, bevor auch die SPD …« Burkhard Stenzel sagt, man hätte es vergessen, aber natürlich werde man im neuen Jahr …

Als wir allein sind, sagt mir Burkhard Stenzel, daß er im neuen Jahr keine Spenden mehr befürworten kann, denn der neue Fraktionsvorsitzende Heiko Gentzel will ihn nicht übernehmen.

»Dem bin ich zu intellektuell, der braucht einen Pragmatiker als Persönlichen«, sagt der Germanist und lacht gequält. Nein, er wisse noch nicht, was er macht, wenn er in einem Monat gehen muß.

Ich erinnere ihn an unser erstes Zusammentreffen im Landtag vor einem Jahr, als ich ihn gefragt hatte, wie es ihm geht, und er mir, ohne daß ich es wissen wollte, nur antwortete, welche guten Taten die SPD in Thüringen inzwischen vollbracht hat.

Er lacht und fragt, ob ich nicht mal mit dem Heiko reden könnte, daß er ihn vielleicht noch zwei Monate behält, wenigstens so lange, bis er einen neuen Job gefunden hat.

Heiko Gentzel ist das Thema unangenehm. Er ist kurz angebunden und verspricht, wohl damit ich das Thema schnell beende, er werde sehen, was sich trotz Arbeitsvertrag des Neuen noch machen läßt …

Ich hatte keine gute Idee, als ich vorschlug, mich mit Gabi Zimmer im Erfurter Café »Rosenstolz« zum Interview zu treffen. Zwar sitzen wir am letzten freien in der Ecke stehenden Tisch, und aus dem Lautsprecher erklingt schon zum drittenmal: »Die Schlampen sind müde«, aber selbst zu dieser Nachmittagsschlafzeit macht hier niemand einen schläfrigen Eindruck. Die Schule ist aus, die jungen Leute schwatzen laut und ungeniert, und die PDS-Fraktionsvorsitzende und ich müssen, um uns zu verstehen, lauter sprechen, als es wohl gut ist, denn ab und an dreht einer der jungen Leute den Kopf zu uns rüber und fragt grinsend, ob wir »den Scheiß wirklich ernst meinen«. Als Gabi Zimmer sagt, viele sähen die PDS gern in der Rolle der Interessenvertretung der kleinen Leute, quatscht einer dazwischen und sagt, er gehöre auch zu den kleinen Leuten und ob die PDS nicht ein Eis spendiere. Ich bestelle ihm zwei Kugeln rotes Himbeereis, und Gabi Zimmer erklärt mir, daß die unterschiedlichen Erwartungshaltungen an die PDS ein generelles Problem für die Partei darstellen.

»Wer gehört zu den kleinen Leuten im Osten? Ist das, was die kleinen Leute im Osten wollen, auch immer das Richtige und für die Gesellschaft nützlich?«

Die PDS sollte, so wünschten es die verschiedenen Mitglieder, auch die Interessenvertretung für soziale Gerechtigkeit und gegen Monopole sein, für Arbeitslose und gegen Wessi-Abzocke, für alleinstehende Frauen und gegen den Verfassungsschutz …

»Nach den letzten guten Wahlergebnissen verlangten auch die Funktionäre und mittleren und hohen Verantwortlichen der ehemaligen DDR, daß die PDS sich stärker für sie, für ihre Renten, Rehabilitation und Eingliederung einsetzt. Auch die kann man, denn es sind unsere Mitglieder und Wähler, nicht vor den Kopf stoßen. Aber wer soll entscheiden, wer von der ehemaligen politischen Elite sich schuldig gemacht hat und wer als Idealist, ohne Schuld auf sich zu laden, die DDR aufgebaut und verteidigt hat.«

Gabi Zimmer wollte schon mit 18 als Studentin in die SED eintreten.

Damals lief die Kampagne »Die 100000 Besten in die Partei«, und sie glaubte, eine der 100000 Besten zu sein. Aber sie irrte, denn nicht die Besten wurden genommen, sondern die »kadermäßig Saubersten«. Ihre Mutter aber war keine Arbeiterin, sondern Angestellte, und eine Verwandte wohnte im Westen. Diese Westverwandtschaft war auch Grund, ihrem Freund, der Nachrichtentechnik studierte, anzuraten, sich von ihr wegen seiner vorgesehenen Arbeit im MfS zu trennen. Er trennte sich nicht, kam nicht nach Berlin, wo sie eine Arbeitsstelle erhalten hätte, sondern wurde an die thüringische Westgrenze geschickt. Sie putzte damals nach dem Studium wochenlang in Suhl die Klinken der Betriebe. Nach einer Eingabe wurde die diplomierte Sprachmittlerin für Französisch und Russisch dann endlich als Sachbearbeiterin für den Export von Ersatzteilen im Fahrzeug- und Jagdwaffenwerk eingestellt. Im Betrieb versuchte sie erneut, in die SED aufgenommen zu werden. »Ich war dort zwar kein anderer Mensch, wurde aber sofort aufgenommen und gleich mit Funktionen überhäuft. Das hätte mich stutzig machen sollen. Genau wie meine ersten jugendlich naiven Kritikversuche an der Parteileitung im Betrieb und im Kreis. Die alten Genossen sagten damals: ›Merk dir,

Gabi, wenn du einen Eimer mit Wasser nach oben schüttest, wirst nur du naß.‹«

Ernsthaft zweifelnd hat sie erst zu Gorbatschows Zeiten über den Sozialismus nachgedacht, und bis jetzt hat sie, wie sie sagt, immer noch keine absoluten Wahrheiten gefunden.

»Ich will für mich keine Dogmen mehr zulassen, will alles immer neu beantworten.«

»Zum Beispiel?«

»Ich habe die Rolle der UNO lange Zeit sehr einseitig betrachtet. Sie immer nur als verlängerten Arm der Herrschaftsansprüche der USA bezeichnet. Man muß aber der OSZE, der UNO und anderen internationalen Gremien erst einmal eine Chance geben und erkunden, was durch sie möglich ist. Immer nur mit der weißen Flagge zu wedeln bringt nichts. In Ruanda und anderswo sollte es neutrale UNO-Truppen geben, um einen Völkermord zu verhindern. Und da sollte man als Partei so frei sein, darüber nachzudenken, ob das Eingreifen in solch einem Fall auch die Chance zur Befriedung erschließt. Ich habe in meinem Beitrag zum Kosovo-Krieg im Landtag schlecht geredet, nämlich so, als ob dieser Krieg nur den Interessen des USA-Imperialismus dient. Das ist politische Steinzeitagitation. Ich möchte auch keine ›Alle Macht den Sowjets‹-Losungen der Oktoberrevolution mehr übernehmen, keine großartigen, aber unrealistischen sozialistischen Forderungen predigen. Vielleicht sagen deshalb einige Mitstreiter, die Zimmer ist schon opportunistisch. Aber es ist ein lohnenswertes Ziel, das Existenzrecht jedes Menschen zu verteidigen und dafür Bedingungen zu schaffen.«

»Bist du inzwischen in dieser Gesellschaft angekommen?«

»Ich bin dagegen zu sagen, wir müssen in dieser Gesellschaft ankommen. Ankommen bedeutet für mich nämlich: Wir müssen endlich einsehen, daß die Welt so ist, wie sie ist. Ich bin mehr für das Verändern.«

»Ist diese Gesellschaft grundlegend zu verändern?«

»Ich bezweifle, daß es innerhalb dieser Strukturen und dieser kapitalistischen Eigentumsformen Veränderungen der Gesellschaft geben kann. Aber genauso habe ich Zweifel, daß man erst durch eine Revolution neue Eigentumsformen schaffen muß, um etwas zu verändern. Ich weiß natürlich nicht, ob alle Unternehmer bereit sind, Veränderungen mitzutragen, aber wenn man die Überlebenschancen für die Menschheit logisch betrachtet, dann geht es nur, indem das auch die Unternehmer begreifen. Ich kenne einige von ihnen, die das begriffen haben.«

»Also lernfähig?«

»Ja, wenn wir es sind, weshalb sollten sie es nicht sein? Ich habe jetzt die Protokolle vom Runden Tisch in Suhl gelesen. Es war manches naiv, was wir damals gedacht haben. Aber es war der Beginn meines Demokratieverständnisses. Ich habe mich sehr geschämt, als ich erfuhr, daß in diesem Land, in dem ich gelebt habe, und durch diese Partei, in der ich Mitglied war, Leute wie der Initiator des Suhler Runden Tisches, Pfarrer Winkelmann, ausgegrenzt, beschattet und kaltgestellt wurden. Solch ehrenwerte Leute!«

»Wie schmeckt dir deine neue Macht als Fraktionsvorsitzende?«

»Macht wird dann gefährlich, wenn man dummes Zeug reden kann und die eigenen Leute nur wegen der Funktion, die man hat, beifällig nicken. Auch in der PDS gilt mein Wort mehr als das einer anderen Abgeordneten. Manchmal erwische ich mich, daß ich kraft meiner Wassersuppe sage, aber nun hört mal auf zu diskutieren, das reicht jetzt! Oder: Als Fraktionsvorsitzende werde ich mit einem personengebundenen Auto kutschiert. Ich entscheide, ob auch ein anderer mit diesem Auto fahren darf, und da ist mir mal rausgerutscht: ›Jetzt müßt ihr euch mit mir gut stellen, damit ihr auch in dem Auto fahren könnt!‹ So schnell geht das. Ist aber noch nicht schlimm, oder?«

Ich schüttele den Kopf und frage, ob sie weiter aufsteigen will in der PDS.

»Wohin noch?«

»Stellvertreter müssen nicht immer Stellvertreter bleiben.«

»Ich hoffe, daß es Lothar Bisky noch lange macht. Ich wüßte keinen, der ihn jetzt ersetzen kann.«

»Auch Gabi Zimmer nicht?«

»Nein.«

»Wo möchtest du einmal begraben werden?«

»Darüber habe ich mir noch keine Gedanken gemacht, ich bin Gott sei Dank bisher relativ selten mit dem Tod konfrontiert worden. Vielleicht sollte man meine Asche über der Nordsee verstreuen. Allein sein mit der See. Wahrscheinlich habe ich das von meiner Mutter. Sie hat sich immer allein durchkämpfen müssen.«

Landtagspräsidentin Christine Lieberknecht ist genau wie Gabi Zimmer (allerdings drei Jahre später) am 7. Mai geboren. »Ich komme gut mit Frau Zimmer aus«, sagt sie. »Frauen im Landtag, schon weil in der Minderheit, sind über die Parteien hinweg solidarischer zueinander, auf keinen Fall Beißhunde wie einige ihrer männlichen Kollegen.«

Ich bin mit dem Fahrstuhl hinaufgefahren in die letzte, die Präsidentenetage des Hochhauses und warte im Vorzimmer bei Pressechef Karl-Eckhardt Hahn. Er hat Geschichte studiert, kommt aus Hessen, ist seit zehn Jahren in Thüringen. Wir reden darüber, daß alle Gesellschaftssysteme, alle Imperien einmal zusammenbrechen und daß das Römische Reich nicht deshalb so lange existiert hat, weil die Herrschenden es ständig kreativ erneuerten. Im Gegenteil, sie waren längst verbraucht, korrupt, nicht mehr willens zu verändern, aber in den neuen Provinzen, die sie eroberten, lebten kluge, kreative, unverbrauchte Denker. Geistige Blutauffrischung für das alte Reich.

»Außerdem«, sage ich, »lernen die Besiegten immer schneller als die Sieger.«

Er nickt. 1989 wäre es höchste Zeit gewesen, die Strukturen in der alten BRD, wegen der technologischen Veränderungen in der Welt, der Wissenschaftsvernetzung, zu verändern. Aber mitten im Nachdenken darüber sei die Einheit gekommen, »und da mußte man die alten, nun schon unmodernen Strukturen erst einmal im Osten festzurren«.

Ich sage, daß mein Gartennachbar, der Professor, mir erzählt hat, »daß 1989 in aller Welt daran gearbeitet wurde, anstelle des alten schwarzen Rettichs, der genetisch verbraucht und gegen Krankheiten kaum noch resistent und wenig ergiebig im Ertrag war, eine neue, gesündere, grüne Rettichsorte zu entwickeln. Auch in der alten Bundesrepublik. Doch als der ostdeutsche Garten bepflanzt werden mußte, tat man nichts anderes, als zehn Jahre lang, im Westen wie im Osten, den alten schwarzen Rettich anzubauen.« (Karl-Eckhardt Hahn wehrt sich gegen die schwarzen Rettiche, aber ich versichere, daß ich es nicht parteipolitisch meine.) »Zehn Jahre lang, in denen man eigentlich, wie inzwischen überall in der Welt geschehen, den grünen Rettich hätte züchten und vermehren sollen.«

Der Kaffee ist fertig. Christine Lieberknecht läßt bitten. In ihrem Präsidentenzimmer könnte man das Großraumbüro einer kommunalen Tageszeitung einrichten. Hell, überdimensionale Fenster wie in einem Wintergarten. Der Blick auf Erfurt und die Eisbahn unten.

Christine Lieberknecht ist nicht glücklich über ihre Residenz hoch droben. »Das sind die Machtstrukturen der DDR-Obrigkeit und der neuen Bank-Mächtigen. Ganz oben über allen herrschend.«

Besser wäre es gewesen, in diesem Stockwerk ein Begegnungscafé für Abgeordnete und Besucher einzurichten und die Präsidentenzimmer zu ebener Erde. »Wo die Leute noch vorbeilaufen. Hier schaut keiner freiwillig rein. Kein Besucher, kein Abgeordneter, kein Journalist.«

Aber sie sei nur eingezogen, geplant hätte es die Verwaltung unter der Regentschaft ihres Vorgängers.

Genauso idiotisch sei die große Zimmerflucht für Ministerpräsident Vogel. »Der braucht sie nur ein-, zweimal in der Woche, und woanders fehlen die Räume.« Als ich sage, sie solle nicht wider ihren Parteichef predigen, sagt sie: »Vielleicht bin ich immer zu sehr auf Harmonie bedacht und zu loyal gewesen, was den Chef betrifft. Ich habe im Regierungskabinett selbstverständlich dafür gearbeitet, daß er als Ministerpräsident Erfolg hat. Was der Chef dort sagt, gilt erst einmal!« Auch wenn ihr manches gegen den Strich gehe. »Beispielsweise als er im Sommer ständig mahnte: ›Demontiert mir den Dewes nicht, den brauche ich. Das ist mein SPD-Wunschgegner im Wahlkampf.‹«

Doch das sei Vergangenheit. »Jetzt habe ich nur noch – auch gegen die Meinung der CDU-Regierung – die Interessen des demokratisch gewählten Landtages zu vertreten. Und das tue ich.«

»Aber als Sie wegen der schwarzen Konten der CDU erst sehr laut gegen Kohl wetterten und Angela Merkel unterstützten, dann aber von einem Tag zum anderen schwiegen, hat der Parteichef Vogel wohl doch …« Sie lenkt ab, redet allgemein darüber, daß für die Gesellschaft die Geldgier und der Konsum des Westens genauso zerstörerisch sind wie früher die Diktatur im Osten …

Als ich noch einmal nachfrage, sagt sie: »Zum christlichen Menschenbild gehört nun einmal auch die Fehlbarkeit.« Außerdem sei es kein Kohl-Problem, sondern ein Problem der Partei, und das von Schäuble im besonderen. Außerdem betreffe es nur die CDU in den alten Bundesländern. »Hier im Osten, in Thüringen, gibt es keine Unregelmäßigkeiten …«

So ähnlich hatten mir alle, die ich in der CDU-Fraktion nach dem Spendenbetrug fragte, geantwortet, sogar Christine Zitzmann. Aber die setzte noch hinzu, daß sie jetzt erst recht zur CDU stehen würde, denn in guten Zeiten könne jeder, doch in schlechten Zeiten …

Nur Michael Heym sagte: »Das alles ist eine riesengroße Scheiße.« Aber der Gestank komme nicht von einem CDU-Haufen, sondern von mehreren Ärschen. »Ich habe es erlebt, wie Leute aus vielen Berufen, auch Politiker, zusammensitzen, über die Unmoral der Parteispenden-Geschichte lamentieren, und anschließend geben sie sich Tips, wie sie ihre privaten Gewinne am Finanzamt vorbeischmuggeln. Das liebe Geld, jeder will es, und wie er es bekommt, ist egal. Wer an der Macht ist und was zu sagen hat, kommt eher an das Geld, denkt er. Also sollte man alles tun, um an die Macht zu gelangen oder an der Macht zu bleiben. Das ist das Einmaleins dieser Gesellschaft, und nun regt man sich auf, weil ausgerechnet die Parteien … Parteien und Parlamente bestehen doch aus Menschen, und wer als Mensch zu lange an der Macht war, der denkt, er kann und darf alles. Als ob die Macht eine Tarnkappe ist, die alle Taten und Untaten unsichtbar werden läßt.«

Auch die neue Landtagspräsidentin versucht mir zu erklären, daß in diesem Hause alles durchsichtig ist. Sie versteht nicht, daß es mir trotz eines Briefes an den Landtagspräsidenten Pietzsch nie möglich gewesen ist, an einer nichtöffentlich Ausschußsitzung teilzunehmen. Wenn ich wollte, würde sie das organisieren.

Nein, sage ich, ein Jahr war genug. Irgendwann muß man Schluß machen.

Doch anschließend reitet mich der Teufel, und ich schlage der Präsidentin vor: »Aber wenn Sie ermöglichen könnten, daß mir die ehemaligen Gestapo-Zellen im Keller des Landtages aufgeschlossen werden.« Leider sei in diesen Gestapo-Zellen heute das Archiv der CDU-Fraktion gelagert.

Sie schaut mich verdutzt an und fragt nach: »Hier im Landtag? Ehemalige Gestapo-Zellen?«

»Ja«, sage ich, »zwei Zellen für Häftlinge vor und nach den Gestapo-Verhören.«

Sie beteuert mehrmals, daß sie davon nichts weiß, und sagt, ich soll in einer Woche wiederkommen. Die ehemaligen Gestapo-Zellen würden mir aufgeschlossen, egal, welcher Partei die Räume gehören.

Ich bin pünktlich. Auch Christine Lieberknecht steht schon im Vorzimmer ihres »Wintergartens«. Die Archivarin der CDU wartet mit den Schlüsseln am Fahrstuhlausgang.

Wir gehen die Treppen hinunter zum Keller.

Die Heizungsräume. Der lange Gang. Die Tür mit dem Schild »CDU-Archiv«.

Die Archivarin schaut die Landtagspräsidentin an, als warte sie auf eine Weisung. Dann schließt sie auf.

Im Raum eine zweite Tür, mit großem Eisenriegel und Vorhängeschloß. Ein Guckloch, nur von außen zu verdunkeln. Ein neuer Schlüssel. Aber die schwere Tür knarrt trotzdem. Dahinter Gitter, ordentlich braun gestrichen. Ein winziges ebenfalls vergittertes Fenster.

Die Frau sagt, daß sie einmal für Fremde aufgeschlossen hat. »Ein Besucher aus Amerika wollte es sehen. Er hatte hier unten gesessen. Mir war es peinlich, ich konnte ihm nichts sagen.«

Ich schaue nicht auf die Regale mit den dicken CDU-Aktenordnern: »Belege«, »Rechnungen«, »Abschlußberichte«, »Finanzen«. Ich sehe hinter den Regalen nur die Gitterstäbe des kleinen Fensters.

Die Landtagspräsidentin hat sich in der vergangenen Woche Material über die Gestapo-Zellen besorgen lassen.

Was fühlt sie hier unten? Wo sie gesessen haben, bevor sie zum Verhör gingen. Vielleicht auch evangelische oder katholische Gläubige.

»Die Ohnmacht des Menschen ... Aber die hier saßen, wurden geschlagen, weil sie ›wider die Ohnmacht des Menschen‹ aufbegehrt haben.«

Die Präsidentin sagt in das Schweigen hinein: »Ich könnte mir vorstellen, daß das Archiv ausgelagert und hier für die Abgeordneten und die Besucher des Landtages eine Gedenkstätte ›Wider die Ohnmacht des Menschen‹ eingerichtet wird.«

Als die Archivarin die Tür sorgfältig verschließt, kommt Heinz, der Tischler, vorbei.

Er staunt. »Warste drin?«
»Ja«, sage ich.

Lediglich einmal in den zwölf Monaten habe ich meine Rolle als stiller Beobachter verlassen, und das, zu meiner Entschuldigung, unfreiwillig und völlig uneigennützig. Oder, wie sich hinterher herausstellt, doch nicht völlig uneigennützig?

Großes abendliches Fest der Landespressekonferenz, Verleihung des »Goldenen Maulkorbs« für Politiker, die die Journalisten schlecht informieren, und des »Rasselbocks« für auskunftsfreudige Politiker. Eines der wenigen alljährlichen Feste im Landtag, und alle, alle kommen. Abgeordnete, Minister, Politiker, auch die hochlöblichen Sponsoren für solche Feste: Wurstmacher, Bierbrauer, Obsthändler, Brot- und Brezelbäcker …

Stände in der Kantine und in angrenzenden Räumen. Käsehappen werden zum Probieren angeboten, Original Thüringer Schinken. Nur ein Stand ist auch um 20 Uhr noch verwaist, obwohl die Theke schon aufgebaut ist und das Schild dahinter »Rotkäppchen-Sekt« anpreist. Kartons mit Flaschen und Gläsern stehen neben der Theke. Aber eben keine prikkelnden Schankmädchen aus Freyburg mit weißen durchsichtigen T-Shirts und roten Käppchen auf dem Kopf. MDR-Redakteur Martin Pollok, Chef der Landespressekonferenz, fällt dazu, was selten ist, auch kein Witz ein. Ein Fest ohne Sekt ist kein Fest.

»Gut«, sage ich, »wir feiern nicht, wir arbeiten und schenken heute aus!« Jürgen Schumacher und ich packen die Gläser aus, stellen sie in Reih und Glied, füllen sie mit Sekt wie bei einem Stehbankett. Einer nach dem anderen kommt. Wer uns nicht kennt, tut verwundert, weil sie bei »Rotkäppchen« keine schönen Frauen sehen; die uns kennen, plaudern, stoßen mit uns an, und Heiko Gentzel lobt die »sozialistische Hilfe«. Ich fühle mich gut. Minister, die mich monatelang auf einen Termin warten ließen, Landtagsabgeordnete, die mir alles andere als die Wahrheit erzählten, fragen nun höflich: »Dürfen wir ein Glas … Und es kostet wirklich nichts?« Sie bedanken sich artig.

Nachdem eine Stunde später fast kein Glas mehr da ist, weil alle irgendwo die Gläser stehenlassen, sage ich: »Sekt bekommt nur, wer ein leeres Glas mitbringt!« Sage es erst belustigt, dann ernsthaft, schließlich fordernd. Als der frühere Minister und jetzige CDU-Fraktionschef, »Kronprinz« Dieter Althaus, schon zum zweitenmal kommt, frage ich ihn: »Haben Sie ein Glas?«

Der Minister a. D. antwortet: »Nein.« Darauf ich: »Ja, da werden Sie Ihres erst noch einmal suchen müssen. Ohne Glas kein Sekt!« Er schaut mich ungläubig an, aber ich wiederhole: »Ohne Glas kein Sekt, auch für Minister nicht.«

Er geht wirklich und sucht sein Glas. Selbst die Landtagspräsidentin frage ich: »Hatten Sie schon ein Glas?« – »Ja.« – »Und wo ist es?« Sie zuckt die Schulter. Wenig später kommt sie mit einem Glas.

Bernhard Vogel erscheint leider nicht.

Nur einmal gebrauche ich meine neue Macht nicht. Als Dagmar Schipanski, sie ist so heiser, daß sie kaum sprechen kann, mir krächzend mitteilt, daß wir uns im Frühjahr bestimmt in ihrem Garten sehen, gebe ich ihr großmütig ein Glas extra.

Vogel hätte ich wahrscheinlich auch nicht suchen lassen. Manchmal braucht man ja auch Mut zur Macht …

In dem letzten halben Jahr nach meinen Erkundungen, also von Januar bis Juni 2000, passierte unter anderem noch folgendes:

Bernhard Vogel wird nach Schäubles Spendenaffären-Rücktritt von prominenten CSU- und CDU-Politikern wie Stoiber, Rüttgers, Teufel und Vera Lengsfeld als Kandidat für den CDU-Bundesvorsitzenden vorgeschlagen. Thüringer Kreisvorsitzende favorisieren bei einer Umfrage dagegen Angela Merkel.

Gegen den Thüringer Landeswahlleiter und Chef des Statistischen Landesamts, Gerhard Scheuerer, wird ein dienstrechtliches (später staatsanwaltschaftliches) Verfahren eingeleitet, weil er sich im Dienstfahrzeug privat kutschieren ließ.

Das traditionsreiche Simson-Werk in Suhl – vor der Landtagswahl hatte Vogel den 125 Mitarbeitern versichert, daß »mittelfristig ihre Arbeitsplätze gesichert sind« – geht in Konkurs.

Vor 1000 Teilnehmern der Regionalkonferenz der CDU-Landesverbände von Thüringen und Hessen in Treffurth erklärt Dagmar Schipanski ihren Eintritt in die CDU.

Bernhard Vogel kündigt nur drei Wochen nach ihrem Parteieintritt an, daß die Thüringer CDU nicht mehr die bisher im CDU-Bundespräsidium vertretene Claudia Nolte für die Präsidiumsneuwahl nominieren wird, sondern an ihrer Stelle Dagmar Schipanski.

Dr. Dr. Heinrich Georg Dietz (CDU) erhält mit den Stimmen der oppositionellen SPD die nötige Zweidrittelmehrheit im Landtag und wird damit Präsident des Landesrechnungshofes. Im Gegenzug erhält die SPD-Abgeordnete Sabine Doht, die zuvor durch die CDU-Mehrheit als Vorsitzende des zweiten Untersuchungsausschusses im Landtag abgelehnt wurde, nun mit den Stimmen der CDU den Vorsitz doch noch zugesprochen.

Nach dem PDS-Parteitag in Münster kündigen Gregor Gysi und Lothar Bisky ihren Rücktritt an. Gabi Zimmer wird nach langen Personaldebatten als neue PDS-Bundesvorsitzende vorgeschlagen.

Christine Zitzmann gibt nach einer Konfrontation mit Bernhard Vogel (er hatte versucht, seine personellen Vorstellungen eines Bürgerbeauftragten durchzusetzen und dem Petitionsausschuß des Landtages einen »Aufpasser« vor die Nase zu setzen) aus Protest ihr Amt als Fraktionssprecherin der CDU für Petitionsangelegenheiten ab. Michael Heym, der das »Vogel-Gesetz« unterstützt, wird zum neuen Sprecher gewählt.

Christine Lieberknecht kandidiert nicht mehr für den CDU-Bundesvorstand. Statt ihrer wird Bernhard Vogels »Kronprinz« für den Ministerpräsidenten-Posten, Dieter Althaus, in den CDU-Bundesvorstand und Dagmar Schipanski, wie erwartet mit großer Zustimmung, in das Präsidium gewählt.

Die Thüringer SPD verlangt, daß Willibald Böck seinen Vorsitz im Innenausschuß des Landtages ruhenläßt. Gegen den Eichsfelder läuft vor dem Landesgericht Mühlhausen ein Schadensersatzprozeß. Er soll als Geschäftsführer einer brandenburgischen Immobilienfirma bei der Verwertung von Bahnimmobilien einen Schaden von 3,8 Millionen DM verursacht haben.

Bodo Ramelow (PDS) durchbricht die im Handbuch des Thüringer Landtags übliche Sprachregulierung »evangelisch« bzw. »katholisch«, bezeichnet sich darin als »Protestant«. Er ist der einzige aus der PDS-Fraktion, der an den Gottesdiensten vor der Landtagssitzung teilnimmt.

Der »Thüringen für Dr. Vogel e. V.« war, obwohl auf allen Briefbögen, Faltblättern und Werbeartikeln »e. V.« stand, nie ein eingetragener Verein. Trotz honoriger, erfahrener Vorstände und Mitbegründer hatte man es versäumt, sich ordnungsgemäß im Vereinsregister eintragen zu lassen.

Landtagspräsidentin Christine Lieberknecht sagt eine zuvor genehmigte und vom Landtag propagierte Veranstaltung des Bundes der Vertriebenen im Landtag fünf Stunden vor Beginn ab, weil sich der Verbandschef Lattusek nicht von seinem am Vortag verteilten Flugblatt distanziert, in dem er unter anderem von »Gebietsverlusten des deutschen Volkes« durch eine »willkürliche Verschiebung« der Ostgrenze an Oder und Neiße geschrieben hatte.

Der Präsident des Thüringer Verfassungsschutzes Helmut Roewer wird, nachdem bekannt wurde, daß er den berüchtigten Anführer der Rechten in Thüringen, Dienel, als V-Mann eingesetzt und ihm für Informationen aus der rechten Szene Spitzelhonorar gezahlt hat, von seinem Amt beurlaubt.

Die Richter des Thüringer Verfassungsgerichtes entscheiden einstimmig zugunsten von Almuth Beck, daß ihr Mandatsentzug durch die Mehrheit der Landtagsabgeordneten verfassungswidrig ist.

Richard Dewes hat sein Pferd Sonja, das er seit zwanzig Jahren an jeden neuen Arbeitsort mitgenommen hat, ins Saarland zurückgebracht.

Für ihre Hilfe bedanke ich mich (ohne Nennung der Partei) besonders bei H. G., W. B., G. Z., H. J. D., C. L., J. K., E. P., B. V., R. D., C. Z., W. U., A. E., D. S., M. H. und allen toleranten Abgeordneten und Politikern.

L. S., 14. August 2000